재개발·재건축·가로주택·노후계획도시
지정개발자 신탁방식 해설

법무법인강산
김은유·임승택·김태원 변호사 지음

전문가가 신속하게 진행하는
신탁방식의 모든 것

- 신탁회사 직원, 토지등소유자, 관계자들이 꼭 알아야 할 법적쟁점
- 최근 개정 도시정비법 이해
- 표준신탁계약서 및 표준시행규정

▶ E-mail : 114gs@naver.com
▶ 주　　소 : 서울시 서초구 서초중앙로 119, 3층(서초동 1574-14 세연타워)
▶ 전화번호 : 02-592-6390 팩스 : 02-592-6309

파워예셋

머리글

개정 「도시 및 주거환경정비법」이 2016. 3. 2. 시행되면서 신탁업자를 지정개발자로 지정하여 정비사업을 하는 소위 **신탁방식**이 도입되었습니다. 특히 2023. 12. 5.에 3분의 1 이상 신탁을 받아야 하는 요건도 삭제(빈집법은 우지)가 되면서, 현재는 곳곳에서 신탁방식으로 정비사업이 진행되고 있습니다.

신탁방식을 한마디로 정의하면, **"전문가에 의한 신속한 사업시행 방식"**이라는 것입니다.

가장 큰 장점은 사업 진행 속도가 매우 빠르다는 것입니다. 재개발·재건축 사업에서 속도가 생명이라는 말도 있습니다. 신탁업자가 사업시행을 하는 경우 ① 3분의 2 동의로 정비구역 지정 제안 권한을 부여하고, 이 경우 정비계획 수립 전에 정비구역 지정이 가능하고(법101조의8 제1항), ② 면적 1/2 & 숫자 2/3 이상 동의로 구역지정과 동시 사업시행자 지정이 가능하고(법 101조의9), ③ 법 101조의8에 따라 구역지정되면, 정비계획과 사업시행계획 통합수립으로 기간이 단축됩니다(법101조의10).

나아가 **다음과 같은 장점**도 있습니다.
첫째, 조합이 없으므로, 당연히 임원도 없어, **조합임원들의 비리가 근본적으로 발생할 수 없고,** 둘째, 추진위원회 또는 조합이 생략됨으로 그만큼 사업기간이 단축되고 그에 따라 비용도 절감되고, 셋째, 초기 필요한 자금을 신탁사가 직접

머리글

조달하고, 넷째, 정비사업에서 가장 큰 비용이 드는 공사비에 대해 시공자들과 대등한 입장에서 협상이 가능하고, 다섯째, 각종 용역사 선정에 따른 조합원들간 갈등도 사라지는 등 여러 장점들이 있습니다. 물론 신탁업자에게 수수료를 지불해야 하지만, 대신 조합운영비가 없고, 신탁업자가 전문적으로 사업을 진행하면 수수료보다 더 비용을 절감할 수 있을 것으로 봅니다.

이런 장점들로 인하여 현재 여러 정비사업 현장에서 신탁방식이 도입되고 있는 상황입니다.

그래서 법무법인강산은 그동안의 경험을 바탕으로 재개발·재건축·가로주택사업에서 신탁업자를 지정개발자로 하여 시행하는 신탁방식에서 신탁회사 임·직원들이나 토지등소유자들이 꼭 알아야 할 법률쟁점들에 대해서 안내 역할을 하는 해설서를 집필하게 된 것입니다.

제1편에서는 신탁회사를 지정개발자로 지정하는 방식에 대한 종합적인 해설 및 간단한 노후계획도시법에 대한 해설, 그리고 도시정비법 개정내용을, 제2편에서는 정비사업에서 가장 중요한 시공자 선정 및 계약 관련 내용을, 제3편에서는 신탁방식 정비사업을 진행함에 있어서 주요쟁점을, 제4편에서는 주요 분쟁사례를 다루고 있습니다.

모쪼록 정비사업을 담당하는 신탁회사 임·직원들이나 토지등소유자, 관계자들에게 신탁방식에 대한 등대 역할을 하기를 기원합니다.

이 책이 나오기까지 수고를 아끼지 않은 법무법인강산 임직원들에게 감사를 전하고, 신탁방식 실무에 대해서 큰 도움을 주신 무궁화신탁 이화준님, 한국자산신탁 임지섭님, 금융투자협회 조항신님에게 감사를 표합니다.

재개발·재건축·가로주택·노후계획도시
지정개발자 신탁방식 해설

또한「선도지구 지정과 재건축사업. 지정개발자 방식과 88대책」을 집필하시어, 이 책의 방향을 알려주신 법무사법인기린 대표법무사이신 전연규님에게 감사드립니다.

법무법인강산은 앞으로 지정개발자 신탁방식에 대해서 여러 가지 강의를 준비하고 있습니다. 특히 신탁회사, 토지등소유자, 공공기관등이 요청할 경우 직접 찾아가는 강의도 진행합니다.

2025. 1. 방배동 연구실에서
저자 대표 **김은유 변호사** 드림

※ **강의 요청 방법**
1. 전화 : 02-592-6390
2. 이메일 : 114gs@naver.com

※ **일러두기**
1. 「도시 및 주거환경정비법」은 "도시정비법"으로 약칭한다.
2. 「빈집 및 소규모주택 정비에 관한 특례법」은 "빈집법"으로 약칭한다.

※ **참고서적**
「선도지구 지정과 재건축사업. 지정개발자 방식과 83대책」(저자 전연규)

부동산 지식 또는 재테크에 대허 더 상세하게 알고 싶다면 필자가 저술한 날개 부분에 있는 다른 책을 참고하면 좋습니다.

CONTENTS

제1편 신탁회사 정비사업 시행 일반론

Ⅰ. 노후계획도시 정비사업과 신탁업자 ··· 1
   1. 노후계획도시정비법의 개설 ··· 3
   2. 노후계획도시 정비구역 대상 ··· 3
   3. 신탁업자 사업시행자 지정 ··· 8
   4. 노후계획도시 정비사업 주요 내용 ··· 9
   5. 도심 복합개발 지원에 관한 법률 (약칭: 도심복합개발법) ······· 11

Ⅱ. 신탁회사 지정개발자 지정 ·· 12
   1. 도시정비법 신탁방식 연혁 ··· 12
   2. 도시정비법 신탁업자 공개모집 도입(2024. 12. 3.) ················ 15
   3. 소규모주택정비사업과 신탁업자 ··· 18
   4. 사업대행자 방식과 비교 ··· 19
   5. 토지주택공사와 비교 ··· 21
   6. 정비사업 종합정리 ··· 22
   7. 공공시행자 종합정리 ··· 23

Ⅲ. 2023. 7. 18. 개정 도시정비법 해설 ··· 24
   1. 정비구역 지정 등 ··· 24
   2. 통합심의 ·· 27
   3. 역세권 용적율 완화 (법 66조2항. 2024. 1. 19. 시행) ········· 29
   4. 재건축 부담금 완화 ··· 30

Ⅳ. 2024. 12. 3. 개정 도시정비법 해설 ·· 31
   1. 재건축진단 (법 제12조제1항) ·· 32
   2. 정비구역 지정을 위한 정비계획 입안 요청·제안 ··················· 34
   3. 재개발·재건축사업의 공공시행자 지정 전 협약 체결, 그 이후에는
       바로 주민대표회의 구성 가능 ·· 36
   4. 신탁업자 지정개발자 지정 시 공개모집 ······························· 37
   5. 구역지정 전 추진위원회 구성·승인 등 ··································· 38

6. 조합설립인가 ··· 40
　　7. 전자서명동의서 도입 ··· 41
　　8. 토지등소유자의 동의 인정에 관한 특례 신설 ················ 43
　　9. 온라인 총회 도입 ··· 44
　　10. 총회 의결시 전자적방법 의결 방법 도입 ····················· 45

V. 2025. 1. 31. 개정 도시정비법 해설 ···································· 46
　　1. 정비계획 수립 시 '토지등소유자별' 분담금 추산 폐지 (법 제9조제1항제2호의2) ··· 46
　　2. 재건축사업으로 건설·공급하는 건축물의 용도 제한 폐지 등(법 제23조) ········· 48
　　3. 재건축사업의 조합설립 동의요건 완화(법 제35조제3항) ························· 50
　　4. 사업시행계획인가 통합심의 대상 확대(법 제50조의2) ·························· 52
　　5. 사업시행계획인가 시 편의시설 설치기준의 적합성 확인 의제
　　　 (법 제57조제1항제20호 신설) ··· 54
　　6. 분양에 관한 사항의 통지기한 단축(법 제72조제1항) ··························· 55
　　7. 사업시행자의 관리처분계획 타당성 검증 요청(법 제78조제7항 신설) ········· 57

VI. 도시정비법시행령 2024. 12. 17. 개정 내용 ························ 58
　　1. 정비계획 경미한 변경 확대 ··· 59
　　2. 국공유지 동의 간주 신설 ··· 59
　　3. 사업시행계획인가의 경미한 변경 확대 ··························· 60
　　4. 임대 인수가격 상향 ··· 60
　　5. 정비사업전문관리업 등록 요건 완화 ······························· 61

VII. 신탁업자 시행시 특례 ·· 62
　　1. 정비구역 지정 제안 ··· 62
　　2. 정비구역 지정과 동시에 지정개발자 지정 ····················· 64
　　3. 위 구역 지정 제안 시 정비계획과 사업시행계획 통합 수립 ········· 64
　　4. 단계별 주민 동의 요건 ··· 65
　　5. 정비구역 지정 관련 주민·지방의회 의견청취 순서 등 ···· 65
　　6. 정비계획 효력 ··· 66
　　7. 신탁업자 시행 장점, 단점 ·· 67

CONTENTS

Ⅷ. 사업시행자지정 동의·지정·고시 등 ·· 68
  1. 토지등소유자 동의시 쟁점 ·· 68
  2. 2024. 12. 3. 개정 이후에는 공개모집 도입 ································ 69
  3. 동의받기 전 제공 서류 ·· 71
  4. 동의서 ··· 72
  5. 동의 방법 ··· 73
  6. 동의서 철회 ··· 74
  7. 동의율 ··· 76
  8. 지정 여부는 재량행위 ··· 77
  9. 신탁회사 사업시행자 지정 고시 ··· 78
  10. 법 개정 사건 ··· 89

Ⅸ. 표준신탁계약서 및 표준시행규정 ··· 90
  1. 공고문 등 ··· 90
  2. 신탁계약서 주요 내용 ··· 93
  3. 표준시행규정 주요 내용 ··· 99
  4. 시행규정 성격 및 변경 ··· 106

Ⅹ. 토지등소유자 및 조합원 ··· 111
  1. 토지등소유자 ··· 111
  2. 조합원 (위탁자) ··· 112

ⅩⅠ. 토지등소유자전체회의 ·· 115
  1. 전체회의의 역할 ··· 115
  2. 구성원 ··· 116
  3. 정비사업위원회 ··· 117
  4. 소집 및 운영 ··· 118
  5. 의결사항 ··· 121
  6. 의결권 행사 ··· 123

제2편 시공자 선정 관련

Ⅰ. 시공자 선정 조문 ·· **127**

Ⅱ. 제도개선 내용 ·· **132**
   1. 도시정비법 ··· 132
   2. 빈집법 ·· 135

Ⅲ. 선정 방법 ··· **136**
   1. 경쟁입찰 또는 수의계약 ·· 136
   2. 수의계약 주의 ··· 138
   3. 도시정비법상 선정절차 (빈집법은 기준 미적용) ··············· 140

Ⅳ. 서울시 정비사업 시공자 선정기준 ·· **141**
   1. 공공지원 대상 ··· 141
   2. 기준 주요 내용 ··· 142

Ⅴ. 서울시 정비사업 표준공사계약서 주요 내용(국토부안과 비교) ············ **147**
   1. 적용범위 ·· 147
   2. 주요 내용 ·· 148

Ⅵ. 서울시 질의회신 ·· **156**

Ⅶ. 민법 제673조에 의한 시공자 해지 ·· **163**
   1. 법규정 ·· 163
   2. 요건 및 행사 ·· 163
   3. 효과 ··· 166

Ⅷ. 기타 쟁점 ··· **168**
   1. 물가변동에 따른 계약금액 증액 배제 효력 ······················ 168
   2. 도급계약의 성질 ·· 170

CONTENTS

    3. 대여금 미지급 문제 ·· 173
    4. 신탁회사 사업대행계약방식에서 시공자 지위 ·· 175
    5. 계약금액에 부가가치세 포함 여부 및 기존 용역회사와 추가계약 문제 ··········· 175
    6. 금융회사등과 대출계약시 일반경쟁입찰 여부 ······································· 176
    7. 수의계약에 의한 시공자선정 후 취소시 다시 수의계약 가능 ·················· 177

제3편　주요 쟁점

Ⅰ. 소유자미확인, 대표조합원 선정, 주택공급수 ·· 181
    1. 소유자 확인이 곤란한 건축물 또는 토지 ·· 181
    2. 4분의 3 이상의 동의로 대표자 1인을 선정하고 카운트 가능(재건축은 제외) · 183
    3. 주택공급수 ·· 184

Ⅱ. 재건축 매도청구 ··· 186
    1. 개정 연혁 ·· 186
    2. 주의사항 ·· 188
    3. 매도청구 가격 ··· 190
    4. 매도청구 확정 후 분양신청기간 내에 동의하면 조합원임 ···················· 195
    5. 재건축 매도청구 후 경매·공매에 붙여진 경우 입찰 참여 여부 ············ 195
    6. 매도청구 확정 전 철거 및 공사 착공 가능 여부 ·································· 196
    7. 매도청구 확정 전 일반분양 가능 여부 ··· 197

Ⅲ. 토지수용 ··· 198

Ⅳ. 신탁회사와 형사처벌 ·· 200
    1. 계약체결과 관련한 금품 수수 등 ··· 200
    2. 계약방법을 위반하여 계약을 체결한 경우 3년, 3천만원 ······················· 202
    3. 2년 이하, 2천만원 이하 ·· 203
    4. 회계감사를 요청하지 않은 경우 1년, 1천만원 ······································ 204

5. 정보공개 위반, 1년, 1천만원 ·································· 205
　　6. 양벌규정 ··· 206
　　7. 과태료 ··· 207

Ⅴ. 재개발 상가소유자 아파트 분양 가능 여부 ············ 208
　　1. 도시정비법 ··· 208
　　2. 빈집법 ··· 212

Ⅵ. 재건축 상가소유자와 상생 문제 ······························ 214
　　1. 현행 법규 ··· 214
　　2. 도시정비법 표준정관 및 제정법시행령 ··············· 216
　　3. 위 시행령하에서 2022. 8. 12.이전 위 법규 운용 ··· 218
　　4. 국토교통부 유권해석 변천 ··································· 218
　　5. 해결책 (판례 동향) ··· 221

Ⅶ. 관리처분 타당성 검증 ·· 223
　　1. 법규정 ··· 223
　　2. 주요 쟁점 ··· 225
　　3. 주요 조치 사례 ··· 225

제4편　주요 분쟁사례

　　1. 정비계획 입안시 주민설명회 통보 여부 및
　　　기본계획 미수립 50만 미만시는 그 상태로 정비구역 지정 ··· 229
　　2. 지분쪼개기 동의자 수 배제 ································· 231
　　3. 예산은 1 회계연도 수입과 지출만 의미 ············· 231
　　4. 토지만 또는 건물만 소유한 자 동의 여부 ········· 232
　　5. 존치지역도 동의서를 받아야 하는지 여부 (적극) ··· 232
　　6. 정비회사가 서면결의서 징구 흥호회사에 위탁은 불가 ··· 233

CONTENTS

7. 직접 출석 ··· 233
8. 의결정족수를 정하는 출석조합원 ······································ 234
9. 경비인력 20명 이상 배치 ·· 234
10. 정관의 경미한 변경과 중대한 변경을 하는 방법 ··············· 235
11. 사업시행인가 및 관리처분인가의 법적성질 및 소송형태 ··· 236
12. 재개발·재건축 소송 형태 종합정리 ································· 237
13. 사업시행계획변경인가 시 쟁송방법 ································· 238
14. 중앙토지수용위원회와 협의 및 의견청취 ························· 238
15. 조합설립인가후 "1인" 또는 "1세대"로부터 양수, 그 전원이 1인의 조합원 ···· 239
16. 대표조합원을 선정하지 않은 경우 ··································· 239
17. 사업시행자 지정에 부동한 자도 분양신청기간내에 동의하면 분양가능 ········ 241
18. 분양신청과 현금청산을 동시에 받을 수 있는지 여부 (소극) ···················· 242
19. 분양신청기간 통지 및 기간이 강행규정인지 여부 ············ 243
20. 재개발 수용재결 후 점유자에 대한 부당이득금 반환청구 가능 여부 ·········· 244
21. 재당첨제한 합리적 해석 ··· 246
22. 1+1 분양시 +1주택의 분양가 ··· 248
23. 분양미신청으로 현금청산자로 된 자가 재분양시
    무조건 조합원으로 복귀하는지 여부 (소극) ····················· 249
24. 평형변경, 재분양 절차와 재당첨제한 ······························ 249
25. 상속등기 되지 않은 경우에는 대표조합원 선정해서 분양신청 ··················· 250
26. 관리처분인가에 부담을 붙일 수 있는지 (소극) ··············· 250
27. 재건축 상가 기여 개발이익은 종전 대지지분 비율로 배분이 타당 ············· 251
28. 조합사무실로 찾아온 경우만이 열람·복사 대상인지 (소극) ···················· 252
29. 정보공개서류 중 관련자료 의미 (열람·복사는 거의 전부 대상) ··············· 252
30. 속기록과 자금수지보고서 (소극) ····································· 255
31. 전화번호 공개 의무 (적극) ··· 255
32. 미리 이주시킨 경우 손해배상 책임 인정 사례 ·················· 256
33. 이주기간 개시일은 총회 의결 필요 ································· 257
33. 이전고시 후 매수시 조합원 지위 자동승계 여부 (소극) ···· 257
34. 입주자대표회의가 조합의 공의무를 승계하는지 여부(소극) ··· 258

제 1 편
신탁회사 정비사업 시행 일반론

제1편 신탁회사 정비사업 시행 일반론

I 노후계획도시 정비사업과 신탁업자

1. 노후계획도시정비법의 개설

○ 특별법은 노후계획도시의 **도시기능 강화, 쾌적한 주거환경 확보, 미래도시 전환**을 위해 다양한 혜택*을 부여하여 **통합정비를 유도하는 법**이다.
  * 안전진단 면제, 용적률 상향, 용도지역 변경 등
 - **특별법에 따라 노후계획도시를 정비하고자 하는 지자체**는 국토부가 제시하는 가이드라인인 **기본방침**(법 제4조)에 따라 **노후계획도시별 기본계획**(법 제7조, 10년 단위)을 **수립**해야 한다.
 - 이후 시장·군수 등 지정권자가 공간구조 개선계획, 연차별 추진계획 등에 따라 **특별정비계획을 수립**하여 **특별정비구역을 지정**(법 제11조)하고, 도시정비법 등 **개별법에 따라 사업을 추진**한다.

2. 노후계획도시 정비구역 대상

가. 법 규정

"노후계획도시"란 대규모 주택공급 등을 목적으로 「택지개발촉진법」에 따른 택지개발사업 등 대통령령으로 정하는 사업에 따라 조성 후 20년 이상 경과하고 면적이 대통령령으로 정하는 바에 따라 100만 제곱미터 이상인 지역으로 제6조에 따라 노후계획도시정비기본계획이 수립된 지역을 말한다(법 제2조제1호).

> **령 제2조(노후계획도시 조성사업 등)**
> ② 법 제2조제1호에서 "면적이 대통령령으로 정하는 바에 따라 100만 제곱미터 이상인 지역"이란 다음 각 호의 **어느 하나에 해당하는 지역으로서 면적이 100만 제곱미터 이상인 지역**을 말한다.
> 　1. **제1항 각 호**의 어느 하나에 해당하는 사업으로 조성된 지역. 다만, 제1항제3호에 따른 사업으로 조성된 산업단지의 경우에는 면적이 50만 제곱미터 이상인 주거시설용지를 포함하는 경우로 한정한다.

제1항 각 호
1. 「공공주택 특별법」에 따른 **공공주택사업**
2. 「도시개발법」에 따른 **도시개발사업**(같은 법 제11조제1항제1호부터 제4호까지의 어느 하나에 해당하는 사업시행자가 시행하는 사업으로 한정한다)

> 1. 국가나 지방자치단체
> 2. 대통령령으로 정하는 공공기관
> 3. 대통령령으로 정하는 정부출연기관
> 4. 「지방공기업법」에 따라 설립된 지방공사

3. 「산업입지 및 개발에 관한 법률」에 따른 **산업단지개발사업**(같은 법 제16조제1항제1호 또는 제2호의 사업시행자가 시행하는 사업으로 한정한다)

> 1. 산업단지를 개발하여 분양 또는 임대하고자 하는 경우로서 다음 각 목에 해당하는 자
> 가. 국가 및 지방자치단체
> 나. 「공공기관의 운영에 관한 법률」 제4조제1항제1호부터 제4호까지에 따른 공공기관
>
>> 1. 다른 법률에 따라 직접 설립되고 정부가 출연한 기관
>> 2. 정부지원액(법령에 따라 직접 정부의 업무를 위탁받거나 독점적 사업권을 부여받은 기관의 경우에는 그 위탁업무나 독점적 사업으로 인한 수입액을 포함한다. 이하 같다)이 총수입액의 2분의 1을 초과하는 기관
>> 3. 정부가 100분의 50 이상의 지분을 가지고 있거나 100분의 30 이상의 지분을 가지고 임원 임명권한 행사 등을 통하여 해당 기관의 정책 결정에 사실상 지배력을 확보하고 있는 기관
>> 4. 정부와 제1호부터 제3호까지의 어느 하나에 해당하는 기관이 합하여 100분의 50 이상의 지분을 가지고 있거나 100분의 30 이상의 지분을 가지고 임원 임명권한 행사 등을 통하여 해당 기관의 정책 결정에 사실상 지배력을 확보하고 있는 기관
>
> 다. 「지방공기업법」에 따른 지방공사
> 라. 산업단지 개발을 목적으로 설립한 법인으로서 가목부터 다목까지에 해당하는 자가 100분의 50 이상의 지분을 가지고 있거나 100분의 30 이상의 지분을 가지고 임원 임명권한을 행사하는 등 대통령령으로 정하는 기준에 따라 사실상 지배력을 확보하고 있는 법인

> 1. 법 제16조제1항제1호가목부터 다목까지의 규정에 따른 자가 최대지분을 보유하고 지분의 분산도(分散度)로 보아 주주권 등의 행사에 따른 법인 지배가 가능한 경우
> 2. 법 제16조제1항제1호가목부터 다목까지의 규정에 따른 자가 법령 또는 정관에 따라 해당 법인의 대표자 또는 이사회 구성원의 과반수의 임명(승인·제청 등을 포함한다)에 관여하는 경우
> 3. 법 제16조제1항제1호가목부터 다목까지의 규정에 따른 자가 법령 또는 정관에 따라 해당 법인의 예산 또는 사업계획 등을 승인하는 경우

2. 「중소기업진흥에 관한 법률」에 따른 중소벤처기업진흥공단, 「산업집적활성화 및 공장설립에 관한 법률」 제45조의17에 따라 설립된 한국산업단지공단 또는 「한국농어촌공사 및 농지관리기금법」에 따른 한국농어촌공사

4. 「신행정수도 후속대책을 위한 연기·공주지역 행정중심복합도시 건설을 위한 특별법」에 따른 **행정중심복합도시건설사업**

5. 「주택법」 제24조제2항에 따른 **국민주택건설사업 또는 대지조성사업**

6. 「택지개발촉진법」에 따른 **택지개발사업**

7. 「혁신도시 조성 및 발전에 관한 특별법」에 따른 **혁신도시개발사업**

2. 둘 이상의 제1호에 따른 지역이 **서로 연접 또는 인접[각 지역의 전부 또는 일부가 같은 행정동(「지방자치법」 제7조제4항에 따른 행정동을 말한다. 이하 같다)** 또는 연접한 행정동에 위치하는 경우를 말한다. 이하 이 항에서 같다]한 경우로서 해당 지역의 면적을 합한 지역

3. 제1호에 따른 지역과 다음 각 목의 요건을 모두 갖춘 지역을 합한 지역
  가. 제1호에 따른 지역에 연접 또는 인접한 지역일 것
  나. 「국토의 계획 및 이용에 관한 법률」 제36조제1항제1호에 따른 <u>도시지역일 것</u>
  다. 면적이 50만 제곱미터 이하이고, 제1호에 따른 지역 면적의 25퍼센트 이하일 것

4. 제2호에 따른 지역과 다음 각 목의 요건을 모두 갖춘 지역을 합한 지역
  가. 제2호에 따른 지역에 연접 또는 인접한 지역일 것
  나. 「국토의 계획 및 이용에 관한 법률」 제36조제1항제1호에 따른 도시지역일 것
  다. 면적이 50만 제곱미터 이하이고, 제2호에 따른 지역 면적의 25퍼센트 이하일 것

즉, 20년 이상이 경과되고 100만㎡ 이상이면 무조건 되는 것이 아니라 <u>노후계획도시정비기본계획이 수립되어야만 한다.</u>

나. 조성사업

"대통령령으로 정하는 사업에 따라 조성"한 사업은 택지개발사업, 공공주택사업 등 **주택공급 목적의 개발사업과 산업단지 개발, 공공기관 이전** 등과 함께 시행된 **배후 주거단지 조성사업**을 포함하되, 택지개발사업과 같이 공공이 사업시행자인 경우로 한정하였다.

다만 산업단지의 경우에는 면적이 50만 제곱미터 이상인 주거시설용지를 포함하는 경우로 한정한다(령 제2조제2항제1호단서).

다. 면적

① 법률에서 정한 단일택지가 100만㎡ 이상인 경우, 단 산업단지는 면적이 50만㎡ 이상인 주거시설용지를 포함하는 경우로 한정(령 제2조제항제1호)
② 연접·인접*한 택지를 합산한 면적이 100만㎡ 이상인 경우
③ ㉠제1호에 따른 지역(단일택지)
  ㉡제2호에 따른 지역(둘 이상의 택지)에
  연접 또는 인접한 구도심, 유휴부지를 합산한 면적이 100만㎡ 이상인 경우, 구도심과 유휴부지는 <u>도시지역</u>으로서 제1호 또는 제2호에 따른 지역면적의 25% 이하(50만㎡ 이하)로 제한**

  * 택지가 포함된 행정동과 연접한 행정동에 위치한 택지, 구도심, 유휴부지 포함
  **구도심등 합산면적은 25%로 제한되므로, 결국 제1호나 제2호에 따른 지역의 최소 면적은 80만㎡임
  ***예를 들어 제1호나 제2호의 면적이 260만㎡라고 하면, 260만㎡의 25%는 65만㎡이지만, 50만㎡를 넘기 때문에 구도심등 합산면적은 50만㎡로 제한

서로 연접 또는 인접[각 지역의 전부 또는 일부가 같은 행정동(「지방자치법」 제7조제4항에 따른 행정동을 말한다. 이하 같다) 또는 연접한 행정동에 위치하는 경우를 말한다. 이하 이 항에서 같다]

> **지방자치법 제7조(자치구가 아닌 구와 읍·면·동 등의 명칭과 구역)** ④ 동·리에서는 행정 능률과 주민의 편의를 위하여 그 지방자치단체의 조례로 정하는 바에 따라 하나의 동·리를 2개 이상의 동·리로 운영하거나 2개 이상의 동·리를 하나의 동·리로 운영하는 등 행정 운영상 동(이하 "행정동"이라 한다)·리(이하 "행정리"라 한다)를 따로 둘 수 있다. 〈개정 2021. 4. 20.〉

⇨ 단일 택지개발지구로서 100만㎡ 이상이며 조성 후 20년이 경과한 택지는 **51개**이나, 시행령에서 조성의 근거가 되는 개발사업을 추가하고, 인접·연접한 지역을 포함함에 따라 **최대 108개 지역에 특별법 적용 가능**[1]

〈 지역별 특별법 적용가능 대상 〉

지역	개수	지역	개수	지역	개수	지역	개수
서울	9	광주	6	강원	5	경남	6
부산	5	대전	6	충북	8	전북	6
대구	10	울산	2	충남	1	전남	4
인천	5	경기	30	경북	2	제주	3

* 택지정보시스템(jigu.go.kr), 산업입지정보시스템(industryland.or.kr) 등에서 추출한 데이터로 지자체가 인·연접 택지·구도심·유휴부지 결합여부 등을 고려하여 기본계획을 수립하면 특별법 적용

---

[1] 국토교통부 2024. 1. 31.자 보도자료

3. 신탁업자 사업시행자 지정

○ **토지등소유자 과반수 동의**(도정법보다 완화)로 단독 또는 공동으로 <u>신탁업자 사업시행자 선정</u> 가능

  * 그런데 특별법은 통합정비가 목표인데, 과반수는 각 단지별 배분이 아니라 전체 통합단지의 과반수이므로, 일부 단지가 몰빵 찬성을 해도 사업시행자 지정이 가능

> **노후계획도시 법 제19조(노후계획도시정비사업의 사업시행자)** ① 노후계획도시정비사업은 제2조제6호 각 목의 관계 법령에 따른 사업시행자가 시행한다.
>
> ② 지정권자는 <u>제1항에도 불구하고 토지등소유자의 과반수가 동의한 경우</u>에는 다음 각 호의 자를 <u>단독 또는 공동으로</u> 노후계획도시정비사업의 <u>사업시행자로 지정</u>할 수 있다. 이 경우 사업시행자로 지정된 자는 제2조제6호 각 목의 관계 법령에 따른 사업시행자로 본다.
>
>   1. 지방자치단체
>   2. 「공공기관의 운영에 관한 법률」에 따른 공공기관 중 <u>대통령령으로 정하는 기관</u>*
>   *<u>한국토지주택공사, 한국도로공사, 한국철도공사, 국가철도공단, 한국부동산원</u>
>   3. 「지방공기업법」에 따라 주택사업을 수행하기 위하여 설립된 지방공사(이하 "지방공사"라 한다)
>   4. 특별정비구역 내의 <u>토지등소유자</u> 또는 토지등소유자가 노후계획도시정비사업을 추진하기 위하여 설립한 <u>조합</u>
>   5. **신탁업자**
>   6. 제1호부터 제3호까지의 어느 하나에 해당하는 자가 노후계획도시정비사업을 시행할 목적으로 총지분의 100분의 50을 초과하여 출자(공동으로 출자한 경우를 포함한다)한 법인
>   7. <u>그 밖에 대통령령으로 정하는 자</u>
>
> > **령 제22조** ② 법 제19조제2항제7호에서 "대통령령으로 정하는 자"란 다음 각 호의 어느 하나에 해당하는 자로서 <u>「도시개발법 시행령」 제18조제4항제2호의 요건</u>을 충족하는 자를 말한다. 다만, 「채무자 회생 및 파산에 관한 법률」에 따른 회생절차가 진행 중인 자는 제외한다.
> > 1. 「건설산업기본법」 제2조제5호에 따른 종합공사를 시공하는 업종을 등록한 <u>건설사업자</u>
> > 2. 「부동산개발업의 관리 및 육성에 관한 법률」에 따른 <u>부동산개발업자</u>로서 최근 3년간 같은 법 제22조에 따른 시정조치 및 같은 법 제24조제1항에 따른 영업정지처분을 받은 사실이 없는 자
> > 3. 「부동산투자회사법」 제2조제1호가목에 따른 자기관리 부동산투자회사 및 같은 호 나목에 따른 위탁관리 <u>부동산투자회사</u>
> > 4. 「사회기반시설에 대한 민간투자법」 제2조제13호에 따른 <u>민관합동법인</u>
>
> ③ 제2항에 따른 사업시행자의 지정 절차 및 요건 등에 관하여 필요한 사항은 대통령령으로 정한다.

4. 노후계획도시 정비사업 주요 내용

구분	상세 내용
노후계획도시정비 기본방침 (2024.11.18.)	○ 수립권자 : **국토교통부장관 〈국토교통부고시 제2024-620호〉** ○ 수립절차 - 관계 지자체 의견 듣고(도지사 포함 주의), 특별위원회 심의 거쳐, 10년 단위로 수립하고, 관보에 고시하고, 지자체 및 <u>도지사</u>에게도 보냄. - 5년마다 타당성 검토
노후계획도시정비 기본계획 (기본계획을 포함하여 "도시·주거환경 정비기본계획"을 수립시 "노후계획도시 정비기본계획" 수립 의제)	○ 수립권자 : <u>특별시장·광역시장·특별자치시장·특별자치도지사·시장 또는 군수</u> ※ 도지사, 강원·전북특별자치도지사와 광역시의 군은 수립권자가 아님을 주의, 제주특별자치도만 수립권자임 ○ 수립절차 - 미리 관계기관 장과 협의 - 14일 이상 주민 의견청취 및 지방의회 의견 청취(60일 내 제시, 미제시는 의견 없는 것) - 위원회 심의 의결 - 승인권자 승인(국토교통부장관 또는 도지사, 도지사는 승인전 국토부장관과 협의) - 공보에 그시 - 5년마다 타당성 검토 ○ 승인권자 1. 특별시장·광역시장·특별자치시장·특별자치도지사가 수립권자인 경우 : 국토교통부장관의 승인 2. 시장·군수가 수립권자인 경우 : <u>도지사</u> 또는 <u>특별자치도지사</u>의 승인. 이 경우 도지사 또는 <u>특별자치도지사</u>는 승인 전에 국토교통부장관과 협의하여야 한다. 3. 복수의 수립권자가 공동으로 수립하는 경우 : 국토교통부장관의 승인. 다만, 복수의 수립권자가 하나의 도 또는 특별자치도에 속한 경우에는 제2호에 따른다.
노후계획도시특별 정비예정구역	**기본계획 수립권자**가 노후계획도시정비기본계획에 따라 노후계획도시 정비사업을 촉진하려는 구역

구분	상세 내용
노후계획도시 정비선도지구의 지정	○ 지정권자 : 기본계획 수립권자 ○ 기본계획에 선도지구 지정계획 포함 ○ 예정구역 중 선도지구 지정
노후계획도시특별 정비계획 및 특별정비구역	○ 지정권자 : 특별시장 · 광역시장 · 특별자치시장 · 특별자치도지사 · 시장 또는 군수 ※ 도지사는 지정권자가 아님을 주의 ○ **토지등소유자 과반수의 동의 얻어 토지등소유자가 지정 제안 가능** ○ 특별정비계획수립절차 - 주민공람, 지방의회 의견청취(60일 내) - 협의 : 특별시장 · 광역시장 · 특별자치시장 · 특별자치도지사가 지정권자인 경우는 국토교통부장관, 시장 · 군수가 지정권자인 경우 도지사와 협의 - 지방위원회 심의 - 공보 고시 - 국토교통부장관에게 보고 ○ 특별정비구역 지정 효력 -「도시 및 주거환경정비법」제8조에 따른 정비구역의 지정 · 변경 및 정비계획의 수립 · 변경 -「국토의 계획 및 이용에 관한 법률」제30조에 따른 도시 · 군관리계획(같은 법 제2조제4호가목 · 다목 및 마목의 경우만 해당한다)의 결정 · 변경 -「도시개발법」제3조에 따른 도시개발구역의 지정 및 같은 법 제4조에 따른 개발계획의 수립 · 변경 등 8개 법률 의제 ○ 특별정비구역의 분할, 통합 및 결합

5. 도심 복합개발 지원에 관한 법률 (약칭: 도심복합개발법)

[시행 2025. 2. 7.] [법률 제20235호, 2024. 2. 6., 제정]

제2조(정의) 이 법에서 사용하는 용어의 뜻은 다음과 같다.

1. "도심복합개발혁신지구"란 도시의 성장 거점을 조성하거나 주택을 신속하게 공급할 목적으로 역세권 노후지역, 준공업지역 등 대통령령으로 정하는 지역에서 복합개발사업을 시행하기 위하여 제9조에 따라 지정·고시되는 지구를 말한다.
2. "복합개발계획"이란 도심복합개발혁신지구에서 복합개발사업을 체계적이고 계획적으로 추진하기 위한 복합적 토지이용 및 건축물의 주용도·건폐율·용적률 등에 관한 계획을 말한다.
3. "복합개발사업"이란 도심복합개발혁신지구에서 복합개발계획을 수립하여 시행하는 다음 각 목의 어느 하나에 해당하는 사업을 말한다.

    가. 성장거점형 복합개발사업: 도심 또는 생활권의 중심지역이나 대중교통 결절지 등 지역거점으로 육성할 필요가 있는 지역에 기술과 산업의 융복합을 통하여 문화시설, 산업시설, 업무시설, 판매시설, 주택 등을 복합하여 건설하는 사업

    나. 주거중심형 복합개발사업: 도심 내 역세권, 준공업지역 등 해당 지방자치단체의 조례로 정하는 지역에서 대통령령으로 정하는 비율 이상의 주택을 업무시설, 판매시설, 산업시설 등과 복합하여 건설하는 사업

제14조(복합개발사업의 시행자) ① 시·도지사등은 다음 각 호의 자 중에서 사업시행자를 지정한다.

1. 국가 또는 지방자치단체
2. 「한국토지주택공사법」에 따른 한국토지주택공사(이하 "한국토지주택공사"라 한다) 등 대통령령으로 정하는 공공기관
3. 「지방공기업법」 제3조에 따른 지방공기업
4. 도심복합개발혁신지구 내의 토지등소유자. 다만, 제15조에 따라 토지등소유자의 지위가 인정되는 자가 20명 이내인 경우로 한정한다.
5. 「자본시장과 금융투자업에 관한 법률」 제3조제7항에 따른 신탁업자로서 대통령령으로 정하는 요건을 갖춘 자
6. 「부동산투자회사법」 제2조제1호나목에 따라 설립된 위탁관리 부동산투자회사로서 대통령령으로 정하는 요건에 해당하는 법인

Ⅱ 신탁회사 지정개발자 지정

1. 도시정비법 신탁방식 연혁

가. 2016. 3. 2.부터 신탁업자 지정개발자 도입

○ 주택재개발사업 및 주택재건축사업(주거환경 제외)의 조합설립을 위한 동의요건 이상에 해당하는 자가 신탁업자를 사업시행자로 지정하는 것에 동의
○ 2015. 9. 1. 신설, 시행 2016. 3. 2.

> **도시 및 주거환경정비법 (약칭: 도시정비법)**
> [시행 2016. 3. 2.] [법률 제13508호, 2015. 9. 1., 일부개정]
> ◇ 개정이유
> 　최근 주택재건축사업 등 정비사업이 사업성 저하 및 주민 갈등 등으로 지연·중단됨에 따라 공공의 역할 확대, 신탁업자 및 기업형임대주택업자의 정비사업 참여 허용을 통해 정비사업을 원활하게 추진하고,
>
> **제8조** ④시장·군수는 정비사업이 다음 각 호의 어느 하나에 해당하는 때에는 제1항부터 제3항까지의 규정에도 불구하고 직접 정비사업(주거환경개선사업은 제외한다. 이하 이 조 및 제9조에서 같다)을 시행하거나, 시장·군수가 토지등소유자ㆍ「사회기반시설에 대한 민간투자법」제2조제12호에 따른 민관합동법인 또는 신탁업자로서 대통령령으로 정하는 요건을 갖춘 자(이하 "지정개발자"라 한다) 또는 주택공사등(주택공사등이 건설업자 또는 등록사업자와 공동으로 시행하는 경우를 포함한다)을 사업시행자로 지정하여 정비사업을 시행하게 할 수 있다. 이 경우 시장·군수는 제1호, 제2호 및 제8호에 해당하는 경우에만 지정개발자를 사업시행자로 지정하여 정비사업을 시행하게 할 수 있다. 〈개정 2005. 3. 18., 2009. 2. 6., 2011. 4. 14., 2012. 2. 1., 2013. 12. 24., 2015. 9. 1., 2016. 1. 27.〉
> 　1. 천재·지변,「재난 및 안전관리 기본법」제27조 또는「시설물의 안전관리에 관한 특별법」제14조에 따른 사용제한·사용금지, 그 밖의 불가피한 사유로 인하여 긴급히 정비사업을 시행할 필요가 있다고 인정되는 때
> 　2. 제4조제6항에 따라 고시된 정비계획에서 정한 정비사업시행 예정일부터 2년 이내에 사업시행인가를 신청하지 아니하거나 사업시행인가를 신청한 내용이 위법 또는 부당하다고 인정되는 때(주택재건축사업의 경우는 제외한다)
> 　8. 제16조에 따른 주택재개발사업 및 주택재건축사업의 조합설립을 위한 동의요건 이상

에 해당하는 자가 신탁업자를 주택재개발사업 또는 주택재건축사업의 사업시행자로 지정하는 것에 동의하는 때 〈신설〉

◆위 1호, 2호에 대해서는 도시정비법 제정당시부터 지정개발자(신탁업자) 시행 가능, 즉 재개발·재건축은 물론 도시환경정비사업도 신탁업자에 의한 지정개발자 시행 가능. 그러다가 2015. 9. 1. 개정되면서 8호가 신설된 것임, 이때부터는 재개발·재건축은 조합설립 동의 요건 이상의 동의를 받으면 전면적으로 신탁업자 시행 가능

◆서울행정법원 2021. 11. 12. 선고 2021구합52341 판결

구 도시 및 주거환경정비법(2017. 2. 8. 법률 제14567호로 개정되기 전의 것, 이하 '구 도시정비법'이라 한다) 제8조 제3항은 "도시환경정비사업은 조합 또는 토지등소유자가 시행하거나, 조합 또는 토지등소유자가 조합원 또는 토지등소유자의 과반수의 동의를 얻어 시장·군수, 주택공사 등, 건설업자, 등록사업자 또는 대통령령이 정하는 요건을 갖춘 자와 공동으로 이를 시행할 수 있다."라고 규정함으로써, 도시환경정비사업에 대하여는 그 사업을 시행하는 방식으로, 조합이 시행하는 방식 외에도, 토지등소유자가 직접 시행자가 되어 사업을 진행할 수 있도록 길을 열어두고 있다. 이 경우 조합방식에 의한 정비사업과 달리 조합설립 인가 단계를 거치지 않게 되므로, 그 사업에 대한 최초의 설권 및 적법성 등 심사 및 통제는 사업시행계획인가 단계에서 이루어지게 된다. 나아가 위 제8조 제4항은 엄격한 요건 하에 도시환경정비사업의 경우에도 "지정개발자"인 신탁업자를 사업시행자로 지정하여 정비사업을 시행하게 할 수 있도록 하는 규정(구 도시정비법 제8조 제4항 후단 제1호, 제2호)을 두어 토지등소유자 방식의 개발을 시행하면서 법에 규정되지 않은 방식으로 **그 토지 등 소유권을 신탁하거나 외형상 이전하는 방식으로, 조합방식 또는 지정개발자 방식의 사업에 부과되는 규제를 탈법적으로 회피하려는 시도를 차단**하고 있다.

사업시행변경인가를 신청하는 토지등소유자 및 그 신청에 필요한 동의를 얻어야 하는 토지등소유자는 모두 수탁자가 아니라 도시환경정비사업에 따른 이익과 비용이 최종적으로 귀속되는 위탁자로 해석함이 타당하며, 토지등소유자의 자격 및 동의자 수를 산정할 때에는 위탁자를 기준으로 하여야 한다(대법원 2015. 6. 11. 선고 2013두15262 판결 등 참조). 이러한 법리는 토지등소유자 시행방식으로 진행되는 도시환경정비사업의 경우에 더욱 엄격히 관철될 필요성이 더욱 강하다. 즉, 도시정비법령은 토지등소유자 시행방식의 도시환경정비사업에 대하여도 일정한 요건 하에 한정적으로 "지정개발자"인 신탁업자를 사업시행자로 지정하여 정비사업을 시행하게 할 수 있도록 하는 규정을 두고 있다(구 도시정비법 제8조 제4항 후단 제1호, 제2호).

나. 신탁업자 공동시행 연혁

○ 2005. 3. 18. 법 개정(령 2005. 5. 18. 신설)을 통하여 <u>주택재개발사업, 도시환경정비사업의 경우(재건축은 불가)</u>에 조합이 조합원 과반수의 동의를 얻어 신탁회사와 **<u>공동으로 시행</u>**, 이는 지금도 마찬가지(현재는 법 제25조).

다. '3분의 1 이상 신탁을 받은 자' 요건 삭제 연혁

① 제정시행령 : <u>토지면적의 3분의 1 이상의 토지를 신탁받은 자</u>
② 2022. 12. 11. 개정시행령 : 국·공유지 제외하고 3분의 1 신탁
③ 3분의 1 신탁요건 삭제(2023. 12. 5.)

2. 도시정비법 신탁업자 공개모집 도입(2024. 12. 3.)

가. 2024. 12. 3. 개정 전 경쟁입찰 여부 (소극)

> **서울고등법원 2023. 2. 10. 선고 (춘천)2022나1461 판결 [신탁보수 청구]**
>
> 대법원 2023. 6. 1. 선고 2023다218872 판결 : 심리불속행기각
>
> 소규모주택정비법 제56조 제1항은 <u>소규모재건축사업의 사업대행자 지정</u>에 관하여 도시정비법 제28조 제1항을 준용하고 있는데, 도시정비법 제28조 제1항은 "시장·군수 등은 다음 각 호의 어느 하나에 해당하는 경우에는 해당 조합 또는 토지등소유자를 대신하여 직접 정비사업을 시행하거나 토지주택공사 등 또는 지정개발자에게 해당 조합 또는 토지등소유자를 대신하여 정비사업을 시행하게 할 수 있다."라고 규정하고 있고, 시장·군수 등이 사업대행자로 하여금 정비사업을 대신하여 시행하게 할 수 있는 경우란 장기간 정비사업이 지연되거나 권리관계에 관한 분쟁 등으로 해당 조합 또는 토지등소유자가 시행하는 정비사업을 계속 추진하기 어렵다고 인정하는 경우(도시정비법 제28조 제1항 제1호) 또는 토지등소유자(조합을 설립한 경우에는 조합원을 말한다)의 과반수 동의로 요청하는 경우(같은 항 제2호)이다. <u>조합원의 과반수 동의에 의하여 사업대행자 지정을 요청하는 경우 별도의 경쟁입찰을 거쳐야 한다고 명시한 소규모주택정비법 또는 도시정비법 규정은 존재하지 않는다.</u>
>
> 이 사건 신탁계약 제18조 제1항은 <u>임의규정인 민법 제689조 제1항, 제2항의 적용을 배제하는 계약조항으로 봄이 타당</u>하다.
>
> 3) 피고가 2021. 3. 2. 원고에게 이 사건 신탁계약의 해지 통보를 한 사실은 앞서 본 바와 같으나, 이 사건 신탁계약 제18조 제1항에 따라 사업대행자 지정·고시가 이루어지기 전까지 이 사건 신탁계약의 해지는 <u>원칙적으로 당사자의 합의에 의하여 가능</u>하므로, 피고의 위 2021. 3. 2.자 해지통보에 의한 해지는 별다른 사정이 없는 한 <u>효력이 없고</u>, 강릉시장이 C을 피고의 사업대행자로 선정한 2021. 6. 22.에 비로소 이 사건 신탁계약을 통한 사업목적 달성이 불가능하게 됨에 따라(이 사건 신탁계약 제19조 제2호) 이 사건 신탁계약이 종료되었다고 봄이 타당하다.
>
> **제16조(신탁보수)**
> ① 신탁업무에 따른 원고의 신탁보수는 [별지 4]의 기준에 따라 산출한다.
> ② 제1항에 따른 원고의 보수 및 수납방법은 다음과 같다.
>   ① 보수액: 29억 원
>   ② 보수수납시기

구 분	수취시기	신탁보수
제1회차	신탁계약체결시	상기 1. 보수산정액의 10%
제2회차	대행자 지정 고지시	상기 1. 보수산정액의 5%
제3회차~제9회차	중략	
합계		100%

③ 제2호에 따른 보수수납시기에 피고는 수납시기일로부터 7영업일 이내에 원고에게 납부하여야 함.

④ 제2호 및 제3호에 따른 보수수납시기에 보수가 납부되지 않을 경우 피고는 그 다음 날부터 미납금액에 대한 연 10%의 이자를 가산하여 납부하여야 함

(이하 생략)

따라서 **피고는 원고에게 681,500,000원(= 제1회차 신탁보수 290,000,000원 + 제2회차 신탁보수 145,000,000원 + 손해배상 246,500,000원)** 및 그중 290,000,000원에 대하여는 2020. 10. 31.부터 2023. 2. 10.까지 연 10%의, 그 다음 날부터 다 갚는 날까지 연 12%의 각 비율로 계산한 지연손해금을, 145,000,000원에 대하여는 2021. 9. 11.부터 2023. 2. 10.까지 연 10%의, 그 다음 날부터 다 갚는 날까지 연 12%의 각 비율로 계산한 지연손해금을, 246,500,000원에 대하여는 2021. 9. 11.부터 2023. 2. 10.까지 연 6%의, 그 다음 날부터 다 갚는 날까지 연 12%의 각 비율로 계산한 지연손해금을 각 지급할 의무가 있다.

창원지방법원 마산지원 2019. 10. 16. 선고 2018가합100595 판결 [총회결의무효확인의 소]

사업대행자방식의 전환과정에서 복수의 사업대행자 후보자를 입찰하여 선발하여야 한다는 강행규정이 존재하지도 않는다.

사업대행방식과 시공자선정을 같이 해도 무방하다.

사업대행자 추천 업무는 정비사업전문관리업자가 아니라도 가능하다.

나. 2023. 12. 3. 개정 이후에는 공개모집 도입

○ 도시정비법이 2024. 12. 3. 개정되면서, 시행령상 비율 이상의 **토지등소유자 동의로 공개모집** 후 시행자 지정 이전 협약등 체결이 가능하도록 하여 분쟁 방지 〈시행 2025. 6. 4.〉

○ 토지등소유자 전체회의 : 온라인총회(법 제44조의2) 및 전자적 방법에 의한 의결권 행사(법 제45조) 규정을 토지등소유자 전체회의에도 의제

> **도시정비법 제27조(재개발사업·재건축사업의 지정개발자)**
>
> ⑦ 신탁업자와 재개발사업 또는 재건축사업의 준비·추진에 필요한 사항에 대하여 협약 등을 체결하려는 자(토지등소유자로 구성된 자를 말한다)는 대통령령으로 정하는 절차를 거친 사실을 시장·군수등에게 확인받은 후 대통령령으로 정하는 비율 이상의 토지등소유자의 동의를 받아 신탁업자를 **공개모집**한 후 **사업시행자 지정 전에 협약등을 체결**할 수 있다. 〈신설 2024. 12. 3.〉
>
> ⑧ 제7항에 따른 공개모집 및 협약등의 체결에 필요한 사항은 대통령령으로 정한다. 〈신설 2024. 12. 3.〉
>
> **부칙 제2조(협약등의 체결에 관한 적용례)** ② 제27조제7항 및 제8항의 개정규정은 이 법 시행 이후 신탁업자를 공개모집하는 경우부터 적용한다.
>
> **제48조(토지등소유자 전체회의)**
>
> ③ 토지등소유자 전체회의의 소집 절차·시기 및 의결방법 등에 관하여는 제44조제5항, 제44조의2* 및 제45조제3항부터 제11항까지를 준용한다. 이 경우 "총회"는 "토지등소유자 전체회의"로, "조합"은 "사업시행자"로, "정관"은 "시행규정"으로, "조합원"은 "토지등소유자"로 본다. 〈개정 2021. 8. 10., 2024. 12. 3.〉
>
> *온라인총회

3. 소규모주택정비사업과 신탁업자

○ 지정개발자는 빈집법 제정시에도 존재

○ 사업대행자는 2019. 8. 20. 개정(2019. 11. 21. 시행)으로 도입

> **빈집법 제19조(소규모주택정비사업의 지정개발자 지정)** ① 시장·군수등은 가로주택정비사업, 소규모재건축사업 또는 소규모재개발사업의 조합설립을 위하여 <u>제23조에 따른 조합설립 동의요건 이상에 해당하는 자</u>*가 <u>대통령령으로 정하는 요건을 갖춘 신탁업자</u>**(이하 "지정개발자"라 한다)를 사업시행자로 지정하는 것에 동의하는 때에는 지정개발자를 사업시행자로 지정하여 해당 사업을 시행하게 할 수 있다. 〈개정 2021. 7. 20.〉
>
>> ***가로주택/소규모재개발** : 토지등소유자의 10분의 8 이상 및 토지면적의 3분의 2 이상
>> **소규모재건축** : 각 동(복리시설 전체를 하나의 동)별 구분소유자의 과반수 동의(각 동별 구분소유자가 5명 이하인 경우는 제외)와 주택단지의 전체 구분소유자의 4분의 3 이상 및 토지면적의 4분의 3 이상
>> ****령 제17조(지정개발자의 요건)** 법 제19조제1항에서 "대통령령으로 정하는 요건을 갖춘 신탁업자"란 <u>사업시행구역 면적의 3분의 1 이상의 토지를 신탁받은 신탁업자</u>를 말한다.
>> ▶▶ 지정고시 후에 해지 등으로 신탁요건을 갖추지 못해도 지정 유효(법제처 2024.3.5.)
>
> **제56조(「도시 및 주거환경정비법」의 준용)** ①<u>가로주택정비사업, 소규모재건축사업 및 소규모재개발사업의 사업대행자 지정에 관하여는 같은 법 제28조를 준용한다.</u>

4. 사업대행자 방식과 비교

○ 사업대행계약에 의한 신탁회사 의무(서울중앙지방법원 2023. 7. 20. 선고 2021가합573990 판결 참고)

> **도시정비법 제28조(재개발사업·재건축사업의 사업대행자)** ① 시장·군수등은 다음 각 호의 어느 하나에 해당하는 경우에는 해당 조합 또는 토지등소유자를 대신하여 직접 정비사업을 시행하거나 토지주택공사등 또는 지정개발자에게 해당 조합 또는 토지등소유자를 대신하여 정비사업을 시행하게 할 수 있다.
>   1. 장기간 정비사업이 지연되거나 권리관계에 관한 분쟁 등으로 해당 조합 또는 토지등소유자가 시행하는 정비사업을 계속 추진하기 어렵다고 인정하는 경우
>   2. 토지등소유자(조합을 설립한 경우에는 조합원을 말한다)의 과반수 동의로 요청하는 경우
>
> ② 제1항에 따라 정비사업을 대행하는 시장·군수등, 토지주택공사등 또는 지정개발자(이하 "사업대행자"라 한다)는 사업시행자에게 청구할 수 있는 보수 또는 비용의 상환에 대한 권리로써 사업시행자에게 귀속될 대지 또는 건축물을 압류할 수 있다.
>
> ③ 제1항에 따라 정비사업을 대행하는 경우 사업대행의 개시결정, 그 결정의 고시 및 효과, 사업대행자의 업무집행, 사업대행의 완료와 그 고시 등에 필요한 사항은 대통령령으로 정한다.
>
> 빈집법 제56조제1항은 가로주택정비사업, 소규모재건축사업 및 소규모재개발사업의 사업대행자 지정에 관하여는 같은 법 제28조를 준용한다.

	사업시행자(법 제27조) (2015.9.1.개정 도입)	사업대행자(법 제28조) (2016.1.27.개정 도입)
사업시행자	추진위 × 조합 × 신탁회사가 사업시행자	조합 ○ 신탁회사가 사업대행자
내부규정	시행규정	정관
동의서양식	시행규칙 별지제2호서식으로 법정양식(법27조4항, 36조1항5호)	법정양식 ×(규정 없음)
의사결정 기구	토지등소유자전체회의	-조합총회 - 재산처분 등은 시장·군수의 승인(령 22조4항)

	사업시행자(법 제27조) (2015.9.1.개정 도입)	사업대행자(법 제28조) (2016.1.27.개정 도입)
지정요건	조합설립동의 이상(27조, 35조2항, 3항) - 재개발(토지등소유자의 4분의 3 이상 및 토지면적의 2분의 1 이상) - 재건축(각동별 과반수, 전체 구분소유자의 4분의 3 이상 및 토지면적의 4분의 3 이상)	과반수(28조1항2호)+<u>3분의1 신탁</u>
시공자선정	사업시행자지정고시후 경쟁입찰 또는 수의계약으로 전체회의 추천(29조 6,7항)	조합설립 후 경쟁입찰 또는 수의계약으로 선정, 즉 사업대행자 선정과 시공자선정은 무관
정산방식 차이	- 신탁업자 청산금 징수 또는 지급 - 정비사업비 초과 시 토지등소유자에게 분담금 부과(법 89조,제93조)	- 이전고시 및 등기완료시 사업대행 완료 및 인수인계진행 - 사업대행자 지출비용에 대한 상환청구 가능, 그러나, 별도로 토지등소유자에게 비용부과 불가(령23조5항), 단, 대지, 건축물등에 압류가능(법28조2항)

○ **사업대행자 방식으로의 변경**

> **창원지방법원 마산지원 2019. 10. 16. 선고 2018가합100595 판결**
>
> <u>사업대행자방식으로의 변경은 조합설립인가 이후라면 조합원 과반수동의로 변경기한의 제한이 없는바, 이미 시공자가 선정된 이후에 사업대행자방식으로 사업시행방식이 변경될 수도 있다.</u> 3회 입찰공고가 있은 후 사업시행방식이 변경되었다면 다시 입찰공고를 해야 한다는 취지의 명시적 규정도 없다. 사업대행자 방식과 달리, 지정개발자 방식의 경에는 다시 경쟁입찰을 하도록 규정하고 있다(현 도시정비법 제29조 제6항). 창원시의 2019. 4. 4.자 조합운영 실태 점검결과 및 시정명령에서도 이 부분이 명시적으로 문제되지 않았다(갑35).

○ 사업대행계약방식에서는 조합이 존재하므로, 시공자 선정은 조합이 선정하는 방식으로 하여야 한다. 지정개발자의 경우와는 다르다.

5. 토지주택공사와 비교

○ 도시정비법이 2024. 12. 3. 개정되기 전에는 토지등소유자가 <u>시장·군수등 또는 토지주택공사등의 사업시행</u>을 원하는 경우에는 정비구역 지정·고시 후 <u>주민대표기구(이하 "주민대표회의"라 한다)</u>를 구성하여야 한다(법 제47조제1항).

○ 2024. 12. 3. 도시정비법 개정으로 **정비구역 지정 전**이라도 재개발·재건축사업의 공공시행자 지정 전 협약 체결을 하고, 그 이후에는 바로 주민대표회의 구성이 가능하다.〈시행 2025. 6. 4.〉
 - LH 또는 지방공사 시행시에는 사업시행자 지정 전 일정한 절차 거치면 미리 협약 체결 가능
 - 위 협약등이 체결된 경우에는 그 이전이라도 주민대표회의 구성 가능

> **도시정비법 제26조(재개발사업·재건축사업의 공공시행자)**
> ④ 토지주택공사등과 재개발사업 또는 재건축사업의 준비·추진에 필요한 사항에 대하여 협약 또는 계약 등(이하 "협약등"이라 한다)을 체결하려는 자(토지등소유자로 구성된 자를 말한다)는 <u>대통령령으로 정하는 절차를 거친</u> 사실을 시장·군수등에게 확인받은 후 대통령령으로 정하는 비율 이상의 토지등소유자의 동의를 받아 제1항에 따른 **사업시행자 지정 이전에 협약등을 체결**할 수 있다.〈신설 2024. 12. 3.〉
> ⑤ 제4항에 따른 협약등의 체결에 필요한 사항은 대통령령으로 정한다.〈신설 2024. 12. 3.〉
> **부칙 제2조(협약등의 체결에 관한 적용례)** ① 제26조제4항 및 제5항의 개정규정은 <u>이 법 시행 이후 토지주택공사등과 협약등을 체결하는 경우부터 적용</u>한다.
>
> **제47조(주민대표회의)** ① 토지등소유자가 시장·군수등 또는 토지주택공사등의 사업시행을 원하는 경우에는 정비구역 지정·고시 후 주민대표기구(이하 "주민대표회의"라 한다)를 구성하여야 한다. <u>다만, 제26조제4항에 따라 협약등이 체결된 경우에는 정비구역 지정·고시 이전에 주민대표회의를 구성할 수 있다.</u>〈개정 2024. 12. 3.〉

○ 즉, 정비구역 지정전이라도 시행령상의 비율에 따른 동의로 **먼저 협약을 체결**하고, **주민대표회의를 먼저 구성승인을 받은 이후**에 동의서를 징구(토지면적 2분의 1 이상의 토지소유자와 토지등소유자의 3분의 2 이상, 대표회의 동의는 곧 사업시행자 지정동의)하여 주택공사등을 사업시행자로 지정
○ <u>반면 지정개발자인 신탁회사는 먼저 지정개발자 동의를 얻어 사업시행자 지정을 받은 이후에 토지등소유자전체회의를 구성하는 것</u>이다.

6. 정비사업 종합정리

구분	도시정비법		소규모주택정비법	
	재건축	재개발	가로주택 소규모재개발	소규모재건축
기본계획수립	10년단위 수립, 5년마다 타당성 검토		-	
안전진단	해당	-	-	
정비구역지정	기본계획에 적합한 범위 내에서 수립		-	
시행자 (공공개발자 제외)	조합 또는 공동시행	-조합 또는 공동시행 -토지등소유자 (20인미만) 또는 공동 시행	-조합 또는 과반수 동의로 공동시행 -토지등소유자(20인 미만) 또는 공동시행	
	※공동시행자의 자격 시장·군수, 토지주택공사등, 건설업자, 등록사업자, 한국부동산원(재건축제외), 신탁사(재건축 제외)		※ 공동시행자의 자격 시장·군수, 토지주택공사등, 건설업자, 등록사업자, 신탁사, 부동산투자회사	
신탁사 참여	사업시행자 :조합설립요건 동의		사업시행자 :조합설립동의+3분의1신탁	
	사업대행자 :토지등소유자 과반수		사업대행자 :좌동(56조에 의해 도시정비법 28조 준용)	
추진위원회 설립	토지등소유자의 과반수		-	
조합설립	각동별 과반수 전체소유자 3/4 토지면적 3/4	전체소유자 3/4 토지면적 1/2	토지등소유자 8/10 토지면적 2/3	각동별 과반수 전체소유자 3/4 토지면적 3/4
건축심의	-		- 총회 과반수 의결 ※ 지정개발자인 경우 토지등소유자 과반수 및 토지면적 1/2 이상 동의	
분양신청	사업시행인가 이후 종전평가를 하여 120일 이내 분양신청공고 및 통지		건축심의 결과 통지일로부터 종전평가를 하여 90일 이내 분양신청공고 및 통지	
종전평가 기준일	사업시행인가 고시가 있은 날 기준		건축심의 결과를 받은 날 기준	
매도청구	사업시행계획인가 고시된 날로부터 30일 이내 촉구 ※ 재개발 : 토지수용		건축심의 결과를 받은 날로부터 30일 이내 촉구 ※ 소규모재개발 : 토지수용	
사업시행 계획인가	- 총회 과반수 의결 ※ 정비사업비 10% 이상 증가시 2/3 의결 *직접출석 조합원의 20% 이상 - 지정개발자인 경우 토지등소유자 과반수 및 토지면적 1/2 이상 동의		도시정비법 준용 ※ 지정개발자인 경우 토지등소유자 과반수 및 토지면적 1/2 이상 동의 ※ 관리처분계획 통합 진행	
관리처분 계획인가	총회 과반수 의결 ※ 정비사업비 10% 이상 증가시 2/3 의결 *직접출석 조합원의 20% 이상		-	

7. 공공시행자 종합정리

○ **도시정비법 재개발/재건축 공공시행자**

시장·군수 직접시행 또는 토지주택공사등(건설업자, 등록사업자와 공동시행 포함)을 사업시행자로 지정
 1. 천재지변 등 긴급한 경우
 2. 시행예정일부터 2년 이내 사업시행계획인가 미신청 또는 위법·부당(재건축 제외)
 3. 추진위원회 구성승인 후 3년 이내에 조합설립인가 미신청, 조합설립인가후 3년 이내에 사업시행계획인가 미신청
 4. 도시·군계획사업과 병행하여 시행할 필요
 5. 순환정비방식
 6. 위법하여 사업시행계획인가가 취소된 때
 7. 정비구역의 국·공유지 면적 또는 국·공유지와 토지주택공사등이 소유한 토지를 합한 면적이 전체 토지면적의 2분의 1 이상으로서 토지등소유자의 과반수가 동의
 8. 토지면적 2분의 1 이상 & 토지등소유자의 3분의 2 이상 지정 요청 시

○ **도시정비법 공공재개발/재건축**

시장·군수, 토지주택공사등이 사업시행자 & 공공기여

○ **빈집법 가로주택·소규모재개발·소규모재건축 공공시행자 (빈집법 제18조)**

시장·군수 직접시행 또는 토지주택공사등(건설업자, 등록사업자와 공동시행 포함)를 사업시행자로 지정
 1. 천재지변 등 긴급한 경우
 2. 주민합의체를 신고한 날 또는 조합설립인가를 받은 날부터 3년 이내에 사업시행계획인가를 미신청
 3. 장기지연 또는 분쟁으로 계속이 불가한 경우
 4. 위법하여 사업시행계획인가가 취소된 경우
 5. 국유지·공유지 면적 또는 국유지·공유지와 토지주택공사등이 소유한 토지를 합한 면적이 전체 토지면적의 2분의 1 이상으로서 토지등소유자 과반수가 동의
 6. 토지면적의 2분의 1 이상 & 토지등소유자의 3분의 2 이상이 지정 요청시

○ **빈집법 공공소규모재건축 (법 2조3호다목, 가로와 재개발은 공공 ×)**

토지주택공사등이 공동시행자·공공시행자·사업대행자인 경우 & 종전세대수의 120% 이상 공급

III 2023. 7. 18. 개정 도시정비법 해설

1. 정비구역 지정 등

가. 정비기본계획 [특·광·특·특·시장(대도시포함)]

○ 10년 단위, 시장(대장×)은 **도지사승인**, 의무적 수립, 인구 50만 미만은 도지사가 불필요 인정하면 수립×, **예정구역**, 공람14일↑, 국장에게 보고
 - 기본계획에 생활권계획포함시 예정구역 및 단계별추진계획 생략 가능(5조2항)

나. 정비계획 입안요청 (법 제13조의2)

○ [본조신설 2023. 7. 18., 시행 2024. 1. 19.] [개정 2024. 12. 3.]
○ 신설시에는 토지등소유자만 입안요청 가능, 2024. 12. 3. 개정되면서 기본계획 미수립 지역도 입안요청이 가능하고, 요청권에 토지등소유자외에 추진위원회가 추가됨 〈개정 시행 2025. 6. 4.〉

> 도시정비법 제13조의2(정비구역의 지정을 위한 정비계획의 입안 요청 등) ① <u>토지등소유자 또는 추진위원회</u>는 다음 각 호의 어느 하나에 해당하는 경우에는 정비계획의 입안권자에게 정비구역의 지정을 위한 정비계획의 입안을 요청할 수 있다. 〈개정 2024. 12. 3.〉
> 1. 제4조제1항 단서*에 따라 <u>기본계획을 수립하지 아니한 지역</u>으로서 대통령령으로 정하는 경우 〈신설〉
> *도지사가 대도시가 아닌 시로서 기본계획을 수립할 필요가 없다고 인정하는 시
> 2. 제5조제1항제10호에 따른 단계별 정비사업 추진계획상 정비예정구역별 정비계획의 입안시기가 지났음에도 불구하고 정비계획이 입안되지 아니한 경우
> 3. 제5조제2항에 따라 <u>기본계획에 같은 조 제1항제9호 및 제10호에 따른 사항을 생략한 경우</u>
> 4. 천재지변 등 대통령령으로 정하는 불가피한 사유로 긴급하게 정비사업을 시행할 필요가 있다고 판단되는 경우

○ **구역경계만 설정**하여 지자체(입안권자)에게 정비계획 입안요청 가능
  → 토지등소유자 또는 추진위원회 ㉠ 기본계획 미수립시, ㉡입안시기 지난

경우, ⓒ생활권계획수립시, ⓔ불가피한 경우
→ 주민 50% 이하에서 조례로 정하는 비율 이상 동의 필요(서울시 30%)
→ 4개월 내 입안여부 결정(2개월 연장 가능)
→ 입안요청 수락시, 지자체(지정권자)가 정비계획 기본방향 제시

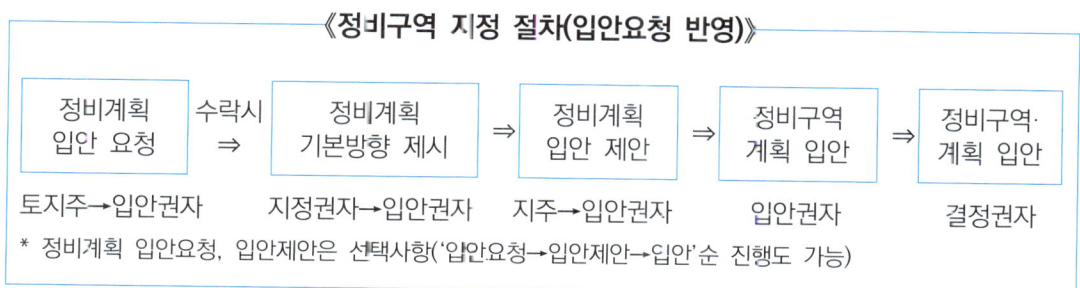

다. 정비계획 입안제안(법 제14조)

○ 토지등소유자의 3분의 2 이하 및 토지면적 3분의 2 이하의 범위에서 시·도 조례로 정하는 비율 이상의 동의를 받은 후 시·도조례로 정하는 제안서 서식
 - 서울시 : 토지등소유자의 60% 이상 및 토지면적의 2분의 1 이상의 동의를 받아야 한다. 〈개정 2023.5.22.〉

○ 토지등소유자 또는 추진위원회 : 정비계획 입안제안 〈개정 2018. 1. 16., 2021. 4. 13., 2024. 12. 3.〉〈시행 2025. 6. 4.〉

> **제14조(정비계획의 입안 제안)** ① 토지등소유자(제5호의 경우에는 제26조제1항제1호 및 제27조제1항제1호에 따라 사업시행자가 되려는 자를 말한다) <u>또는 추진위원회</u>는 다음 각 호의 어느 하나에 해당하는 경우에는 정비계획의 입안권자에게 정비계획의 입안을 제안할 수 있다. 〈개정 2018. 1. 16., 2021. 4. 13., 2024. 12. 3.〉
> 1. 제5조제1항제10호에 따른 단계별 정비사업 추진계획상 정비예정구역별 정비계획의 입안시기가 지났음에도 불구하고 정비계획이 입안되지 아니하거나 같은 호에 따른 정비예정구역별 정비계획의 수립시기를 정하고 있지 아니한 경우
> 2. 토지등소유자가 제26조제1항제7호 및 제8호에 따라 <u>토지주택공사등을 사업시행자로 지정 요청하려는 경우</u>

> 3. 대도시가 아닌 시 또는 군으로서 시·도조례로 정하는 경우
> 4. 정비사업을 통하여 공공지원민간임대주택을 공급하거나 임대할 목적으로 주택을 주택임대관리업자에게 위탁하려는 경우로서 제9조제1항제10호 각 목을 포함하는 정비계획의 입안을 요청하려는 경우
> 5. 제26조제1항제1호 및 제27조제1항제1호에 따라 정비사업을 시행하려는 경우
> 6. 토지등소유자(조합이 설립된 경우에는 조합원을 말한다. 이하 이 호에서 같다)가 3분의 2 이상의 동의로 정비계획의 변경을 요청하는 경우. 다만, 제15조제3항에 따른 경미한 사항을 변경하는 경우에는 토지등소유자의 동의절차를 거치지 아니한다.
> 7. 토지등소유자가 공공재개발사업 또는 공공재건축사업을 추진하려는 경우
> ② 정비계획 입안의 제안을 위한 토지등소유자의 동의, 제안서의 처리 등에 필요한 사항은 대통령령으로 정한다.

라. 정비계획입안권자(법 제8조제5항)

○ 자치구구청장, 광역시군수 → 서울시장·광역시장에게 구역지정 신청
○ 결국 특자시, 특자도, 시장·군수는 직접 정비계획입안수립 및 구역 지정

마. 정비구역지정권자(법 제8조제1항)

○ 특·광·특·특·시장 또는 군수(광역시의 군수는 제외)

2. 통합심의

가. 사업시행계획 인가 통합심의 의무화(법 제50조의2)

○ 개정 법률 시행(2024.1.19.) 이후에 건축, 교육환경, 교통 등 사업시행계획(변경)인가에 필요한 심의를 통합심의 의무화

○ 개정 시행 이전 사업시행계획(변경) 인가 위해 교통 등 개별 심의한 경우, 해당 사업시행인가는 통합심의 미 대상

> **도시정비법 제50조의2(사업시행계획의 통합심의)** ① 정비구역의 지정권자는 사업시행계획인가와 관련된 다음 각 호 중 둘 이상의 심의가 필요한 경우에는 이를 **통합하여 검토 및 심의(이하 "통합심의"라 한다)하여야 한다.** [본조신설 2023. 7. 18.]
> 1. 「건축법」에 따른 건축물의 건축 및 특별건축구역의 지정 등에 관한 사항
> 2. 「경관법」에 따른 경관 심의에 관한 사항
> 3. 「교육환경 보호에 관한 법률」에 따른 교육환경평가
> 4. 「국토의 계획 및 이용에 관한 법률」에 따른 도시·군관리계획에 관한 사항
> 5. 「도시교통정비 촉진법」에 따른 교통영향평가에 관한 사항
> 6. 「환경영향평가법」에 따른 환경영향평가 등에 관한 사항
> 7. 그 밖에 국토교통부장관, 시·도지사 또는 시장·군수등이 필요하다고 인정하여 통합심의에 부치는 사항
>
> ② <u>사업시행자가 통합심의를 신청</u>하는 경우에는 제1항 각 호와 관련된 서류를 첨부하여야 한다. 이 경우 정비구역의 지정권자는 통합심의를 효율적으로 처리하기 위하여 필요한 경우 제출기한을 정하여 제출하도록 할 수 있다.

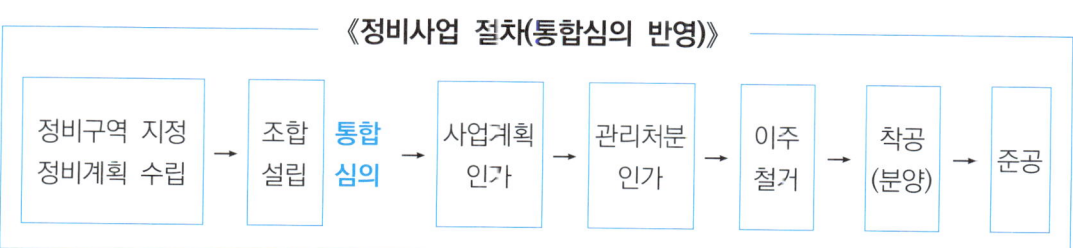

《정비사업 절차(통합심의 반영)》

나. 정비계획 변경·사업시행인가 통합심의

○ 정비계획 변경·사업계획 인가에 필요한 심의(정비계획 도계위+사업인가 각종 심의 → 통합심의)를 통합하여 실시(선택사항)

- [현행] 정비계획 변경(입안 → 도계위 심의 → 변경) 후 사업시행계획 인가(건축·교통 등 각종 심의 → 인가신청 → 인가)

- [개선] 정비계획 변경(입안 → 통합심의 → 변경 결정) → 사업계획인가(인가신청 → 인가)

- 이미 정비구역지정·정비계획이 수립된 사업의 계획 변경 시 적용가능(예 : 공공재개발, 공공재건축, 역세권정비사업 등)

> **도시정비법 제50조의3(정비계획 변경 및 사업시행인가의 심의 특례)** ① 정비구역의 지정권자는 제50조제1항에 따른 사업시행계획인가(인가받은 사항을 변경하는 경우를 포함한다. 이하 이 조에서 같다)에 앞서 제16조제2항에 따라 결정·고시된 정비계획의 변경(정비구역의 변경도 포함하며, 제15조제3항에 따른 경미한 변경은 제외한다. 이하 이 조에서 같다)이 필요한 경우 제16조에도 불구하고 **정비계획의 변경을 위한 지방도시계획위원회 심의를 사업시행계획인가와 관련된 심의와 함께 통합하여 검토 및 심의할 수 있다.**
>
> ② 정비구역의 지정권자가 제1항에 따라 심의를 통합하여 실시하는 경우 사업시행자는 하나의 총회(제27조제1항에 따라 신탁업자가 사업시행자로 지정된 경우에는 제48조에 따른 토지등소유자 전체회의를 말한다. 이하 이 조에서 같다)에서 제45조제1항제8호 및 제9호에 관한 사항을 의결하여야 한다.
>
> ③ 제1항 및 제2항에서 규정한 사항 외에 심의 및 총회 의결을 위한 절차와 방법에 관하여 필요한 사항은 대통령령으로 정한다. [본조신설 2023. 7. 18.] [시행 2024. 1. 19.]

3. 역세권 용적율 완화 (법 66조2항. 2024. 1. 19. 시행)

○ 역세권 등 교통, 기반시설 양호한 곳, 법적상한 용적률 1.2배까지 완화
○ 추가 완화 용적률 일부를 공공분양주택(뉴:홈)으로 활용
　→ 현재는 법적상한까지 완화, 공공임대주택으로만 활용가능

《뉴:홈 확보 관련 개념 비교(서울, 3종 일반, 재건축)》

	〈종전〉		〈개선〉	
360% (추가완화)				공공분양 (기본형건축비 +감정가 50%)
300% (법적상한)	일반분양	공공임대 (표준형건축비 +토지 기부채납)	일반분양	공공임대
250% (정비계획)	조합원+분양		조합원+분양	

도시정비법 제66조(용적률에 관한 특례 등) ② 정비구역이 <u>역세권 등 대통령령으로 정하는 요건</u>에 해당하는 경우(제24조제4항, 제26조제1항제1호 및 제27조제1항제1호에 따른 정비사업을 시행하는 경우는 제외한다)에는 제11조, 제54조 및 「국토의 계획 및 이용에 관한 법률」 제78조에도 불구하고 다음 각 호의 어느 하나에 따라 용적률을 완화하여 적용할 수 있다. 〈신설 2023. 7. 18.〉

1. 지방도시계획위원회의 심의를 거쳐 **법적상한용적률의 100분의 120까지 완화**
2. 용도지역의 변경을 통하여 용적률을 완화하여 정비계획을 수립(변경수립을 포함한다. 이하 이 조에서 같다)한 후 변경된 용도지역의 법적상한용적률까지 완화

> **령 제55조** ③ 법 제66조제2항 각 호 외의 부분에서 "역세권 등 대통령령으로 정하는 요건에 해당하는 경우"란 다음 각 호의 요건을 모두 갖춘 경우를 말한다. 〈신설 2023. 12. 5.〉
> 1. 해당 정비구역 총 면적의 2분의 1 이상이 다음 각 목의 어느 하나에 해당하는 지역에 위치할 것
> 　가. 「철도의 건설 및 철도시설 유지관리에 관한 법률」 제2조제1호에 따른 철도 또는 「도시철도법」 제2조제2호에 따른 도시철도의 승강장 경계로부터 시·도조례로 정하는 거리 이내에 위치한 지역
> 　나. 세 개 이상의 대중교통 정류장이 인접해 있거나 고속버스·시외버스 터미널, 간선도로의 교차지 등 양호한 기반시설을 갖추고 있어 대중교통 이용이 용이한 지역으로서 시·도조례로 정하는 요건을 모두 갖춘 지역
> 2. 해당 정비구역에서 시행하는 정비사업이 법 제54조제1항 각 호의 어느 하나에 해당할 것

4. 재건축 부담금 완화

○ 부담기준 중 초과이익 3천→8천만원, 부과구간 2천→5천만원 확대
○ 초과이익 산정 개시시점 : 추진위 구성→조합설립 변경
○ 공공주택(임대·분양) 매각대금, 초과이익에서 제외
○ 공공주택 공공기여 토지가액(공시가→감정가) 등 개발비용 인정범위 확대
○ 1세대 1주택 장기보유자 감면
　→ 고령자(60세 이상, 1세대1주택) 납부유예
　→ 6~10년 미만:10~40%/10~15년 미만:50%/15~20년 미만:60%/20년 이상:70%

《재건축 부담금 완화사항》

구분	면제	부과율					장기보유 감면
		10%	20%	30%	40%	50%	
종전	0.3억 이하	0.3~0.5억	0.5~0.7억	0.7~0.9억	0.9~1.1억	1.1억 초과	없음
개선	0.8억 이하	0.8~1.3억	1.3~1.8억	1.8~2.3억	2.3~2.8억	2.8억 초과	10~70%

Ⅳ. 2024. 12. 3. 개정 도시정비법 해설

○ 2024. 12. 3. 개정된 도시정비법 주요 내용

◇ **개정이유**

재건축사업이 안정적이고 신속하게 진행될 수 있도록 관련 제도를 합리적으로 개선함.

◇ **주요내용**

가. 재건축사업 안전진단의 명칭을 재건축진단으로 변경하고, 사업시행계획인가 전까지로 재건축진단 실시기한을 늦추며, 조합설립추진위원회 또는 사업시행자도 재건축진단의 실시를 요청할 수 있도록 함(제12조).

나. 기본계획을 수립하지 않은 지역도 정비구역의 지정을 위한 정비계획의 입안을 요청할 수 있도록 하고, 조합설립추진위원회도 정비계획의 입안 요청 및 입안 제안을 할 수 있도록 함(제13조의2 및 제14조).

다. 토지주택공사, 신탁업자 등과 재개발사업 또는 재건축사업의 준비·추진에 필요한 사항에 대하여 협약 또는 계약 등을 체결하려는 자는 일정 비율 이상의 토지등소유자의 동의를 받도록 하고, 협약 또는 계약 등이 체결된 경우에는 정비구역 지정·고시 이전에도 주민대표회의를 구성할 수 있도록 함(제23조제4항 및 제27조제7항 신설, 제47조제1항).

라. 정비사업 과정에서 필요한 동의서 제출과 총회의 의결권 행사시 전자적 방법을 활용할 수 있도록 하고, 총회 온라인 참석도 직접 출석으로 인정하도록 함(제36조제1항 및 제45조).

마. 토지등소유자가 정비계획의 입안 요청, 입안 제안, 조합설립추진위원회의 구성 중 어느 하나에 대한 동의를 하는 경우 일정 요건을 충족하면 동의하지 않은 다른 사항에 대해서도 동의를 한 것으로 보는 특례 규정을 신설함(제36조의3 신설).

바. 정비구역이 지정·고시된 날부터 10년이 되는 날까지 사업시행계획인가를 받지 않으면 안전진단을 다시 실시하도록 하는 규정을 삭제함 (현행 제131조 삭제).

〈법제처 제공〉

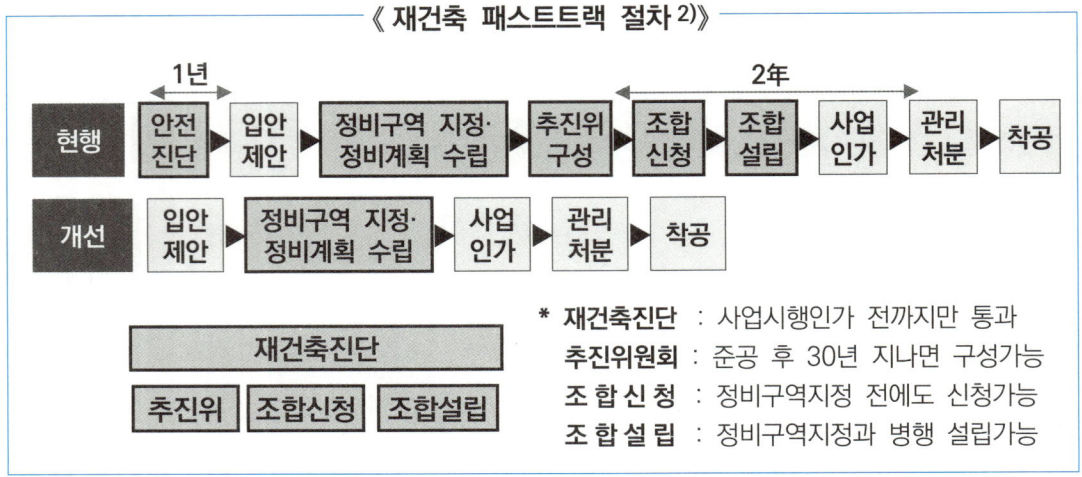

1. 재건축진단 (법 제12조제1항)

○ 안전진단을 **재건축진단으로 명칭 변경**

○ 국토교통부 2024. 11. 14.자 보도자료 : **30년 이상 아파트 안전진단 없이 재건축 착수 가능**

○ 시장·군수등은 제5조제1항제10호에 따른 <u>정비예정구역별 정비계획수립시기가 도래한 때부터</u> 사업시행계획인가전까지 실시 〈시행 2025. 6. 4.〉

> - 우선, 안전진단은 현재 구조안전성 외에도 주거환경, 설비 노후도를 종합적으로 평가하는 현행 체계에 적합하게 그 명칭을 '재건축 진단'으로 변경했다.
> - 또한, 그동안 재건축 진단을 통과하지 못하면 정비계획 입안 등 사업에 착수조차 할 수 없었던 비효율적 문제를 해소할 수 있도록, 재건축 진단은 사업시행계획 인가 전까지만 통과하도록 필요시기를 조정했다.
> - 주민이 요청해도 지자체가 사전에 재건축진단 실시 여부를 재량으로 결정했던 <u>예비안전진단 개념의 현지조사 제도를 폐지한다. 연접한 단지와 통합해서 재건축 진단을 실시할 수 있도록 절차도 개선했다.</u>

○ **안전진단 재실시 폐지** : 법 131조 삭제

---

2) 국토교통부 2024. 11. 14. 보도자료임

○ **소유자 10분의 1 이상의 동의**받아 요청하면 재건축진단 시행, 요청자에게 비용 청구 가능

> **제12조(재건축사업을 위한 재건축진단)** ① 시장·군수등은 제5조제1항제10호에 따른 <u>정비예정구역별 정비계획의 수립시기</u>가 도래한 때부터 제50조에 따른 <u>사업시행계획인가(이하 "사업시행계획인가"라 한다) 전까지 재건축진단을 실시하여야 한다.</u> 〈개정 2024. 12. 3.〉
>
> ② 시장·군수등은 제1항에도 불구하고 다음 각 호의 어느 하나에 해당하는 경우에는 재건축진단을 실시하여야 한다. 이 경우 시장·군수등은 재건축진단에 드는 비용을 해당 재건축진단의 실시를 요청하는 자에게 부담하게 할 수 있다. 〈개정 2024. 12. 3.〉
>
> 1. 제13조의2에 따라 <u>정비계획의 입안을 요청하려는 자</u>*가 입안을 요청하기 전에 해당 정비예정구역 또는 사업예정구역에 위치한 건축물 및 그 부속토지의 소유자 10분의 1 이상의 동의를 받아 재건축진단의 실시를 요청하는 경우
>
>   *토지등소유자 또는 추진위원회
>
> 2. 제14조에 따라 <u>정비계획의 입안을 제안하려는 자</u>*가 입안을 제안하기 전에 해당 정비예정구역에 위치한 건축물 및 그 부속토지의 소유자 10분의 1 이상의 동의를 받아 재건축진단의 실시를 요청하는 경우
>
>   *토지등소유자 또는 추진위원회
>
> 3. 제5조제2항에 따라 <u>정비예정구역을 지정하지 아니한 지역에서 재건축사업을 하려는 자</u>가 사업예정구역에 있는 건축물 및 그 부속토지의 소유자 10분의 1 이상의 동의를 받아 재건축진단의 실시를 요청하는 경우
>
> 4. 제2조제3호나목에 해당하는 건축물의 소유자로서 재건축사업을 시행하려는 자가 해당 사업예정구역에 위치한 건축물 및 그 부속토지의 소유자 10분의 1 이상의 동의를 받아 재건축진단의 실시를 요청하는 경우
>
> 5. 제15조에 따라 정비계획을 입안하여 주민에게 공람한 지역 또는 제16조에 따라 정비구역으로 지정된 지역에서 <u>재건축사업을 시행하려는</u> 자가 해당 구역에 위치한 건축물 및 그 부속토지의 소유자 10분의 1 이상의 동의를 받아 재건축진단의 실시를 요청하는 경우
>
> 6. 제31조에 따라 시장·군수등의 승인을 받은 <u>조합설립추진위원회</u>(이하 "추진위원회"라 한다) 또는 <u>사업시행자</u>가 재건축진단의 실시를 요청하는 경우

2. 정비구역 지정을 위한 정비계획 입안 요청·제안

○ 토지등소유자 또는 추진위원회 : 기본계획 미수립지도 정비계획 입안요청 가능 [본조신설 2023.7.18.] 〈개정 시행 2025. 6. 4.〉

> **제13조의2(정비구역의 지정을 위한 정비계획의 입안 요청 등)** ① <u>토지등소유자 또는 추진위원회</u>는 다음 각 호의 어느 하나에 해당하는 경우에는 정비계획의 입안권자에게 정비구역의 지정을 위한 정비계획의 입안을 요청할 수 있다. 〈개정 2024. 12. 3.〉
>
> 1. 제4조제1항 단서*에 따라 <u>기본계획을 수립하지 아니한 지역으로서 대통령령으로 정하는 경우</u> 〈신설〉
>
>   *도지사가 대도시가 아닌 시로서 기본계획을 수립할 필요가 없다고 인정하는 시
>
> 2. 제5조제1항제10호에 따른 단계별 정비사업 추진계획상 정비예정구역별 정비계획의 입안시기가 지났음에도 불구하고 정비계획이 입안되지 아니한 경우
>
> 3. 제5조제2항에 따라 <u>기본계획</u>에 같은 조 제1항제9호 및 제10호에 따른 사항을 <u>생략한 경우</u>
>
> 4. 천재지변 등 대통령령으로 정하는 불가피한 사유로 긴급하게 정비사업을 시행할 필요가 있다고 판단되는 경우

○ 토지등소유자 또는 **추진위원회** : 정비계획 입안제안 〈시행 2025. 6. 4.〉

> **제14조(정비계획의 입안 제안)** ① <u>토지등소유자</u>(제5호의 경우에는 제26조제1항제1호 및 제27조제1항제1호에 따라 사업시행자가 되려는 자를 말한다) <u>또는 추진위원회</u>는 다음 각 호의 어느 하나에 해당하는 경우에는 정비계획의 입안권자에게 정비계획의 입안을 제안할 수 있다. 〈개정 2018. 1. 16., 2021. 4. 13., 2024. 12. 3.〉
>
> 1. 제5조제1항제10호에 따른 단계별 정비사업 추진계획상 정비예정구역별 정비계획의 입안시기가 지났음에도 불구하고 정비계획이 입안되지 아니하거나 같은 호에 따른 정비예정구역별 정비계획의 수립시기를 정하고 있지 아니한 경우
>
> 2. 토지등소유자가 제26조제1항제7호 및 제8호에 따라 <u>토지주택공사등을 사업시행자로 지정 요청하려는 경우</u>
>
> 3. <u>대도시가 아닌 시 또는 군으로서 시·도조례로 정하는 경우</u>

4. 정비사업을 통하여 공공지원민간임대주택을 공급하거나 임대할 목적으로 주택을 주택임대관리업자에게 위탁하려는 경우로서 제9조제1항제10호 각 목을 포함하는 정비계획의 입안을 요청하려는 경우
5. 제26조제1항제1호 및 제27조제1항제1호에 따라 정비사업을 시행하려는 경우
6. 토지등소유자(조합이 설립된 경우에는 조합원을 말한다. 이하 이 호에서 같다)가 3분의 2 이상의 동의로 정비계획의 변경을 요청하는 경우. 다만, 제15조제3항에 따른 경미한 사항을 변경하는 경우에는 토지등소유자의 동의절차를 거치지 아니한다.
7. 토지등소유자가 공공재개발사업 또는 공공재건축사업을 추진하려는 경우
② 정비계획 입안의 제안을 위한 토지등소유자의 동의, 제안서의 처리 등에 필요한 사항은 대통령령으로 정한다.

3. 재개발·재건축사업의 공공시행자 지정 전 협약 체결, 그 이후에는 바로 주민대표회의 구성 가능

○ LH 또는 지방공사 시행시에는 사업시행자 지정 전 일정한 절차 거치면 미리 협약 체결 가능〈시행 2025. 6. 4.〉

○ 현행법은 정비구역 지정·고시 후에만 주민대표회의 구성 가능, 위 협약등이 체결된 경우에는 그 이전이라도 주민대표회의 구성 가능

> **제26조(재개발사업 · 재건축사업의 공공시행자)**
> ④ 토지주택공사등과 재개발사업 또는 재건축사업의 준비 · 추진에 필요한 사항에 대하여 협약 또는 계약 등(이하 "협약등"이라 한다)을 체결하려는 자(토지등소유자로 구성된 자를 말한다)는 대통령령으로 정하는 절차를 거친 사실을 시장 · 군수등에게 확인받은 후 대통령령으로 정하는 비율 이상의 토지등소유자의 동의를 받아 제1항에 따른 **사업시행자 지정 이전에 협약등을 체결**할 수 있다. 〈신설 2024. 12. 3.〉
> ⑤ 제4항에 따른 협약등의 체결에 필요한 사항은 대통령령으로 정한다. 〈신설 2024. 12. 3.〉
>
> **부칙 제2조(협약등의 체결에 관한 적용례)** ① 제26조제4항 및 제5항의 개정규정은 이 법 시행 이후 토지주택공사등과 협약등을 체결하는 경우부터 적용한다.
>
> **제47조(주민대표회의)** ① 토지등소유자가 시장 · 군수등 또는 토지주택공사등의 사업시행을 원하는 경우에는 정비구역 지정 · 고시 후 주민대표기구(이하 "주민대표회의"라 한다)를 구성하여야 한다. 다만, 제26조제4항에 따라 협약등이 체결된 경우에는 정비구역 지정 · 고시 이전에 주민대표회의를 구성할 수 있다. 〈개정 2024. 12. 3.〉

4. 신탁업자 지정개발자 지정 시 공개모집

○ 시행령상 비율 이상의 **토지등소유자 동의로 공개모집** 후 시행자 지정 이전 협약등 체결 가능하도록 하여 분쟁 방지 〈시행 2025. 6. 4.〉

○ 토지등소유자 전체회의 : 온라인총회(법 제44조의2) 및 전자적 방법에 의한 의결권 행사(법 제45조) 규정을 토지등소유자 전체회의에도 의제

> **제27조(재개발사업ㆍ재건축사업의 지정개발자)**
>
> ⑦ **신탁업자와** 재개발사업 또는 재건축사업의 준비ㆍ추진에 필요한 사항에 대하여 협약 등을 체결하려는 자(토지등소유자로 구성된 자를 말한다)는 대통령령으로 정하는 절차를 거친 사실을 시장ㆍ군수등에게 확인받은 후 대통령령으로 정하는 비율 이상의 토지등소유자의 동의를 받아 신탁업자를 **공개모집**한 후 **사업시행자 지정 전에 협약등을 체결**할 수 있다. 〈신설 2024. 12. 3.〉
>
> ⑧ 제7항에 따른 공개모집 및 협약등의 체결에 필요한 사항은 대통령령으로 정한다. 〈신설 2024. 12. 3.〉
>
> **부칙 제2조(협약등의 체결에 관한 적용례)** ② 제27조제7항 및 제8항의 개정규정은 이 법 시행 이후 신탁업자를 공개모집하는 경우부터 적용한다.
>
> **제48조(토지등소유자 전체회의)**
>
> ③ 토지등소유자 전체회의의 소집 절차ㆍ시기 및 의결방법 등에 관하여는 제44조제5항, 제44조의2* 및 제45조제3항부터 제11항까지를 준용한다. 이 경우 "총회"는 "토지등소유자 전체회의"로, "조합"은 "사업시행자"로, "정관"은 "시행규정"으로, "조합원"은 "토지등소유자"로 본다. 〈개정 2021. 8. 10., 2024. 12. 3.〉
>
> *온라인총회

5. 구역지정 전 추진위원회 구성·승인 등

○ 구역지정 전 추진위 구성(법 제31조) : 현행법은 정비구역 지정·고시 후 토지등소유자의 과반수 동의를 받아 추진위를 구성 〈시행 2025. 6. 4.〉

○ 추진위도 정비계획 입안요청·입안제안 가능(법 제13조의2, 제14조 참고)

○ 조합설립 절차와 정비구역 지정 절차 병행 가능

> **제31조(조합설립추진위원회의 구성·승인)** ① 조합을 설립하려는 경우에는 <s>제16조에 따른 정비구역지정고시후</s> 다음 각 호의 사항에 대하여
> 토지등소유자 과반수의 동의를 받아 조합설립을 위한 추진위원회를 구성하여 국토교통부령으로 정하는 방법과 절차에 따라 시장·군수등의 승인을 받아야 한다. 이 경우 시장·군수등은 승인 이후 구역경계, 토지등소유자의 수 등 국토교통부령으로 정하는 사항을 해당 지방자치단체 공보에 고시하여야 한다. 〈개정 2024. 12. 3.〉
> 1. 추진위원회 위원장(이하 "추진위원장"이라 한다)을 포함한 5명 이상의 추진위원회 위원(이하 "추진위원"이라 한다)
> 2. 제34조제1항에 따른 운영규정
> ② 추진위원회는 다음 각 호의 어느 하나에 해당하는 지역을 대상으로 구성한다. 〈신설 2024. 12. 3.〉
> 1. 제16조에 따라 정비구역으로 지정·고시된 지역
> 2. 제16조에 따라 정비구역으로 지정·고시되지 아니한 지역으로서 다음 각 목의 어느 하나에 해당하는 지역
>   가. 제4조제1항 단서에 따라 기본계획을 수립하지 아니한 지역 또는 제5조제2항에 따라 기본계획에 같은 조 제1항제9호 및 제10호의 사항을 생략한 지역으로서 대통령령으로 정하는 지역
>   나. 기본계획에 제5조제1항제9호에 따른 정비예정구역이 설정된 지역
>   다. 제13조의2에 따른 입안 요청 및 제14조에 따른 입안 제안에 따라 정비계획의 입안을 결정한 지역
>   라. 제15조에 따라 정비계획의 입안을 위하여 주민에게 공람한 지역
> ④ 제2항제2호에 따라 추진위원회를 구성하여 승인받은 경우로서 승인 당시의 구역과 제

16조에 따라 지정·고시된 정비구역의 <u>면적 차이</u>가 대통령령으로 정하는 기준 이상인 경우 추진위원회는 제1항 각 호의 사항에 대하여 <u>토지등소유자 과반수의 동의를 받아 시장·군수등에게 다시 승인을 받아야 한다.</u> 이 경우 제1항의 추진위원회 구성에 동의한 자는 정비구역 지정·고시 이후 1개월 이내에 동의를 철회하지 아니하는 경으 동의한 것으로 본다. 〈신설 2024. 12. 3.〉

⑤ 제4항에 따른 승인이 있는 경우 기존의 추진위원회의 업무와 관련된 권리·의무는 <u>승인받은 추진위원회가 포괄승계</u>한 것으로 본다. 〈신설 2024. 12. 3.〉

6. 조합설립인가

○ 정비구역 지정·고시 즉시 조합설립인가 : 다물권자 규제시기, 지분쪼개기 규제 강화 〈시행 2025. 6. 4.〉

○ 지정개발자의 지정도 정비구역 지정·고시 즉시 가능(법 제101조의9제1항) 〈개정 2023. 7. 18.〉〈시행 2024. 1. 19.〉

> **제35조(조합설립인가 등)**
>
> ② **재개발사업의 추진위원회**(제31조제7항에 따라 추진위원회를 구성하지 아니하는 경우에는 토지등소유자를 말한다)가 조합을 설립하려면 토지등소유자의 4분의 3 이상 및 토지면적의 2분의 1 이상의 토지소유자의 동의를 받아 다음 각 호의 사항을 첨부하여 **제16조에 따른 정비구역 지정 · 고시 후** 시장 · 군수등의 인가를 받아야 한다. 〈개정 2024. 12. 3.〉
> 1. 정관
> 2. 정비사업비와 관련된 자료 등 국토교통부령으로 정하는 서류
> 3. 그 밖에 시 · 도조례로 정하는 서류
>
> ③ **재건축사업의 추진위원회**(제31조제7항에 따라 추진위원회를 구성하지 아니하는 경우에는 토지등소유자를 말한다)가 조합을 설립하려는 때에는 주택단지의 공동주택의 각 동(복리시설의 경우에는 주택단지의 복리시설 전체를 하나의 동으로 본다)별 구분소유자의 과반수 동의(공동주택의 각 동별 구분소유자가 5 이하인 경우는 제외한다)와 주택단지의 전체 구분소유자의 4분의 3 이상 및 토지면적의 4분의 3 이상의 토지소유자의 동의를 받아 제2항 각 호의 사항을 첨부하여 **제16조에 따른 정비구역 지정·고시 후** 시장·군수등의 인가를 받아야 한다. 〈개정 2024.12.3〉

7. 전자서명동의서 도입

○ 동의방식 중 서면동의서 또는 전자서명동의서 사용 가능 〈시행 2025.12.4.〉

> **전자의결 방식 도입 등** : 국토부 2024. 11. 14. 보도자료
>
> ○ 현재 조합 총회 의결권은 주로 **서면의결 방식**으로 행사해 왔으나, 현장 참석 부담을 줄이고자 **전자방식을 일반적**으로 **활용**할 수 있도록 개선했다.
>
> * **현재**는 원칙적으로 총회 직접참석, 대리인 출석, 서면 의결방식을 허용하고, **전자적** 방식은 재난 상황 발생 시에는 예외적 허용
>
> - 전자방식 도입에 따라 **기존 서면 방식**에 따른 진위 및 본인여부 확인에 곤한 각종 **분쟁이 저감**되고, 비용 절감, 정족수 확보 편리성 제고 등의 효과가 있을 것으로 기대된다.
>
> ○ 아울러, 현재는 현장 총회를 개최하면서 사안에 따라 일정 비율의 조합원이 현장 총회에 직접 출석해야 했으나, **온라인**을 통한 **총회**도 현장 총회와 병행 **개최**하여 조합원이 참석할 수 있도록 **허용**한다.
>
> - 추진위원회 구성·조합설립 등 **사업 과정**에서 필요한 **동의 절차**에도 **전자방식**을 **허용**할 수 있도록 개선했다.

○ 법 제135조(벌칙) : 다음 각 호의 어느 하나에 해당하는 자는 5년 이하의 징역 또는 5천만원 이하의 벌금에 처한다.
  1. 제36조에 따른 토지등소유자의 서면동의서 <u>또는 전자서명동의서</u>를 위조한 자

○ 법 제136조(벌칙) : 다음 각 호의 어느 하나에 해당하는 자는 3년 이하의 징역 또는 3천만원 이하의 벌금에 처한다.
  5. 제36조에 따른 토지등소유자의 서면동의서 <u>또는 전자서명동의서</u>를 매도 하거나 매수한 자

> **제36조(토지등소유자의 동의방법 등)** ① 다음 각 호에 대한 동의(동의한 사항의 철회 또는 제26조제1항제8호 단서, 제31조제3항 단서 및 제47조제4항 단서에 따른 반대의 의사표시를 포함한다)는 <u>서면동의서 또는 **전자서명동의서**(「전자문서 및 전자거래 기본법」 제2조제1호에 따른 전자문서이 「전자서명법」 제2조제2호에 따른 전자서명을 한 동의서</u>

를 말한다. 이하 같다)를 제출하는 방법으로 한다. 이 경우 서면동의서는 토지등소유자가 성명을 적고 지장(指章)을 날인하는 방법으로 하며, 주민등록증, 여권 등 신원을 확인할 수 있는 신분증명서의 사본을 첨부하여야 한다. 〈개정 2021. 3. 16., 2024. 12. 3.〉

③ 제1항 및 제2항에 따라 서면동의서 또는 전자서명동의서(이하 이 항에서 "동의서"라 한다)를 작성하는 경우 제31조제1항 및 제35조제2항부터 제4항까지의 규정에 해당하는 때에는 시장·군수등이 대통령령으로 정하는 방법에 따라 검인(檢印) 또는 확인한 동의서를 사용하여야 하며, 검인 또는 확인을 받지 아니한 동의서는 그 효력이 발생하지 아니한다. 〈개정 2024.12.3〉

④ 제1항, 제2항 및 제12조에 따른 토지등소유자의 동의자 수 산정 방법·절차 및 제1항에 따른 전자서명동의서의 본인확인 방법 등에 필요한 사항은 대통령령으로 정한다. 〈개정 2024.12.3.〉

부칙 제3조(전자서명 등을 통한 동의방법에 관한 적용례) 제36조의 개정규정은 같은 개정규정 시행 이후 제36조제1항 각 호의 어느 하나에 해당하여 서면동의서 또는 전자서명동의서를 제출하는 경우부터 적용한다.

8. 토지등소유자의 동의 인정에 관한 특례 신설

○ 토지등소유자 동의 간주 확대
  - 현행(법31조2항) 추진위원회 구성 동의 시, 조합설립 동의 간주
    → 입안요청, 입안제안, 추진위원회 구성 동의 간 상호 동의 간주
  - **조합설립동의 간주 대상 확대 효과**
    [現] 추진위 구성 동의 → [改] 주민 입안요청, 입안제안 동의 추가
  - 각 단계별로 동의간주 철회권 보장
  - 국·공유지의 동의 간주 (령 33조1항, 2024. 12. 시행) : 재건축진단, 입안제안, 조합설립 동의 징구 시, 재산관리청이 동의요청일로부터 30일 내 미회신 → 동의 간주

○ 토지등소유자가 정비계획의 입안 요청·제안, 추진위원회의 구성 중 어느 하나에 대한 동의 시에 다른 항목에 대한 동의로 인정하는 특례 신설〈시행 2025. 6. 4.〉: 토지등소유자의 동의를 얻기 위해 소요되는 시간을 단축하기 위함

> 제36조의3(토지등소유자의 동의 인정에 관한 특례) ① 토지등소유자가 다음 각 호의 어느 하나에 해당하는 사항에 대하여 동의를 하는 경우, 제2항의 요건을 모두 충족한 경우에 한정하여 다음 각 호의 사항 중 동의하지 아니한 다른 사항에 대하여도 동의를 한 것으로 본다.
>   1. 제13조의2에 따른 정비계획의 입안 요청을 위한 동의
>   2. 제14조에 따른 입안의 제안을 위한 동의
>   3. 제31조제1항에 따른 추진위원회 구성에 대한 동의
> ② 제1항에 따라 동의를 인정받기 위한 요건은 다음 각 호와 같다.
>   1. 제1항 각 호의 동의를 받을 때 같은 항 각 호의 다른 동의에 관하여 대통령령으로 정하는 사항을 포함하여 동의를 받을 것
>   2. 제1항 각 호의 동의를 받을 때 같은 항 각 호의 다른 동의로도 인정될 수 있음을 고지받고, 고지받은 날부터 대통령령으로 정하는 기간 내에 동의를 철회하지 아니할 것
>   3. 그 밖에 대통령령으로 정하는 기준과 방법을 충족할 것
> [본조신설 2024. 12. 3.]

9. 온라인 총회 도입

○ 정보통신망을 이용한 온라인총회 인정 〈시행 2025.12.4.〉

> **제44조의2(온라인총회)** ① 조합은 총회의 의결을 거쳐 제44조에 따른 총회와 병행하여 「정보통신망 이용촉진 및 정보보호 등에 관한 법률」 제2조제1항제1호에 따른 정보통신망을 이용한 총회(이하 "온라인총회"라 한다)를 개최하여 조합원이 참석하게 할 수 있다. 다만, 「재난 및 안전관리 기본법」 제3조제1호에 따른 재난의 발생 등 대통령령으로 정하는 사유가 발생하여 시장·군수등이 조합원의 직접 출석이 어렵다고 인정하는 경우에는 온라인총회를 단독으로 개최할 수 있다.
> ② 제1항에 따른 온라인총회는 다음 각 호의 요건을 모두 갖추어 개최하여야 한다. 이 경우 정족수를 산정할 때에는 직접 출석한 것으로 본다.
> 1. <u>온라인총회에 참석한 조합원이 본인인지 여부를 확인할 수 있을 것</u>
> 2. <u>온라인총회에 참석한 조합원의 접속 기록 등이 보관되어 실제 참석 여부를 확인·관리할 수 있을 것</u>
> 3. 그 밖에 <u>원활한 의견의 청취·제시</u> 등을 위하여 대통령령으로 정하는 기준에 부합할 것
> ③ 그 밖에 온라인총회의 개최 방법 및 절차에 관하여 필요한 사항은 대통령령으로 정한다.
> [본조신설 2024. 12. 3.]

10. 총회 의결시 전자적방법 의결 방법 도입

○ 원칙적으로 전자적방식에 의한 의결권 행사 인정 〈시행 2025. 6. 4.〉

제45조(총회의 의결)

⑥ 제5항에도 불구하고 조합원은 다음 각 호의 요건을 모두 충족한 경우에는 <u>전자적 방법(「전자문서 및 전자거래 기본법」 제2조제2호에 따른 정보처리시스템을 사용하거나 그 밖의 정보통신기술을 이용하는 방법을 말한다. 이하 같다)으로 의결권을 행사</u>할 수 있다. 이 경우 정족수를 산정할 때에 출석한 것으로 본다. 〈신설 2024.12.3〉

  1. 조합원이 전자적 방법 외에 제5항에 따른 방법으로도 의결권을 행사할 수 있게 할 것
  2. 의결권의 행사 방법에 따른 결과가 각각 구분되어 확인·관리할 수 있을 것
  3. 그 밖에 전자적 방법을 통한 의결권의 투명한 행사 등을 위하여 대통령령으로 정하는 기준에 부합할 것

⑦ 조합은 조합원의 참여를 확대하기 위하여 조합원이 **<u>전자적 방법을 우선적으로 이용하도록 노력</u>**하여야 한다. 〈신설 2024.12.3〉

⑧ 제6항제1호에도 불구하고 제44조의2제1항 단서에 해당하는 경우에는 전자적 방법만으로 의결권을 행사할 수 있다. 〈신설 2024.12.3〉

⑨ 조합은 제5항, 제6항 및 제8항에 따라 서면 또는 전자적 방법으로 의결권을 행사하는 자가 본인인지를 확인하여야 한다. 〈신설 2021.8.10., 2024.12.3〉

⑩ 총회의 의결은 조합원의 100분의 10 이상이 직접 출석(제5항에 따라 대리인을 통하거나 제6항 또는 제8항에 따라 <u>전자적 방법으로 의결권을 행사하는 경우 직접 출석한 것으로 본다.</u> 이하 이 조에서 같다)하여야 한다. 다만, 시공자의 선정을 의결하는 총회의 경우에는 조합원의 과반수가 직접 출석하여야 하고, 창립총회, 시공자 선정 취소를 위한 총회, 사업시행계획서의 작성 및 변경, 관리처분계획의 수립 및 변경을 의결하는 총회 등 대통령령으로 정하는 총회의 경우에는 조합원의 100분의 20 이상이 직접 출석하여야 한다. 〈개정 2021.8.10, 2023.7.18, 2024.12.3〉

⑪ 총회의 의결방법, 서면 <u>또는 전자적 방법</u>에 따른 의결권 행사 및 본인확인방법 등에 필요한 사항은 정관으로 정한다. 〈개정 2021.8.10, 2024.12.3〉

2025. 1. 31. 개정 도시정비법 해설

○ 정비계획 수립 시 대표적인 토지등소유자의 유형에 대하여만 분담금 추산액 및 산출근거를 포함하도록 하고, 재건축사업 시 건설하여 공급할 수 있는 건축물 용도를 확대하되, 공동주택 외의 건축물에는 현행 법률과 동일한 연면적 등 제한을 부과함(안 제9조 및 안 제23조제4항 신설).

○ 재건축사업 고의 지연행위 등 복리시설로서 대통령령으로 정하는 경우 재건축사업의 조합설립 시 주택단지 공동주택의 각 동별 구분소유자의 동의요건을 3분의 1 이상으로 완화함(안 제35조제3항).

○ 사업시행계획인가 시 통합하여 심의할 수 있는 대상과 인·허가 의제 대상을 확대하고, 사업시행계획인가의 고시가 있은 날로부터 토지등소유자에게 분양공고를 90일 이내에 하도록 단축함(안 제50조의2, 제57조 및 제72조).

○ 사업시행자가 관리처분계획인가의 신청을 하기 이전에도 직접 공공기관에 관리처분계획의 타당성 검증을 신청할 수 있도록 함(안 제78조).

1. 정비계획 수립 시 '토지등소유자별' 분담금 추산 폐지
(법 제9조제1항제2호의2)

○ 정비계획에 포함하는 분담금 추산액 및 산출근거를 '토지등소유자별'이 아닌 '토지등소유자' 중 대표 유형 기준으로 산출

현 행	개 정 안
제9조(정비계획의 내용) ① 정비계획에는 다음 각 호의 사항이 포함되어야 한다.	제9조(정비계획의 내용) ① ──────── ──────────────────.
1.·2. (생 략)	1.·2. (현행과 같음)
2의2. <u>토지등소유자별</u> 분담금 추산액 및 산출근거	2의2. 토지등소유자 유형별──── ────────────────
3. ~ 12. (생 략)	3. ~ 12. (현행과 같음)

◆ **검토보고서 박재유(이하 같음)**

현행법 제9조제1항제2호의2에 따라 정비구역의 지정권자[3]는 '토지등소유자별' 분담금 추산액 및 산출근거를 포함하여 정비계획을 입안하여야 함.

동 규정은 정비사업에 따라 토지등소유자가 부담하는 분담금은 토지등소유자가 정비사업 추진 및 동의 여부를 결정하는 데에 필요한 핵심적인 정보임을 고려하여, 조합설립에 필요한 동의를 받기 이전인 정비계획의 수립 단계에서부터 분담금 추산액에 관한 정보를 제공하도록[4] 2022. 6. 10. 개정(법률 제18941호)에 따라 도입된 것임.

개정안은 정비계획에 포함하는 분담금 추산액 및 산출근거를 '토지등소유자별'이 아닌 '토지등소유자' 기준으로 산출하도록 하는 내용임.

정부는 도심 내 아파트 공급을 획기적으로 확대할 목적으로 2024. 8. 8.에 발표한 「국민 주거안정을 위한 주택공급 확대방안」(이하 "8·8대책"이라 함)에서 정비사업 기간 단축을 위하여 정비계획 수립 시 분담금 추산 등 시간 소요가 많은 절차는 간소화하겠다는 방침을 밝힌 바 있음.[5]

또한, 사업시행계획인가 시점에 구체화되는 분담금을 정비계획 수립 시부터 토지등소유자별로 산정하여 포함하는 것이 비효율적이라는 지적이 제기된 바 있음.

개정안은 이를 반영하여 각각의 토지등소유자에 대해서가 아니라 토지등소유자 중 '대표유형'에 대한 분담금의 추산액만 산출하여 정비계획에 포함할 수 있도록 하려는 취지로 이해됨.

'토지등소유자별' 분담금 추산액을 현행법과 같이 정비사업의 시행을 위한 구체적인 내용이 결정되는 구속적 행정계획인 정비계획에서부터 제공할 것인지 또는 개정안과 같이 현행법 제35조제10항[6]에 따라 추진위원회가 조합설립에 필요한 동의를 받기 이전에 해당 정보를 제공하므로 정비계획 수립 단계에서는 '토지등소유자' 분담금 추산액만 포함하도록 완화할 것인지는 입법정책적으로 결정할 사항으로 생각됨.

국토교통부는 정비계획 수립에 소요되는 기간을 단축하고[7] 중복되는 절차를 일부 해소할 수 있으므로 개정에 동의한다는 의견을 제시함.

---

3) 특별시장·광역시장·특별자치시장·특별자치도지사·시장 또는 군수(광역시의 군수는 제외)를 의미함(현행법 제8조제1항).
4) 「도시 및 주거환경정비법」 일부개정법률안 검토보고(천준호의원 대표발의, 의안번호 제2112170호), 3-5면 참조
5) 관계부처 합동, 「국민 주거안정을 위한 주택공급 확대방안」, 2024.8.8., 4면 참조
6) 「도시 및 주거환경정비법」
   제35조(조합설립인가 등) ⑩ 추진위원회는 조합설립에 필요한 동의를 받기 전에 추정분담금 등 대통령령으로 정하는 정보를 토지등소유자에게 제공하여야 한다.
   「도시 및 주거환경정비법 시행령」
   제32조(추정분담금 등 정보의 제공) 법 제35조제10항에서 "추정분담금 등 대통령령으로 정하는 정보"란 다음 각 호의 정보를 말한다.
   1. **토지등소유자별** 분담금 추산액 및 산출근거
   2. 그 밖에 추정 분담금의 산출 등과 관련하여 시·도조례로 정하는 정보

2. 재건축사업으로 건설·공급하는 건축물의 용도 제한 폐지 등(법 제23조)

○ 재건축사업 시 건설하여 공급할 수 있는 건축물 용도를 확대하되, 공동주택 외의 건축물에는 현행 법률과 동일한 연면적 등 제한을 부과함(법 제23조제4항 신설).

현행	개정안
제23조(정비사업의 시행방법) ③ 재건축사업은 정비구역에서 제74조에 따라 인가받은 관리처분계획에 따라 <u>주택, 부대시설·복리시설 및 오피스텔(「건축법」 제2조제2항에 따른 오피스텔을 말한다. 이하 같다)</u>을 건설하여 공급하는 방법으로 한다. 다만, 주택단지에 있지 아니하는 건축물의 경우에는 지형여건·주변의 환경으로 보아 사업 시행상 불가피한 경우로서 정비구역으로 보는 사업에 한정한다.	**제23조(정비사업의 시행방법)** ③ ─────────────────────────── ──── <u>건축물</u> ───────── ────────────────────. ────────────.
④ 제3항에 따라 <u>오피스텔</u>을 건설하여 공급하는 경우에는 「국토의 계획 및 이용에 관한 법률」에 따른 준주거지역 및 상업지역에서만 건설할 수 있다. 이 경우 <u>오피스텔</u>의 연면적은 전체 건축물 연면적의 100분의 30 이하이어야 한다.	④ 건축물을 건설하여 공급하는 경우 주택, 부대시설 및 복리시설을 제외한 건축물(이하 이 항에서 "공동주택 외 건축물"이라 한다)은 ──────────────. ──── <u>공동주택 외 건축물</u> ─────────.

> 현행법 제23조제3항 및 제4항에 따라 재건축사업은 정비구역에서 관리처분계획에 따라 주택, 부대시설·복리시설 및 오피스텔을 건설하여 공급하는 방법으로 하고, 오피스텔의 경우 준주거지역 및 상업지역에서 전체 건축물 연면적의 100분의 30 이하의 연면적으로 건설하여 공급하는 제한을 받음.
>
> 재건축사업은 「도시 및 주거환경정비법」 제정 당시부터 주택, 부대시설·복리시설을 건설하여 공급하는 방법으로 시행하였고, 2016년 1월에 법률 제13912호 개정을 통하여 사업이 장기간 지연·중단되지 않도록 사업성 확보를 위하여 미분양 우려가 적은 오피스텔의

---

7) 국토교통부는 절차 간소화 효과가 정비구역 내의 주택 유형이 다양한 재개발사업의 경우에 더욱 크다고 설명함.

건설·공급을 허용하되 오피스텔의 과다 건설로 주택공급이 감소하지 않도록 제한을 두었음.[8]

정부는 8·8대책을 통하여 주상복합으로 재건축하는 경우 아파트와 업무·문화시설 등 다양한 시설이 함께 설치될 수 있도록 건축물의 용도 제한을 폐지하겠다는 방침을 밝힌 바 있음.[9]

개정안은 '재개발사업'의 경우 현행법 제23조제2항[10]에 따라 건설하여 공급할 수 있는 건축물의 용도에 제한이 없는 것에 비교할 때 '재건축사업'의 건축물 용도 규제를 합리화하여 주민이 선호하는 문화·업무시설 등이 주민의 의사를 반영하여 공급될 수 있도록 하려는 취지로 이해됨.

개정안에 대해서는, 주민의 생활양식과 선호시설이 다변화된 상황에 맞게 주민 의사를 존중한 복합개발을 허용할 필요성과 함께, 백화점, 쇼핑몰, 컨벤션센터 등의 건설로 주택공급이 감소할 가능성, 재개발사업에는 2017년의 전부개정[11] 당시 주거지역과 상·공업지역이 혼재된 특성을 감안하여 건축물의 용도를 제한하지 않았다[12]는 점 등을 종합적으로 고려하여 입법정책적으로 결정할 사항으로 생각됨.

국토교통부는 주민의 의사를 존중하고 해당 지역에서 필요한 업무시설·판매시설·문화시설 등이 복합될 수 있도록 하여 유연한 정비사업 추진을 지원할 수 있다는 점에서 개정안에 동의한다는 의견을 제시함.

---

8) 「도시 및 주거환경정비법」 일부개정법률안 검토보고(김희국의원 대표발의, 의안번호 제1916433호), 22-23면 참조
9) 관계부처 합동, 「국민 주거안정을 위한 주택공급 확대방안」, 2024.8.8., 7면 참조
10) **「도시 및 주거환경정비법」**
   제23조(정비사업의 시행방법) ② 재개발사업은 정비구역에서 제74조에 따라 인가받은 관리처분계획에 따라 **건축물을** 건설하여 공급하거나 제69조제2항에 따라 환지로 공급하는 방법으로 한다.
11) 법률 제14567호 전부개정(2017.2.8. 공포, 2018.2.9. 시행)을 통하여 개정 전의 '도시환경정비사업'과 '주택재개발사업'을 통합하여 현행 '재개발사업'이 되었음. '도시환경정비사업'에는 건축물의 용도 제한이 없었고, '주택재개발사업'은 재건축사업과 마찬가지로 주택, 부대시설·복리시설 및 오피스텔의 용도 제한이 있었음.
12) 「도시 및 주거환경정비법」 일부개정법률안 검토보고(민홍철의원 대표발의, 의안번호 제2001642호), 19-22면 참조

3. 재건축사업의 조합설립 동의요건 완화(법 제35조제3항)

○ 재건축사업의 조합설립 시 주택단지의 공동주택의 각 동별 구분소유자의 동의요건을 이른바 상가 쪼개기와 같은 재건축사업을 고의적으로 지연하는 등 복리시설로서 대통령령으로 정하는 경우에 대해서만 개정안과 같이 3분의 1 이상의 동의로 완화함(법 제35조제3항).

○ 주택단지 전체의 동의요건을 70%로 하여 5% 완화

제35조(조합설립인가 등) ① · ② (생　　략)	제35조(조합설립인가 등) ① · ② (현행과 같음)
③ 재건축사업의 추진위원회(제31조제4항에 따라 추진위원회를 구성하지 아니하는 경우에는 토지등소유자를 말한다)가 조합을 설립하려는 때에는 주택단지의 공동주택의 각 동(복리시설의 경우에는 주택단지의 복리시설 전체를 하나의 동으로 본다)별 구분소유자의 <u>과반수 동의</u>(공동주택의 각 동별 구분소유자가 5 이하인 경우는 제외한다)와 주택단지의 전체 구분소유자의 <u>4분의 3 이상</u> 및 토지면적의 <u>4분의 3 이상의 토지소유자의 동의를 받</u>아 제2항 각 호의 사항을 첨부하여 시장·군수등의 인가를 받아야 한다.	③ ――――――――――――― ――――――――――――― ――――――――――――― ――――――――――――― <u>과반수(복리시설로서 대통령령으로 정하는 경우에는 3분의 1 이상) 동의</u>― ――――――――――――― ――――――――――――― <u>100분의 70 이상 및</u> ―――― <u>100분의 70 이상의</u>―――――――.

현행법 제35조제3항에 따라 재건축사업의 조합을 설립하려면 주택단지의 공동주택의 각 동별 구분소유자의 과반수의 동의, 주택단지의 전체 구분소유자의 4분의 3 이상의 동의 및 토지면적의 4분의 3 이상의 토지소유자의 동의를 받아야 함.

　재건축사업의 조합설립 동의 요건은 ①주택단지 공동주택의 각 동별 구분소유자의 경우 '3분의 2 이상의 동의'에서 2016년 개정 이후 '과반수의 동의'이고, ②주택단지 전체 구분소유자의 경우 '5분의 4 이상의 동의'에서 2007년 개정 이후 '4분의 3 이상의 동의'이며, ③토지면적 기준 토지소유자의 경우 2009년의 도입 당시 각 동별 '2분의 1 이상

의 동의' 및 주택단지 전체 '4분의 3 이상의 동의'였고 2016년 개정 이후 주택단지 전체 '4분의 3 이상의 동의'임.

[표 1] 재건축사업의 조합설립 동의요건 변화

	주택단지 공동주택의 각 동별	주택단지 전체
'99. 2. 8. 개정1) (법률 제5908호)	구분소유자 3분의 2 이상의 결의 +의결권(=지분면적) 3분의 2 이상의 동의	구분소유자 5분의 4 이상의 동의 +의결권 5분의 4 이상의 동의
'07.12.21. 개정 (법률 제8785호)	구분소유자 3분의 2 이상의 동의 +의결권 3분의 2 이상의 동의	구분소유자 **4분의 3** 이상의 동의 +의결권 **4분의 3** 이상의 동의
'09. 2. 6. 개정 (법률 제13912호)	구분소유자 3분의 2 이상의 동의 + **토지면적 2분의 1** 이상의 토지소유자의 동의	구분소유자 4분의 3 이상의 동의 + **토지면적** 4분의 3 이상의 토지소유자의 동의
현행법 ('16.1.27. 개정)	구분소유자 **과반수**의 동의	구분소유자 4분의 3 이상의 동의 +토지면적의 4분의 3 이상의 토지소유자의 동의
개정안	구분소유자 **3분의 1** 이상의 동의	구분소유자 **100분의 70** 이상의 동의 +토지면적의 **100분의 70** 이상의 토지소유자의 동의

주 1) 구「주택건설촉진법」개정으로,「도시 및 주거환경정비법」제정('03) 시에도 동일
  2) 각 동의율은 주택단지 공동주택의 각 동별 및 주택단지 전체에 모두 구비되어야 함
※ 자료:「도시 및 주거환경정비법」관련 조문 정리

정부는 8·8대책에서 재건축사업 속도 제고를 위하여 재건축 조합설립의 동의요건을 완화하겠다는 계획을 밝힌 바 있음.13)

조합설립의 동의는 재건축사업의 조합원으로 가입하여 재건축사업의 추진과 그에 따른 재산권의 투자·배분에 동의하는 의미를 가지며, 동의요건이 엄격하면 조합설립과 재건축사업의 추진에 다양한 주민의 의사를 잘 반영할 수 있으나, 동시에 이른바 상가 쪼개기와 같이 소수의 반대로 인하여 사업이 지연되고 사업성이 저하될 위험이 발생함.14)

따라서, 개정안에 대해서는 주민 의사의 정확한 반영과 원활한 사업추진의 필요성을 종합적으로 고려하여 입법정책적으로 결정할 사항으로 생각됨.

국토교통부는 동별 의사를 반영하면서 상가 쪼개기 등을 방지하여 원활한 사업 추진을 지원할 필요가 있고, 동별 동의요건은 유사한 개발사업에서 사례를 찾기 어려우며, 정비계획의 입안부터 추진위원회, 조합설립에 이르기까지 다양한 방식으로 주민 의견이 반영되고 있다는 점에서 개정안에 동의한다는 의견을 제시함.

4. 사업시행계획인가 통합심의 대상 확대(법 제50조의2)

제50조의2(사업시행계획의 통합심의) ① 정비구역의 지정권자는 사업시행계획인가와 관련된 다음 각 호 중 둘 이상의 심의가 필요한 경우에는 이를 통합하여 검토 및 심의(이하 "통합심의"라 한다)하여야 한다. 1. ~ 5. (생 략) 〈신 설〉 〈신 설〉 6.·7. (생 략) ② (생 략) ③ 정비구역의 지정권자가 통합심의를 하는 경우에는 다음 각 호의 어느 하나에 해당하는 위원회에 속하고 해당 위원회의 위원장의 추천을 받은 위원, 정비구역의 지정권자가 속한 지방자치단체 소속 공무원 및 제50조에 따른 사업시행계획 인가권자가 속한 지방자치단체 소속 공무원으로 소집된 통합심의위원회를 구성하여 통합심의하여야 한다. 이 경우 통합심의위원회의 구성, 통합심의의 방법 및 절차에 관한 사항은 대통령령으로 정한다.	**제50조의2(사업시행계획의 통합심의)** ① ―――. 1. ~ 5. (현행과 같음) 5의2.「소방시설 설치 및 관리에 관한 법률」에 따른 성능위주설계의 평가에 관한 사항 5의3.「자연재해대책법」에 따른 재해영향평가 등에 관한 사항 6.·7. (현행과 같음) ② (현행과 같음) ③ ―――.

---

13) 관계부처 합동,「국민 주거안정을 위한 주택공급 확대방안」, 2024.8.8., 4면 참조
14) 2007.12.21. 법률 제8785호 개정을 통하여 정비사업이 원활히 추진될 수 있도록 주택단지 전체 구분소유자 및 의결권자의 동의요건을 완화하였고(개정이유 참조), 2009.2.6. 법률 제9444호 개정을 통하여 소수 소유자의 알박기로 인한 재건축사업 지연을 방지할 목적으로 토지소유자의 동의요건으로 완화하였으며(개정이유 참조), 2016.1.27. 법률 제13912호 개정을 통하여 정비사업의 사업성을 개선하고 절차를 간소화하기 위하여 동별 동의요건을 완화하였음.

1. ~ 6. (생 략)	1. ~ 6. (현행과 같음)
〈신 설〉	<u>6의2.「소방시설 설치 및 관리에 관한 법률」에 따른 성능위주설계평가단 또는 중앙소방기술심의위원회</u>
〈신 설〉	<u>6의3.「자연재해대책법」에 따른 재해영향평가심의위원회</u>
7.·8. (생 략)	7.·8. (현행과 같음)
④·⑤ (생 략)	④·⑤ (현행과 같음)

5. 사업시행계획인가 시 편의시설 설치기준의 적합성 확인 의제(법 제57조제1항제20호 신설)

제57조(인·허가등의 의제 등) ① 사업시행자가 사업시행계획인가를 받은 때(시장·군수등이 직접 정비사업을 시행하는 경우에는 사업시행계획서를 작성한 때를 말한다. 이하 이 조에서 같다)에는 다음 각 호의 인가·허가·결정·승인·신고·등록·협의·동의·심사·지정 또는 해제(이하 "인·허가등"이라 한다)가 있은 것으로 보며, 제50조제9항에 따른 사업시행계획인가의 고시가 있은 때에는 다음 각 호의 관계 법률에 따른 인·허가등의 고시·공고 등이 있은 것으로 본다.	**제57조(인·허가등의 의제 등)** ① ───.
1. ~ 19. (생 략)	1. ~ 19. (현행과 같음)
<u>〈신 설〉</u>	<u>20. 「장애인·노인·임산부 등의 편의증진 보장에 관한 법률」 제9조의2에 따른 편의시설 설치기준의 적합성 확인</u>
② ~ ⑦ (생 략)	② ~ ⑦ (현행과 같음)

6. 분양에 관한 사항의 통지기한 단축(법 제72조제1항)

○ 토지등소유자에 대한 종전자산평가 결과 및 분양대상자별 분담금 추산액 등의 통지기한을 원칙적으로 90일 이내로 하되 필요한 경우 1회에 한하여 30일의 범위에서 연장할 수 있도록 수정함(법 제72조제1항).

| 제72조(분양공고 및 분양신청) ① 사업시행자는 제50조제9항에 따른 사업시행계획인가의 고시가 있는 날(사업시행계획인가 이후 시공자를 선정한 경우에는 시공자와 계약을 체결한 날)부터 <u>120일</u> 이내에 다음 각 호의 사항을 토지등소유자에게 통지하고, 분양의 대상이 되는 대지 또는 건축물의 내역 등 대통령령으로 정하는 사항을 해당 지역에서 발간되는 일간신문에 공고하여야 한다. 다만, 토지등소유자 1인이 시행하는 재개발사업의 경우에는 그러하지 아니하다.

1. ~ 4. (생 략)

② ~ ⑦ (생 략) | 제72조(분양공고 및 분양신청) ① ──────────────────────────────── <u>90일(대통령령으로 정하는 경우에는 1회에 한하여 30일의 범위에서 연장할 수 있다)</u> ① ──────────────────.

1. ~ 4. (현행과 같음)

② ~ ⑦ (현행과 같음) |

현행법 제72조제1항에 따라 사업시행자는 사업시행계획인가의 고시가 있은 날부터 120일 이내에 토지등소유자에게 ①분양대상자별로 종전의 토지·건축물의 명세 및 사업시행계획인가 고시일 기준 가격, ②분양대상자별 분담금 추산액, ③통지한 날부터 30~60일로 정해지는 분양신청기간 등을 통지하고, 분양의 대상이 되는 대지 및 건축물의 내역 등을 해당 지역에서 발간되는 일간신문에 공고하여야 함.

동 기한(사업시행계획인가의 고시가 있은 날부터 120일 이내)은 현행법 제정(2002년) 당시 21일에서 2009년에 60일로 조정(법률 제9444호)되었고, 2017년의 법률 제14567호 전부개정 시 관리처분단계의 조합원과 시공사 간 분쟁을 방지하고 조합원의 권익을 보호하기 위하여[15] 통지 내용을 구체화하면서 기한도 120일로 상향하였음.

개정안은 절차 간소화를 통하여 사업속도를 제고하려는 8·8대책 발표를 반영하여[16] 토지등소유자에 대한 통지 기한을 30일 단축(120일→90일)하려는 것임.

국토교통부는 조속한 사업 추진이 필요하고 90일 이내에 통지하는 사업장이 있으므로 개정에 동의하면서, 필요시 사업 유형, 사업장 규모 등을 감안하여 통지기한을 차등화하는 방안[17] 등을 검토할 수 있다는 의견을 제시함.

---

15) 「도시 및 주거환경정비법」 전부개정법률안(민홍철의원 대표발의, 의안번호 제2001642호) 검토보고 48-49면 참조
16) 관계부처 합동, 「국민 주거안정을 위한 주택공급 확대방안」, 2024.8.8., 5면 참조
17) 예를 들어, 정비구역 내 지장물에 대한 감정평가 등이 필요한 경우 1회에 한하여 30일 연장을 허용하는 방안 등

7. 사업시행자의 관리처분계획 타당성 검증 요청(법 제78조제7항 신설)

제78조(관리처분계획의 공람 및 인가절차 등) ① ~ ⑥ (생 략) <신 설>	제78조(관리처분계획의 공람 및 인가절차 등) ① ~ ⑥ (현행과 같음) ⑦ 사업시행자는 관리처분계획의 내용이 제3항제1호 또는 제2호에 해당하는 경우 관리처분계획인가의 신청 이전(제45조제1항제10호에 따른 총회 의결이 있은 경우로 한정한다)에 제3항에 따른 공공기관에 관리처분계획의 타당성 검증을 요청할 수 있다. 이 경우 제3항에 따른 타당성 검증이 요청된 것으로 본다.

현행법 제78조제3항 및 시행령 제64조에 따라 시장·군수등은 ①정비사업비가 사업시행계획서 기준 10% 이상 늘어나는 경우, ②조합원 분담규모가 토지등소유자에게 통지된 분담금의 추산액 총액 기준으로 20% 이상 늘어나는 경우, ③조합원 5분의 1 이상이 타당성 검증을 요청한 경우, ④그 밖에 시장·군수등이 필요하다고 인정하는 경우에 토지주택공사등 또는 한국부동산원에 관리처분계획의 타당성 검증을 요청하여야 함.[18]

개정안은 8·8대책의 내용을 반영하여[19] 사업시행자가 관리처분계획의 내용이 ①정비사업비가 사업시행계획서 기준 10% 이상 늘어나는 경우 또는 ②조합원 분담규모가 토지등소유자에게 통지된 분담금의 추산액 총액 기준으로 20% 이상 늘어나는 경우로서 관리처분계획의 수립 및 변경에 관한 총회 의결[20]이 있은 경우에 관리처분계획인가의 신청 이전에 토지주택공사등 또는 한국부동산원에 관리처분계획의 타당성 검증을 요청할 수 있도록 하고, 이 경우 시장·군수등이 타당성 검증을 요청한 것으로 보려는 것임.

'정비사업비의 10% 이상 증액'(①) 및 '조합원 분담규모의 20% 이상 증가'(②) 시에 시장·군수등이 의무적으로 관리처분계획의 타당성 검증을 요청하게 되는바, 개정안은 관리처분계획인가 신청 이전에 사업시행자가 타당성 검증을 직접 요청할 수 있도록 허용하여 검증에 소요되는 기간을 단축하려는 취지로 이해되며, 긍정적인 측면이 있는 것으로 생각됨.

국토교통부는 절차 간소화를 통하여 사업속도 제고가 가능하다는 이유로 개정안에 동의한다는 의견을 제시함.

---

18) 2017년에 법률 제14857호 개정을 통하여 시장·군수등의 관리처분계획 타당성 검증 요청이 의무화되었음.

Ⅵ 도시정비법시행령 2024. 12. 17. 개정 내용

[대통령령 제35083호, 2024. 12. 17., 일부개정]

◇ 개정이유 및 주요내용

정비사업의 신속한 추진을 위하여 공공주택의 세부 유형을 변경하거나 주거환경개선사업의 사업시행예정자를 변경하는 경우를 <u>정비계획의 경미한 변경사항에 추가</u>하고, 국·공유지의 재산관리청은 조합설립 등에 관한 동의를 요청받은 날부터 30일 이내에 의사를 표시하지 않으면 <u>해당 요청에 동의한 것으로 간주</u>하는 등 정비사업의 절차를 간소화하는 한편,

정비사업의 **사업성 개선**을 위하여 종전에는 재개발사업의 정비조합이 의무적으로 건설하는 임대주택을 시·도지사 등이 인수하는 경우 해당 주택의 인수 가격 산정기준을 「공공주택 특별법」에 따른 표준건축비로 하던 것을, 앞으로는 「주택법」에 따른 기본형건축비로서 조합원 외의 자에게 분양하는 경우의 분양 공고일 직전에 고시된 금액의 80퍼센트에 해당하는 금액으로 하고, <u>정비사업전문관리업자의 영업에 대한 진입장벽을 낮추기 위하여</u> 정비사업전문관리업 등록 시 갖추어야 하는 상근인력 중 '3년 이상 관련 업무 종사 경력이 있는 건축사 또는 도시계획 및 건축분야 기술사'를 '정비사업전문관리업에 10년 이상 근무한 사람으로서 국토교통부장관이 정하여 고시하는 경력·실적 및 교육이수 기준을 충족하는 자'로 대신할 수 있도록 하는 등 현행 제도의 운영상 나타난 일부 미비점을 개선·보완하려는 것임.

---

19) 관계부처 합동, 「국민 주거안정을 위한 주택공급 확대방안」, 2024.8.8., 5면 참조
20) 관리처분계획의 수립 및 변경은 조합원 과반수의 찬성으로 의결하되, 정비사업비가 10% 이상 늘어나는 경우에는 조합원 3분의 2 이상의 찬성으로 의결함.

1. 정비계획 경미한 변경 확대

○ **정비계획 경미한 변경 확대**(령 제13조4항 11의2호부터 11의4호 신설, 2024. 12. 17. 개정·시행)
  - 공공주택(임대·분양) 세부유형 변경
  - 주거환경개선사업 사업시행예정자 변경
  - 조례 외, 정비계획에서 경미한 변경으로 정한 사항

> **도시정비법 시행령 제13조(정비구역의 지정을 위한 주민공람 등)** ④ 법 제15조제3항에서 "대통령령으로 정하는 경미한 사항을 변경하는 경우"란 다음 각 호의 어느 하나에 해당하는 경우를 말한다. 〈개정 2022. 12. 9., 2023. 12. 5., 2024. 12. 17.〉
>
> 11의2. 「공공주택 특별법」에 따른 공공주택의 세부 유형을 변경하는 경우
>
> 11의3. 법 제23조제1항제2호에 따른 방법으로 시행하는 주거환경개선사업의 경우로서 법 제24조에 따른 사업시행자로 예정된 자를 변경하는 경우
>
> 11의4. 제1호, 제2호부터 제8호까지, 제10호, 제11호, 제11호의2 및 제11호의3과 유사한 사항으로서 정비계획에서 경미한 사항으로 결정된 사항을 변경하는 경우
>
> **부칙 제2조(정비구역의 지정을 위한 주민공람 등에 관한 적용례)** 제13조제4항제11호의2부터 제11호의4까지 및 제12호의 개정규정은 이 영 시행일 이후 정비계획의 입안권자가 정비계획을 변경하는 경우부터 적용한다.

2. 국공유지 동의 간주 신설

○ 안전진단, 입안제안, 조합설립 등의 동의 징구 시, 재산관리청이 동의 요청일부터 30일 내 미 회신 → 동의 간주 〈2024. 12. 17. 개정·시행〉

> **제33조제1항제5호에 후단을 다음과 같이 신설한다.**
> 5. 국·공유지에 대해서는 그 재산관리청 각각을 토지등소유자로 산정할 것. 이 경우 재산관리청은 동의 요청을 받은 날부터 30일 이내에 동의 여부를 표시하지 않으면 동의한 것으로 본다.

3. 사업시행계획인가의 경미한 변경 확대

○ 사업시행기간 변경. 다만, 연장은 현금청산 토지(국공유지 제외)를 취득한 경우로 한정 〈2024. 12. 17. 개정·시행〉

> **제46조에 제11호의2 및 제11호의3을 각각 다음과 같이 신설한다.**
> 11의2. 계산 착오, 오기, 누락이나 이에 준하는 <u>명백한 오류에 해당하는 사항을</u> 정정하는 때
> 11의3. <u>사업시행기간을 단축하거나 연장하는 때.</u> 다만, 법 제73조제1항 각 호에 해당하는 자가 소유하는 토지 또는 건축물(토지 또는 건축물의 소유자가 국가나 지방자치단체인 경우는 제외한다)의 취득이 완료되기 전에 사업시행기간을 연장하는 때는 제외한다.

4. 임대 인수가격 상향

○ 재개발·재건축 사업에서 공공에 제공하는 임대주택 인수가격을 표준건축비 → 기본형건축비 80%로 상향 〈개정 2024. 12. 17., 시행 2025. 3. 18.〉

> **제68조제2항을 다음과 같이 한다.**
> ② 법 제79조제5항에 따른 재개발임대주택의 인수 가격은 다음 각 호의 금액 또는 가격을 합한 금액으로 하며, 제2호에 따른 <u>부속토지의 가격은 사업시행계획인가 고시가 있는 날을 기준으로 감정평가법인등 둘 이상이 평가한 금액을 산술평균한 금액</u>으로 한다.
> 1. 「주택법」 제57조제4항 전단에 따른 국토교통부장관이 정하여 고시하는 건축비(이하 이 조에서 "<u>기본형건축비</u>"라 한다)의 <u>80퍼센트에 해당하는 금액</u>. 이 경우 <u>기본형건축비는 제67조에 따른 조합원 외의 자에게 분양하는 경우의 분양 공고일 직전에 고시된 금액</u>으로 한다.
> 2. 부속토지의 가격
> 3. 다음 각 목에 따른 금액의 범위에서 인수자가 정하는 금액을 <u>합산한 금액</u>. 이 경우 인수자가 시·도지사 또는 시장, 군수, 구청장인 경우에는 다음 각 목에 따른 금액의 범위에서 시·도조례로 정하는 기준에 따라 정한다.
>   가. 기본형건축비에 가산되는 금액으로서 국토교통부령으로 정하는 금액
>   나. 제2호에 따른 부속토지의 가격에 가산되는 금액으로서 국토교통부령으로 정하는 금액

제68조제3항에 후단을 다음과 같이 신설한다.

　이 경우 인수자가 시·도지사 또는 시장, 군수, 구청장인 경우에는 시·도조례로 정하는 바에 따른다.

부칙 제1조(시행일) 이 영은 공포한 날부터 시행한다. 다만, 다음 각 호의 개정규정은 해당 호에서 정하는 날부터 시행한다.

　1. 제68조제2항 및 제3항의 개정규정: 공포 후 3개월이 경과한 날

제3조(재개발임대주택 인수 가격에 관한 적용례) 제68조의 개정규정은 부칙 제1조제1호에 따른 시행일 이후 재개발임대주택의 인수계약(변경계약을 포함한다)을 체결하는 경우부터 적용한다.

구분	재개발 의무임대	공공기여 임대 (용적률 완화 조건)
법적근거	法 제79조, 令 제68조	法 제55조, 제66조, 제101조의6·7
건설물량	세대수 5~15%(지자체 고시)	완화 용적률의 50% 내외(조례)
인수가격	▶【건물】표준건축비 →기본형건축비 80% ▶【토지】감정평가액	▶【건물】표준건축비 →기본형건축비 80% ▶【토지】무상
가산비	추가 가능	▶미포함 → 추가 가능
	↳ '24.12.17. 시행	↳ '24.8. 法 개정안 발의

5. 정비사업전문관리업 등록 요건 완화

○ 정비사업전문관리업자의 영업에 대한 진입장벽을 낮추기 위하여 정비사업전문관리업 등록 시 갖추어야 하는 상근인력 중 '3년 이상 관련 업무 종사경력이 있는 건축사 또는 도시계획 및 건축분야 기술사'를 '정비사업전문관리업에 10년 이상 근무한 사람으로서 국토교통부장관이 정하여 고시하는 경력·실적 및 교육이수 기준을 충족하는 자'로 대신 〈개정 2024. 12. 12., 시행 2028. 1. 1.〉

VII. 신탁업자 시행시 특례[21]

○ 공기업, 신탁업자가 사업을 시행할 경우 절차를 간소화하여 기간 단축

> **도시 및 주거환경정비법 [시행 2024. 1. 19.] [2023. 7. 18., 일부개정]**
> 공기업, 신탁업자 등 전문개발기관이 사업을 시행할 경우 ①정비구역 지정 제안 권한을 부여하고, ②정비구역과 사업시행자 동시 지정, ③정비계획과 사업시행계획의 통합처리 등 인허가 절차를 간소화할 수 있도록 함(법 제101조의8부터 제101조의10까지 신설).

1. 정비구역 지정 제안

> **법 제101조의8(정비구역 지정의 특례)** ① 토지주택공사등(제26조에 따라 사업시행자로 지정되려는 경우로 한정한다. 이하 이 장에서 같다) 또는 지정개발자(제27조제1항에 따른 신탁업자로 한정한다. 이하 이 장에서 같다)는 제8조에도 불구하고 대통령령으로 정하는 비율 이상*의 토지등소유자의 동의를 받아 정비구역의 지정권자(특별자치시장·특별자치도지사·시장·군수인 경우로 한정한다. 이하 이 장에서 같다)에게 정비구역의 지정(변경지정을 포함한다. 이하 이 조에서 같다)을 제안할 수 있다. 이 경우 토지주택공사등 또는 지정개발자는 다음 각 호의 사항을 포함한 제안서를 정비구역의 지정권자에게 제출하여야 한다.
>
> *3분의 2 이상
>
> 1. 정비사업의 명칭
> 2. 정비구역의 위치, 면적 등 개요
> 3. 토지이용, 주택건설 및 기반시설의 설치 등에 관한 기본방향**

---

[21] 금융투자교육원, 2024-1기, 정비사업 담당자 직무 심화 교재 중 인용함
   ○ HUG 보증 대출로 신탁사가 투입한 초기사업비를 착공 후 대환을 허용한다고 함

> ** 기본방향 작성 수준
> - 령 제80조의4제6항은 그 밖의 구역지정 제안 및 지정에 필요한 세부사항을 시도조례로 정하도록 위임
> - 조례로 세부사항을 정하고 있지 않았다하여 구역지정이 제한되는 것은 아님
> - 조례로 정한 사항과 상충되지 않는다면, 토지이용 등에 관한 기본방향에 포함될 사항으로 령 제11조의2제6항(정비계획기본방향) 준용 가능

② 제1항에 따라 토지주택공사등 또는 <u>지정개발자가 정비구역의 지정을 제안한 경우</u> 정비구역의 지정권자는 제8조 및 제16조에도 불구하고 <u>정비계획을 수립하기 전에 정비구역을 지정할 수 있다.</u>

○ 정비계획 없이 정비구역 우선 지정 허용, 공공·신탁사에게 정비구역지정 제안권 부여
　- 기본계획에 대한 특례는 별도로 규정하고 있지 않으므로, 일반 정비사업과 동일하게 **기본계획에 적합한 범위에서 구역지정** 가능
　- 다만 공공이 공공재개발·재건축으로 특례사업을 추진하는 경우 법 제101조의4제2항에 따라 **기본계획과 별개로 구역지정** 가능

○ 특별시, 광역시는 제외

○ "토지등소유자"는 "정비구역"에 위치한 자임(법2조9호)
　→ '정비구역'이 아닌 '정비예정구역'을 기준으로 동의비율을 결정하는 모순에 빠짐. 따라서 사법리스크해소책은 예정구역과 구역을 일치하게 제안

2. 정비구역 지정과 동시에 지정개발자 지정

○ 특례사업은 법 제26조제1항제8호 및 제27조제1항제3호에도 불구하고 사업시행자 지정 요건 특례 규정(토지주 2/3, 토지면적 1/2 이상)
○ 시행자 지정 시기 특례(정비구역과 동시 지정 허용)
○ 법 제26조제1항제8호 및 제27조제1항제3호와 연계된 조항*은 미적용
 * [공공] 제26조제2항,제3항 / [신탁] 제27조제2항부터 제5항까지 미적용

> 법 제101조의9(사업시행자 지정의 특례) ① 정비구역의 지정권자는 제26조제1항제8호 및 제27조제1항제3호에도 불구하고 토지면적 2분의 1 이상의 토지소유자와 토지등소유자의 3분의 2 이상에 해당하는 자가 동의하는 경우에는 정비구역의 지정과 동시에 토지주택공사등 또는 지정개발자를 사업시행자로 지정할 수 있다. 이 경우 제101조의8제1항에 따라 정비구역 지정제안에 동의한 토지등소유자는 토지주택공사등 또는 지정개발자의 사업시행자 지정에 동의한 것으로 본다.[본조신설 2023. 7. 18.]

3. 위 구역 지정 제안 시 정비계획과 사업시행계획 통합 수립

> 법 제101조의10(정비계획과 사업시행계획의 통합 수립) ① 사업시행자는 제101조의8에 따라 정비구역이 지정된 경우에는 제9조에 따른 정비계획과 제52조에 따른 사업시행계획을 통합하여 다음 각 호의 사항이 포함된 계획(이하 "정비사업계획"이라 한다. 이하 같다)을 수립하여야 한다.
> ③ 지정개발자가 정비사업을 시행하려는 경우에는 정비사업계획인가(최초 정비사업계획인가를 말한다)를 신청하기 전에 제35조에 따른 재개발사업 및 재건축사업의 조합설립을 위한 동의요건 이상의 동의를 받아야 한다. 이 경우 제101조의9에 따라 사업시행자 지정에 동의한 토지등소유자는 동의한 것으로 본다.

4. 단계별 주민 동의 요건

① (정비구역 지정제안) 토지등소유자 2/3 이상
② (사업시행자 지정) 토지등소유자 2/3, 토지면적 1/2 이상
③ (사업계획인가 신청) 조합설립동의 요건*(신탁만 적용, 공공 미적용)
  * 재개발 법 제35조제2항, 재건축 법 제35조제3항,제4항
→재건축의 동별 동의요건은 ③사업계획인가 신청때만 적용(①,②는 미적용)
→①동의로 ②·③동의 갈음 가능
→①·②동의로 ③동의 갈음 가능

5. 정비구역 지정 관련 주민·지방의회 의견청취 순서 등

○ 특례사업은 주민 및 지방의회 의견청취* → 지방도시계획위원회 심의를 거쳐 정비구역 지정 가능(법 제101조의8제3항)
  *① 주민, ②지방의회 의견청취 동시 진행 가능(반드시 ① → ②순으로 진행해야 하는 것은 아님)
  - 주민 의견청취는 영 제80조의4제5항, 제13조제2항에 따라 30일 이상 시행

○ 정비구역 지정 전, 주민의견 재청취를 반드시 시행하는 것은 아님
  - 다만, 도시정비법에 명시적 규정은 없으나 주민공람·공고한 내용에서 중요한 사항이 변경되는 경우 주민의견 재청취*(대법원 2012두11164)가 바람직
    *토지이용규제기본법에 따라 14일 이상 공람공고 시행

6. 정비계획 효력

○ 특례사업은 정비사업시행계획인가가 고시되면 지구단위계획 결정·고시된 것으로 간주(지구단위계획 수립·변경 효력 부여) (법 제101조의10제5항)

○ 대상지역에 지구단위계획이 수립된 경우에는 별도 지구단위계획 변경 절차 없이도, 정비사업계획으로 지구단위계획 변경 가능

○ 의제의 재의제는 가능한가?
  - 건축허가(A)시, 도시계획시설사업 실시계획인가(B) 의제 가능 / 도시계획시설사업 실시계획인가(B)시 - 공익사업인정(C) 의제가능
  → A인허가시 C도 의제가능? : 주된 인허가 법률에 명시된 사항에 한해 의제 가능

7. 신탁업자 시행 장점, 단점

○ 전문가에 의한 신속한 사업진행이 최대 장점
○ 수수료를 부담하여야 하나, 대신 조합운영비가 없고, 전문가가 미리 자금조달을 하여 시행함으로, 공사비등 각종 용역대금을 절감하여, 수수료 그 이상 가치 창출

장점	단점
- **공기업, 신탁업자 특례 (특별시, 광역시 제외)** ㉠ 3분의 2 이상 동의로 정비구역지정 제안 가능(법101조의8 제1항), 이 경우 정비계획수립 전 구역지정 〈2023.7.18.신설, 2024.1.19.시행〉 ㉡ 면적 1/2 & 숫자 2/3 이상 동의로 구역지정과 동시 사업시행자 지정(법 101조의9) ㉢ 법101조의8에 따라 구역지정되면, **정비계획과 사업시행계획 통합수립으로 기간 단축** - **조합 임원 부존재로 비리 차단** - **추진위·조합 생략으로 기간단축 및 비용절감** - 초기 사업자금 조달 - 단순 도급으로 사업비 절감 - 지분제도 가능 - 갈등 축소	- 수수료 발생(상·벌이 없는 것이 문제, 대신 조합운영비 미발생) - **정비회사 선정 문제** - **4분의 3 이상 동의시에만 해제 가능** - 조합원들 이익을 위한 활동 위축 - 전문성 부족시 단순한 옥상옥 - 과감한 추진력 부족 - 사업성 악화등으로 인한 중단시 분쟁 격화(조합방식은 매몰비용?) - **지정시 다물권자는 매매제약, 지정 전 매도(민간임대주택법상 가능)**

Ⅷ 사업시행자지정 동의·지정·고시 등

1. 토지등소유자 동의시 쟁점

□ **토지등소유자와 신탁업자의 이익 충돌**
 - 적은 분담금을 투입하여 양질의 아파트 공급받기 vs 시행이익(수수료)

□ **사업비 직접 조달 여부**

□ **표준계약서, 표준시행규정 시행 중**
 - 신탁회사의 위험부담 정도, 추가부담금 부담 주체
 - 수수료율

> 신탁보수 산정액의 산출방법[정비사업비, 분양금액, 그 밖의 토지등소유자와 사업시행자 간 협의로 정한 금액 등을 기준으로 요율방식으로 산출(상한액을 정하는 경우를 포함한다)하거나, 정액방식으로 산출할 수 있다]

 - 조달금리 등
 - 해지 가능 여부 및 조건 : **개별 해지는 현금청산외에 불가**

□ 설계자와 협의
 - 인구감소, 성숙사회 진입 → 자는 곳에서 즐기는 곳으로 전환
 - 커뮤니티 시설, 부대·복리시설이 중요
 - 물류 대비, UAM, 전기차, 옥상정원(텃밭, 루프탑), 주차공간의 진화

□ 시공자에 대한 통제

□ 위탁자 지위 이전 가능(6조, 수탁자 동의 의무사항)

2. 2024. 12. 3. 개정 이후에는 공개모집 도입

가. 도시정비법

○ 법 개정 전에는 규정 없음, 따라서 반드시 경쟁입찰 ×(박지환, 도시정비법의 쟁점, 2023년, 박영사, 70)

○ 그러나 도시정비법이 2024. 12. 3. 개정되면서, 시행령상 비율 이상의 **토지등소유자 동의로 공개모집** 후 시행자 지정 이전 협약등 체결이 가능하도록 하여 분쟁 방지 〈시행 2025. 6. 4.〉

○ 토지등소유자 전체회의 : 온라인총회(법 제44조의2) 및 전자적 방법에 의한 의결권 행사(법 제45조) 규정을 토지등소유자 전체회의에도 의제

> **도시정비법 제27조(재개발사업·재건축사업의 지정개발자)**
>
> ⑦ 신탁업자와 재개발사업 또는 재건축사업의 준비·추진에 필요한 사항에 대하여 협약 등을 체결하려는 자(토지등소유자로 구성된 자를 말한다)는 대통령령으로 정하는 절차를 거친 사실을 시장·군수등에게 확인받은 후 대통령령으로 정하는 비율 이상의 토지등소유자의 동의를 받아 신탁업자를 **공개모집**한 후 **사업시행자 지정 전에 협약등을 체결**할 수 있다. 〈신설 2024. 12. 3.〉
>
> ⑧ 제7항에 따른 공개모집 및 협약등의 체결에 필요한 사항은 대통령령으로 정한다. 〈신설 2024. 12. 3.〉
>
> **부칙 제2조(협약등의 체결에 관한 적용례)** ② 제27조제7항 및 제8항의 개정규정은 이 법 시행 이후 신탁업자를 공개모집하는 경우부터 적용한다.
>
> **제48조(토지등소유자 전체회의)**
>
> ③ 토지등소유자 전체회의의 소집 절차·시기 및 의결방법 등에 관하여는 제44조제5항, 제44조의2* 및 제45조제3항부터 제11항까지를 준용한다. 이 경우 "총회"는 "토지등소유자 전체회의"로, "조합"은 "사업시행자"로, "정관"은 "시행규정"으로, "조합원"은 "토지등소유자"로 본다. 〈개정 2021. 8. 10., 2024. 12. 3.〉
>
> *온라인총회

나. 빈집법

○ 소규모주택정비는 아직 공개모집 미도입
○ 소규모는 사업시행구역 면적의 3분의 1 이상의 토지를 신탁받아야 함

> **제19조(소규모주택정비사업의 지정개발자 지정)** ① 시장·군수등은 가로주택정비사업, 소규모재건축사업 또는 소규모재개발사업의 조합설립을 위하여 제23조에 따른 <u>조합설립 동의요건 이상에 해당하는 자</u>가 **대통령령으로 정하는 요건을 갖춘 신탁업자**(이하 "지정개발자"라 한다)를 사업시행자로 지정하는 것에 동의하는 때에는 지정개발자를 사업시행자로 지정하여 해당 사업을 시행하게 할 수 있다. 〈개정 2021. 7. 20.〉
>
> ② 시장·군수등은 제1항에 따라 지정개발자를 사업시행자로 지정하는 때에는 14일 이상 주민 공람을 거쳐 의견을 수렴하고 사업시행구역 등 대통령령으로 정하는 사항을 해당 지방자치단체의 공보에 고시하여야 한다. 이 경우 사업시행구역에 관한 지형도면 고시 등에 대하여는 「토지이용규제 기본법」 제8조에 따른다. 〈개정 2022. 2. 3., 2023. 4. 18.〉
>
> ③ 지정개발자는 제1항에 따른 사업시행자 지정에 필요한 동의를 받기 전에 다음 각 호에 관한 사항을 토지등소유자에게 제공하여야 한다.
> 1. 토지등소유자별 분담금 추산액 및 산출근거
> 2. 그 밖에 추정분담금의 산출 등과 관련하여 시·도조례로 정하는 사항
>
> ④ 제2항에 따른 사업시행자의 지정·고시가 있는 때에는 그 고시일 다음 날에 주민합의체의 신고 또는 조합설립인가가 취소된 것으로 본다.[제목개정 2021. 7. 20.]

3. 동의받기 전 제공 서류

도시정비법 제27조 ③ 신탁업자는 제1항제3호에 따른 사업시행자 지정에 필요한 동의를 받기 전에 다음 각 호에 관한 사항을 토지등소유자에게 제공하여야 한다.

1. 토지등소유자별 분담금 추산액 및 산출근거
    ※사견은 이것을 수수료 산정의 상·벌로 정하여 추진하는 것을 권고
2. 그 밖에 추정분담금의 산출 등과 관련하여 시·도조례로 정하는 사항

서울시 조례 제80조(조합설립 등의 업무지원)

③ 법 제27조제3항제2호에서 "그 밖에 추정분담금의 산출 등과 관련하여 시·도조례로 정하는 사항"과 영 제32조제2호에서 "그 밖에 추정 분담금의 산출 등과 관련하여 시·도조례로 정하는 정보"란 제2항에 따라 산출된 정보를 말한다.

빈집법 제19조(소규모주택정비사업의 지정개발자 지정)

③ 지정개발자는 제1항에 따른 사업시행자 지정에 필요한 동의를 받기 전에 다음 각 호에 관한 사항을 토지등소유자에게 제공하여야 한다.

1. 토지등소유자별 분담금 추산액 및 산출근거
2. 그 밖에 추정분담금의 산출 등과 관련하여 시·도조례로 정하는 사항

4. 동의서

가. 도시정비법

○ 시행규칙 별지 제2호서식 신탁업자 지정 동의서에 의함

> **도시정비법 제27조** ④ 제1항제3호에 따른 토지등소유자의 동의는 <u>국토교통부령으로 정하는 동의서</u>*에 동의를 받는 방법으로 한다. 이 경우 동의서에는 다음 각 호의 사항이 모두 포함되어야 한다.
> 1. 건설되는 건축물의 설계의 개요
> 2. 건축물의 철거 및 새 건축물의 건설에 드는 공사비 등 정비사업에 드는 비용(이하 "정비사업비"라 한다)
> 3. 정비사업비의 분담기준(신탁업자에게 지급하는 신탁보수 등의 부담에 관한 사항을 포함한다)
> 4. 사업 완료 후 소유권의 귀속
> 5. <u>정비사업의 시행방법 등에 필요한 시행규정</u>
> 6. <u>신탁계약의 내용</u>

나. 빈집법

○ 소규모는 법 제25조에 서면동의서에 의하여야 하나, 양식은 미규정
○ 조합설립시에만 서면동의서에 따라야 함

> **빈집법 제25조(토지등소유자의 동의방법 등)** ① 다음 각 호의 어느 하나에 대한 동의(동의한 사항의 철회를 포함한다)는 <u>서면동의서에 토지등소유자가 성명을 적고 지장(指章)을 날인하는 방법으로 하며, 주민등록증, 여권 등 신원을 확인할 수 있는 신분증명서의 사본을 첨부하여야 한다. 이 경우 제3호에 해당하는 때에는 시장·군수등이 대통령령으로 정하는 방법에 따라 **검인(檢印)한 서면동의서를 사용**하여야 하며,</u> 검인을 받지 아니한 서면동의서는 그 효력이 발생하지 아니한다. 〈개정 2021. 7. 20., 2022. 2. 3., 2023. 4. 18.〉
> 2. <u>제18조 및 제19조에 따라 가로주택정비사업·소규모재건축사업·소규모재개발사업의 공공사업시행자 및 지정개발자를 정하는 경우</u>
> 3. <u>제23조제1항부터 제5항까지에 따라 조합을 설립하는 경우</u>
> 4. 제2항에 따라 주민대표회의를 구성하는 경우
> 5. 제29조제3항에 따라 사업시행계획인가를 신청하는 경우

5. 동의 방법

도시정비법 제36조(토지등소유자의 동의방법 등) ① 다음 각 호에 대한 동의(동의한 사항의 철회 또는 제26조제1항제8호 단서, 제31조제2항 단서 및 제47조제4항 단서에 따른 반대의 의사표시를 포함한다)는 서면동의서에 토지등소유자가 **성명을 적고 지장(指章)을 날인**하는 방법으로 하며, 주민등록증, 여권 등 신원을 확인할 수 있는 **신분증명서의 사본을 첨부**하여야 한다. 〈개정 2021. 3. 16.〉

5. 제26조 또는 제27조에 따라 재개발사업·재건축사업의 공공시행자 또는 지정개발자를 지정하는 경우

빈집법 제25조도 같은 내용

6. 동의서 철회

가. 도시정비법

○ 추천 철회[추천은 법 제27조제1항, 1호,2호(천재지변, 미사업시행인가신청)에 해당하여 신탁업자를 시행자로 지정할 경우, 이 경우는 거의 없을 것으로 예상]는 추천이 있은 날부터 30일 이내 (령 제21조제3항)

○ 동의 철회는 인허가 신청전까지 가능(령 제33조제2항, 동의서)

> **령 제21조(지정개발자의 요건 등)** ① 법 제27조제1항 각 호 외의 부분에서 "대통령령으로 정하는 요건을 갖춘 자"란 다음 각 호의 어느 하나에 해당하는 자를 말한다. 〈개정 2022.12.9, 2023.12.5, 2024.12.17〉
>
> 　3. 신탁업자로서 토지등소유자의 2분의 1 이상의 **추천**을 받거나 법 제27조제1항제3호*, 법 제28조제1항제2호** 또는 법 제101조의8제1항 각 호 외의 부분 전단에 따른 동의를 받은 자
>
> > *제35조에 따른 재개발사업 및 재건축사업의 조합설립을 위한 동의요건 이상에 해당하는 자가 신탁업자를 사업시행자로 지정하는 것에 동의하는 때
> > **토지등소유자(조합을 설립한 경우에는 조합원을 말한다)의 과반수 동의로 요청하는 경우
> > 령 제80조의4(정비구역 지정의 특례) ① 법 제101조의8제1항 각 호 외의 부분 전단에서 "대통령령으로 정하는 비율 이상"이란 3분의 2 이상을 말한다.
>
> ③ 제1항 각 호에 따른 추천의 철회는 해당 각 호의 구분에 따른 추천이 있은 날부터 **30일 이내**에 할 수 있다. 〈신설 2023. 12. 5.〉
>
> ◆ 동의철회는 령 제33조제2항에 의해 인·허가 신청전까지 철회가 가능하나, 추천 철회는 단축한 것이다.
>
> ④ 제3항에 따라 추천을 철회하려는 토지등소유자는 철회서에 토지등소유자가 성명을 적고 지장(指章)을 날인한 후 주민등록증 및 여권 등 신원을 확인할 수 있는 신분증명서 사본을 첨부하여 추천의 상대방 및 시장·군수등에게 내용증명의 방법으로 발송해야 한다. 이 경우 시장·군수등이 철회서를 받았을 때에는 지체 없이 추천의 상대방에게 철회서가 접수된 사실을 통지해야 한다. 〈신설 2023. 12. 5.〉
>
> ⑤ 제3항에 따른 추천의 철회는 제4항 전단에 따라 철회서가 추천의 상대방에게 도달한 때 또는 같은 항 후단에 따라 시장·군수등이 추천의 상대방에게 철회서가 접수된 사실

을 통지한 때 중 빠른 때에 효력이 발생한다. 〈신설 2023. 12. 5.〉

령 제33조 ② 법 제12조제2항 및 제36조제1항 각 호 외의 부분에 따른 <u>동의(법 제26조 제1항제8호, 제31조제2항 및 제47조제4항에 따라 의제된 동의를 포함한다)의 철회</u> 또는 반대의사 표시의 시기는 다음 각 호의 기준에 따른다.

1. 동의의 철회 또는 반대의사의 표시는 <u>해당 동의에 따른 인·허가 등을 신청하기 전까지 할 수 있다.</u>

③ 제2항에 따라 동의를 철회하거나 반대의 의사표시를 하려는 토지등소유자는 철회서에 토지등소유자가 성명을 적고 지장(指章)을 날인한 후 주민등록증 및 여권 등 신원을 확인할 수 있는 신분증명서 사본을 첨부하여 동의의 상대방 및 시장·군수등에게 내용증명의 방법으로 발송하여야 한다. 이 경우 시장·군수등이 철회서를 받은 때에는 지체 없이 동의의 상대방에게 철회서가 접수된 사실을 통지하여야 한다.

④ 제2항에 따른 동의의 철회나 반대의 의사표시는 제3항 전단에 따라 <u>철회서가 동의의 상대방에게 도달한 때 또는 같은 항 후단에 따라 시장·군수등이 동의의 상대방에게 철회서가 접수된 사실을 통지한 때 중 빠른 때에 효력이 발생한다.</u>

나. 빈집법

○ 동의 철회는 도시정비법 시행령 제33조 준용

령 제23조(토지등소유자의 동의자 수 산정방법 등) 법 제25조제1항에 따른 토지등소유자(토지면적에 관한 동의자의 수를 산정하는 경우에는 토지소유자를 말한다)의 동의자 수 산정방법에 관하여는 「도시 및 주거환경정비법 시행령」 제33조를 준용한다. 이 경우 "주거환경개선사업"은 "자율주택정비사업, 가로주택정비사업 또는 소규모재개발사업"으로, "재건축사업"은 "소규모재건축사업"으로 본다. 〈개정 2021. 9. 17.〉

7. 동의율

가. 도시정비법

○ 재개발사업 및 재건축사업의 <u>조합설립을 위한 동의요건 이상</u>에 해당하는 자가 <u>신탁업자를 사업시행자로 지정하는 것에 동의하는 때 지정 가능</u>

> - 재개발 : 토지등소유자의 4분의 3↑ 및 토지면적의 2분의 1↑의 토지소유자의 동의
> - 재건축 : 주택단지의 공동주택의 각 동**(복리시설 전체를 하나의 동으로 본다)**별 구분소유자의 과반수**(복리시설로서 대통령령으로 정하는 경우에는 3분의 1 이상)** 동의(각 동별 구분소유자가 5 이하인 경우는 제외)와 주택단지의 전체 구분소유자의 100분의 70 이상 및 토지면적의 100분의 70 이상의 토지소유자의 동의

○ 지정개발자 요건을 갖추지 못하였음에도 탈법적으로 토지 등 소유권 명의를 명의신탁하거나 신탁하는 방식으로 그 소유권을 신탁회사 등에 외형상 이전시킨 후 마치 그 신탁회사 등이 유일한 토지등소유자인 것 같은 외관을 작출한 후 정비사업을 진행하는 것은 도시정비법령에 반하여 허용될 수 없다. <u>동의는 위탁자를 기준으로 판단</u>(서울행정법원 2021. 11. 12. 선고 2021구합52341 판결 [재결취소] 확정)

○ 재건축의 경우에는 상가 동의가 매우 중요 : 시행규정에 반영&합의서 작성

나. 빈집법

사업	동의 요건
가로주택정비	- 토지등소유자의 **10분의 8 이상** 및 **토지면적의 3분의 2** 이상 - 공동주택은 각 동(복리시설의 경우에는 주택단지의 복리시설 전체를 하나의 동으로 본다)별 구분소유자의 과반수 동의(공동주택의 각 동별 구분소유자가 5명 이하인 경우는 제외한다)를, 공동주택 외의 건축물은 해당 건축물이 소재하는 전체 토지면적의 2분의 1 이상의 토지소유자 동의
소규모재건축	- 주택단지의 공동주택의 각 동(복리시설의 경우에는 주택단지의 복리시설 전체를 하나의 동으로 본다)별 구분소유자의 과반수 동의(공동주택의 각 동별 구분소유자가 5명 이하인 경우는 제외한다)와 <u>주택단지의</u>

사업	동의 요건
	전체 구분소유자의 4분의 3 이상 및 토지면적의 4분의 3 이상의 토지소유자 동의 - 주택단지가 아닌 지역이 사업시행구역에 포함된 경우 주택단지가 아닌 지역의 **토지 또는 건축물 소유자**의 4분의 3 이상 및 토지면적의 3분의 2 이상의 토지소유자의 등의 **'토지 또는 건축물 소유자'는 정비구역 안의 토지 및 건축물의 소유자뿐만 아니라 토지만을 소유한 자, 건축물만을 소유한 자 모두를 포함 (대법원 2013. 7. 11. 선고 2011두27544 판결)
소규모재개발	토지등소유자의 **10분의 8 이상 및 토지면적의 3분의 2 이상**의 토지소유자 동의

8. 지정 여부는 재량행위

○ "… 사업시행자로 지정하여 정비사업을 시행하게 할 수 있다." : 임의

○ <u>동의에도 불구하고 지정여부는 강학상 특허로서 재량행위이다</u>(박지환, 도시정비법의 쟁점, 박영사, 2022, 14면). 신탁업자의 위법행위등 발생시 거부 가능, 다만, 동의후 지정을 거부하기는 쉽지는 않을 것임

○ 도시정비법 제20조제6항제1호 및 제2호에 따라 같은 조 제1항제2호다목에 해당하는 기간이 연장된 경우로서 추진위원회가 그 연장된 기간 내에 조합설립인가를 신청하지 않았으나, 해당 기간이 도과한 후 정비구역 해제를 위한 같은 조 제5항에 따른 지방도시계획위원회 심의 전에 같은 법 제27조제1항 각 호 외의 부분에 따른 요건을 갖춘 신탁업자가 같은 항 제3호에 따른 요건을 갖추어 사업시행자로 지정하여 줄 것을 시장·군수등에게 신청한 경우, 정비구역의 지정권자는 같은 법 제20조제1항제2호다목에 따라 재개발사업의 정비구역을 반드시 해제해야 하는 것은 아니다([법제처 22-0698, 2022. 11. 7., 충청남도 천안시]).

9. 신탁회사 사업시행자 지정 고시

가. 공보에 고시하고 통보

도시정비법 제27조(재개발사업·재건축사업의 지정개발자)
② 시장·군수등은 제1항에 따라 <u>지정개발자를 사업시행자로 지정하는 때</u>에는 정비사업 시행구역 등 토지등소유자에게 알릴 필요가 있는 사항으로서 **대통령령으로 정하는 사항**을 해당 <u>지방자치단체의 공보에 고시</u>하여야 한다. 다만, 제1항제1호의 경우에는 토지등소유자에게 지체없이 정비사업의 시행 사유·시기 및 방법 등을 <u>통보</u>하여야 한다.

> **령 제20조(사업시행자 지정의 고시 등)** ① 법 제26조제2항 본문 및 제27조제2항 본문에서 "대통령령으로 정하는 사항"이란 각각 다음 각 호의 사항을 말한다.
> 1. 정비사업의 종류 및 명칭
> 2. 사업시행자의 성명 및 주소(법인인 경우에는 법인의 명칭 및 주된 사무소의 소재지와 대표자의 성명 및 주소를 말한다. 이하 같다)
> 3. 정비구역(법 제18조에 따라 정비구역을 둘 이상의 구역으로 분할하는 경우에는 분할된 각각의 구역을 말한다. 이하 같다)의 위치 및 면적
> 4. 정비사업의 착수예정일 및 준공예정일

빈집법 제19조(소규모주택정비사업의 지정개발자 지정) ② 시장·군수등은 제1항에 따라 지정개발자를 사업시행자로 지정하는 때에는 <u>14일 이상 주민 공람을 거쳐 의견을 수렴</u>하고 사업시행구역 등 <u>대통령령으로 정하는 사항</u>을 해당 지방자치단체의 공보에 고시하여야 한다. 이 경우 사업시행구역에 관한 지형도면 고시 등에 대하여는 「토지이용규제 기본법」 제8조에 따른다. 〈개정 2022. 2. 3., 2023. 4. 18.〉

> **령 제16조(사업시행자 고시 및 통보)** ① 법 제18조제2항 본문 및 제19조제2항 전단에서 "사업시행구역 등 대통령령으로 정하는 사항"이란 각각 다음 각 호의 사항을 말한다. 〈개정 2023. 10. 18.〉
> 1. 사업의 종류 및 명칭
> 2. 사업시행자의 성명 및 주소
> 3. 사업시행구역의 위치 및 면적
> 4. 사업의 착수예정일 및 준공예정일
> ② 시장·군수등은 법 제18조제2항 본문 또는 제19조제2항에 따른 <u>고시를 한 때에는 토지등소유자에게 제1항 각 호의 사항을 통보</u>하여야 한다.

○ **도시정비법으로 사업시행자 지정고시를** 하면,

① 토지등소유자(위탁자)는 **투기과열지구**(이하 "투기과열지구"라 한다)로 지정된 지역에서 재건축사업을 시행하는 경우에는 지정고시 후, 재개발사업을 시행하는 경우에는 제74조에 따른 관리처분계획의 인가 후 해당 정비사업의 건축물 또는 토지를 양수(매매·증여, 그 밖의 권리의 변동을 수반하는 모든 행위를 포함하되, 상속·이혼으로 인한 양도·양수의 경우는 제외한다. 이하 이 조에서 같다)한 자는 조합원이 될 수 없다(법 제39조제2항).

② 다물권자로부터 매수한 자는 대표자 1명

> **도시정비법 제39조(조합원의 자격 등)** ① 제25조에 따른 정비사업의 조합원(사업시행자가 신탁업자인 경우에는 위탁자를 말한다. 이하 이 조에서 같다)은 토지등소유자(재건축사업의 경우에는 재건축사업에 동의한 자만 해당한다)로 하되, 다음 각 호의 어느 하나에 해당하는 때에는 그 여러 명을 대표하는 1명을 조합원으로 본다. 다만, 「지방자치분권 및 지역균형발전에 관한 특별법」제25조에 따른 공공기관지방이전 및 혁신도시 활성화를 위한 시책 등에 따라 이전하는 공공기관이 소유한 토지 또는 건축물을 양수한 경우 양수한 자(공유의 경우 대표자 1명을 말한다)를 조합원으로 본다. 〈개정 2017. 8. 9., 2018. 3. 20., 2023. 6. 9.〉
>
> 3. 조합설립인가(조합설립인가 전에 제27조제1항제3호에 따라 신탁업자를 사업시행자로 지정한 경우에는 사업시행자의 지정을 말한다. 이하 이 조에서 같다) 후 1명의 토지등소유자로부터 토지 또는 건축물의 소유권이나 지상권을 양수하여 여러 명이 소유하게 된 때
>
> ② 「주택법」제63조제1항에 따른 투기과열지구(이하 "투기과열지구"라 한다)로 지정된 지역에서 재건축사업을 시행하는 경우에는 조합설립인가 후, 재개발사업을 시행하는 경우에는 제74조에 따른 관리처분계획의 인가 후 해당 정비사업의 건축물 또는 토지를 양수(매매·증여, 그 밖의 권리의 변동을 수반하는 모든 행위를 포함하되, 상속·이혼으로 인한 양도·양수의 경우는 제외한다. 이하 이 조에서 같다)한 자는 제1항에도 불구하고 조합원이 될 수 없다. 다만, 양도인이 다음 각 호의 어느 하나에 해당하는 경우 그 양도인으로부터 그 건축물 또는 토지를 양수한 자는 그러하지 아니하다. 〈개정 2017. 10. 24., 2020. 6. 9., 2021. 4. 13.〉

○ 빈집법으로 사업시행자 지정·고시를 하면,

① <u>투기과열지구(이하 "투기과열지구"라 한다)로 지정된 지역에서 가로주택정비사업, 소규모재건축사업 또는 소규모재개발사업을 시행하는 경우 사업시행자 지정고시후</u> 양수하면 현금청산, 즉 소규모재건축 뿐만아니라 소규모재개발, 가로주택도 현금청산, 도시정비법은 재건축만, 재개발은 관리처분 인가 후 현금청산

② 지정고시 후 다물권자로부터 양수하면 1인

> **제24조(조합원의 자격 등)** ① 조합원(사업시행자가 신탁업자인 경우에는 위탁자를 말한다. 이하 이 조에서 같다)은 토지등소유자(소규모재건축사업의 경우에는 소규모재건축사업에 동의한 자만 해당한다)로 하되, 다음 각 호의 어느 하나에 해당하는 때에는 그 여러 명을 대표하는 1명을 조합원으로 본다. 〈개정 2022. 2. 3.〉
>
> 3. 조합설립인가(<u>조합설립인가 전에 제19조제1항에 따라 신탁업자를 사업시행자로 지정한 경우에는 사업시행자의 지정을 말한다. 이하 이 조에서 같다)</u> 후 1명의 토지등소유자로부터 토지 또는 건축물의 소유권이나 지상권을 양수하여 여러 명이 소유하게 된 때 ② 「주택법」 제63조제1항에 따른 <u>투기과열지구(이하 "투기과열지구"라 한다)로 지정된 지역에서 가로주택정비사업, 소규모재건축사업 또는 소규모재개발사업을 시행하는 경우 조합설립인가 후</u> 해당 사업의 건축물 또는 토지를 양수(매매·증여 그 밖의 권리의 변동을 수반하는 모든 행위를 포함하되, 상속·이혼으로 인한 양도·양수의 경우는 제외한다. 이하 이 조에서 같다)한 자는 제1항에도 불구하고 <u>조합원이 될 수 없다.</u> 다만, 양도인이 다음 각 호의 어느 하나에 해당하는 경우 그 양도인으로부터 그 건축물 또는 토지를 양수한 자는 그러하지 아니하다. 〈개정 2020. 6. 9., 2021. 7. 20., 2022. 2. 3., 2023. 4. 18.〉

○ <u>2인 이상 지정도 가능</u>(박지환, 도시정비법의 쟁점, 2023년, 박영사, 79), 단 한계가 있음

○ 토지분할 청구는 불가(위 박지환, 81, 서울시주거정비과 2024.2.5).
★★따라서 상가 동의를 받을 수 없다면 사업시행자 지정 추진 중단

나. 추진위원회의 구성승인 또는 조합설립인가 취소

(1) 추진위원회나 조합은 취소

> **도시정비법 제27조** ⑤ 제2항에 따라 시장·군수등이 지정개발자를 사업시행자로 지정·고시한 때에는 그 고시일 다음 날에 추진위원회의 구성승인 또는 조합설립인가가 취소된 것으로 본다. 이 경우 시장·군수등은 해당 지방자치단체의 공보에 해당 내용을 고시하여야 한다.
>
> **빈집법 제19조(소규모주택정비사업의 지정개발자 지정)**
> ④ 제2항에 따른 사업시행자의 지정·고시가 있는 때에는 그 고시일 다음 날에 주민합의체의 신고 또는 조합설립인가가 취소된 것으로 본다.

○ 그런데 신탁이 해지되거나 기타 사유로 지정개발자 지정이 취소된 경우 추진위나 조합은 다시 부활하는지가 문제이다.

- 정비사업의 경우 조합설립인가가 취소되면 추진위가 부활한다는 아래 판결이 있다. 이 판결이 지정개발자 지정이 취소된 경우에도 그대로 적용될지는 미지수이다. 다만 사견은 그대로 부활해도 좋다고 본다.

> **대법원 2016. 12. 15. 선고 2013두17473 판결 〔추진위원변경신고반려처분취소〕**
> 주택재개발정비사업을 위한 추진위원회가 조합설립인가처분을 받아 조합이 법인으로 성립된 후 조합설립인가처분이 법원의 판결에 의하여 취소된 경우, 추진위원회가 지위를 회복하여 조합설립추진 업무를 계속 수행할 수 있는지 여부(적극)
>
> 구 도시 및 주거환경정비법(2012. 2. 1. 법률 제11293호로 개정되기 전의 것, 이하 '구 도시정비법'이라 한다) 제13조 제1항 본문, 제14조, 제15조 제4항, 제5항, 제16조, 제18조, 제19조 제1항, 제85조 제4호, 제27조, 민법 제77조 제1항, 제81조 등 관련 규정의 내용, 형식 및 취지에 비추어 보면, 주택재개발정비사업을 위한 추진위원회는 조합의 설립을 목적으로 하는 비법인사단으로서 추진위원회가 행한 업무와 관련된 권리와 의무는 구 도시정비법 제16조에 의한 조합설립인가처분을 받아 법인으로 설립된 조합에 모두 포괄승계되므로, 원칙적으로 조합설립인가처분을 받은 조합이 설립등기를 마쳐 법인으로 성립하게 되면 추진위원회는 목적을 달성하여 소멸한다. 그러나 그 후 조합설립인가처분이 법원의 판결에 의하여 취소된 경우에는 추진위원회가 지위를 회복하여 다시 조합설립인가신청을 하는 등 조합설립추진 업무를 계속 수행할 수 있다.

(2) 지정개발자가 기존 추진위원회나 조합의 권리·의무를 승계하는지 여부

○ 미승계, 단 계약으로는 승계

◆서울고등법원 2023. 6. 16. 선고 2022나2052561 판결 [용역비]

'추진위원회 또는 조합'과 지정개발자(사업시행자) 사이의 권리·의무에 관한 승계 규정을 별도로 두고 있지 않는 바, 이는 지정개발자를 사업시행자로 지정한 경우에는 지정개발자로 하여금 재건축사업의 '추진위원회 또는 조합'이 이미 형성한 법률관계를 승계하지 않고 독자적으로 사업을 추진하게 하려는 취지로 보인다.

★ 아래 법 규정에 의해 **조합의 권리의무를 지정개발자가 승계 × : 이는 시행자와 조합원 사이에만 적용된다고 봄**

법 제129조(사업시행자 등의 권리 · 의무의 승계) 사업시행자와 정비사업과 관련하여 권리를 갖는 자(이하 "권리자"라 한다)의 변동이 있는 때에는 종전의 사업시행자와 권리자의 권리 · 의무는 새로 사업시행자와 권리자가 된 자가 승계한다.

○ 지정개발자로서 이 사건 사업의 사업시행자로 지정된 피고로서는, 특별한 사정이 없는 한, '이 사건 계약에 따른 이 사건 위원회 또는 이 사건 조합의 원고에 대한 책임(권리·의무)을 승계'한다거나 '원고에 대하여 어떠한 법률관계가 형성'되었다고 볼 수 없음

◆서울중앙지방법원 2021. 2. 18. 선고 2019가합511524 판결

채무인수인으로서의 책임 긍정 사례

(2) 피고가 2017. 9. 12. 이 사건 추진위원회에 '추진위원회의 기존 수행업무 및 비용에 대하여 승계'하고, '추진위원회의 차입금, 대여금 및 정비사업비 지출비용을 승계'하며, '기타 지정개발자 지정 전까지 추진위원회의 수행업무 일체를 승계'할 것을 동의한다는 내용의 이 사건 동의서를 제출한 사실,

(4) 따라서 피고는 이 사건 추진위원회로부터 이 사건 정비사업에 관한 채무 일체를 인수한 채무인수인으로서 원고에게 위 부당이득금 및 그 지연손해금을 지급할 의무가 있다.

◆대구고등법원 2023. 9. 12. 선고 2023나11768 판결 [용역비]

3) 지정개발자로서 이 사건 사업의 사업시행자로 지정된 피고는 이 사건 추진위원회나 원고와 사이에 별도의 약정이 없는 한, 도시정비법 제34조 제3항에 따라 이 사건 용역계약에 따른 이 사건 추진위원회의 채무를 승계한다고 볼 수 없으며, 달리 위와 같은 별도의 약정이 있음을 인정할 증거도 없다.

※※**부당이득반환청구도 불가**

> 계약상의 급부가 계약의 상대방뿐만 아니라 제3자의 이익으로 된 경우에 급부를 한 계약당사자가 계약 상대방에 대하여 계약상의 반대급부를 청구할 수 있는 이외에 그 제3자에 대하여 직접 부당이득반환청구를 할 수 있다고 보면, 자기 책임 하에 체결된 계약에 따른 위험부담을 제3자에게 전가시키는 것이 되어 계약법의 기본원리에 반하는 결과를 초래할 뿐만 아니라, 채권자인 계약당사자가 채무자인 계약 상대방의 일반채권자에 비하여 우대받는 결과가 되어 일반채권자의 이익을 해치게 되고, 수익자인 제3자가 계약 상대방에 대하여 가지는 항변권 등을 침해하게 되어 부당하므로, 위와 같은 경우 계약상의 급부를 한 계약당사자는 이익의 귀속 주체인 제3자에 대하여 직접 부당이득반환을 청구할 수는 없다고 보아야 한다(대법원 2002. 8. 23. 선고 99다66564,66571 판결 등 참조).

다. 지정·고시 이후 시행

(1) 시행규정 확정

○ 사업시행자 지정 이후 신탁사는 토지등소유자전체회의(도시정비법 제26조의2, 빈집법 제25조제3항)의 의결을 거쳐 <u>시행규정을 확정</u>하고 사업을 진행하는 것이다.

(2) 사업시행인가

○ 동의요건에 토지등소유자 과반수 동의에 토지면적 2분의 1 이상이 추가됨을 유의(도시정비법, 빈집법 동일)

> **도시정비법 제50조(사업시행계획인가)** ⑦ 지정개발자가 정비사업을 시행하려는 경우에는 사업시행계획인가를 신청하기 전에 토지등소유자의 **과반수의 동의 및 토지면적의 2분의 1 이상의** 토지소유자의 동의를 받아야 한다. 다만, 제1항 단서에 따른 경미한 사항의 변경인 경우에는 토지등소유자의 동의를 필요로 하지 아니한다.〈개정 2021. 3. 16.〉
> **제50조의3(정비계획 변경 및 사업시행인가의 심의 특례)** ② 정비구역의 지정권자가 제1항에 따라 심의를 통합하여 실시하는 경우 사업시행자는 하나의 총회(제27조제1항에 따라 신탁업자가 사업시행자로 지정된 경우에는 제48조에 따른 토지등소유자 전체회의를 말한다. 이하 이 조에서 같다)에서 **제45조제1항제8호 및 제9호***에 관한 사항을 의결하여야 한다.
>   *8. 정비사업비의 조합원별 분담내역 *9. 제52조에 따른 사업시행계획서의 작성 및 변경(제50조제1항 본문에 따른 정비사업의 중지 또는 폐지에 관한 사항을 포함하며, 같은 항 단서에 따른 경미한 변경은 제외한다)

> **빈집법 제26조(건축심의)** ② 제1항에 따른 사업시행자(시장·군수등 또는 토지주택공사등은 제외한다)는 <u>지방건축위원회의 심의를 신청하기 전</u>에 다음 각 호의 어느 하나에 해당하는 동의 또는 의결을 거쳐야 한다. 〈개정 2020. 8. 18.〉
>
>   2. 사업시행자가 <u>조합인 경우에는</u> 조합 총회(시장·군수등 또는 토지주택공사등과 공동으로 사업을 시행하는 경우에는 조합원의 과반수 동의로 조합 총회 의결을 갈음할 수 있다)에서 <u>조합원 과반수의 찬성으로 의결.</u> <u>다만, 정비사업비가 100분의 10(생산자물가상승률분 및 제36조에 따른 손실보상 금액은 제외한다) 이상 늘어나는 경우에는 조합원 3분의 2 이상의 찬성으로 의결</u>
>
>   3. <u>사업시행자가 지정개발자인 경우에는 토지등소유자의 과반수 동의 및 토지면적 2분의 1 이상의 토지소유자의 동의</u>
>
> **제29조(사업시행계획인가)** ③ 사업시행자(시장·군수등 또는 토지주택공사등은 제외한다)는 <u>사업시행계획인가를 신청하기 전에 미리 제26조제2항 각 호의 어느 하나에 해당하는 동의 또는 의결을 거쳐야 하며,</u> 인가받은 사항을 변경하거나 사업을 중지 또는 폐지하는 경우에도 또한 같다. 다만, 제1항 단서에 따른 경미한 사항의 변경은 그러하지 아니하다.

(3) 관리처분인가

○ 빈집법 제56조제1항은 토지등소유자 전체회의 등에 관하여는 도시정비법 제48조를 준용하고, 도시정비법 제48조제3항은 도시정비법 제45조제4항을 준용한다.

○ 따라서 결국 빈집법은 관리처분인가가 포함된 사업시행계획에 대한 동의률은 <u>토지등소유자의 과반수 동의 및 토지면적 2분의 1 이상의 토지소유자의 동의</u>(빈집법 제29조3항, 제26조2항)를 받아야 한다.

<u>○ 그러나 정비사업비가 10% 이상 늘어나는 경우에는 토지등소유자 3분의 2 이상의 찬성으로 의결하여야 한다</u>(표준시행규정 제11조제3항).

> **도시정비법 제45조제4항(제48조제3항이 준용)**
>
> 제1항제9호 및 제10호의 경우에는 **조합원 과반수의 찬성으로 의결**한다. 다만, 정비사업비가 100분의 10(생산자물가상승률분. 제73조에 따른 손실보상 금액은 제외한다) 이상 늘어나는 경우에는 **조합원 3분의 2 이상의 찬성**으로 의결하여야 한다.
>
> **빈집법 제56조는 도시정비법 제48조를 준용함**
>
> **표준시행규정 제11조(토지등소유자 전체회의의 의결사항 등)** ③ 도시정비법 제48조제7호·제8호의 경우에는 토지등소유자 과반수의 찬성으로 의결한다. 다만, 정비사업비가 100분의 10(생산자물가상승률분, 도시정비법 제73조에 따른 손실보상 금액은 제외한다) 이상 늘어나는 경우에는 토지등소유자 3분의 2 이상의 찬성으로 의결하여야한다.

(4) 정비사업비가 10% 이상 증액되는 경우 2/3 이상 동의율(도시정비법, 빈집법 동일)

○ 당해 안건 총회(사업시행계획총회나 관리처분계획총회) 전에 정비사업비 안건에 대해서 2/3 이상 동의를 받은 적이 있다면 그 총회를 기준으로 하고, 없다면 창립총회를 기준으로 함

○ 신탁방식의 사업시행계획인가전 동의율은 법 제50조제7항에 별도 명시(숫자 과반수+면적 2/1 이상), 이 경우도 빈집법 제56조에 의해 도시정비법 제48조가 준용됨으로, 만일 정비사업비가 10% 이상 늘어나는 경우는 2/3 이상 찬성으로 의결하여야 한다.

○ 건축연면적 기준이 아닌 정비사업비 추산액 단순 비교(서울고등법원 2019. 9. 20. 선고 2019누40514 판결)

> 서울행정법원 2019. 2. 13.선고 2018구합55708판결
> 서울고등법원 2019. 11. 14.선고 2019누38412판결
> 대법원 2020. 3. 26. 심리불속행 2019두62192판결
>
> 이 사건 사업시행인가일인 2015. 6. 12. 당시 정비사업비는 572,032,138,000원이고 이 사건 관리처분계획인가일인 2017. 8. 22. 당시의 정비사업비는 631,976,781,072원인 점은 앞서 본 바와 같으므로 정비사업비 59,944,643,072원이 증가되어 그 증가율이

10.4792%에 달하는 점은 인정된다."고 전제하고 더 나아가 "그러나, 정비사업비가 100분의 10 이상 증가하였는지 여부를 판단함에 있어서는 도시정비법 제24조 제7항 단서에 따라 생산자물가상승률분은 제외되어야 하는바, 2015. 6. 생산자물가지수는 101.78, 2017. 8. 생산자물가지수는 102.31이고 이 사건 사업시행인가 시와 이 사건 관리처분계획인가 시 사이에 생산자물가지수 차이가 0.53으로서 그에 따른 생산자물가상승률은 0.5207%에 해당하므로, 결과적으로 <u>위 정비사업비 증가율 10.4792%에서 위 생산자물가상승률분 0.5207%를 제외한 실질적인 증가율은 9.9585%(= 10.4792% - 0.5207%)</u>에 불과하다. 그러므로 위 정비사업비 증가분에서 도시정비법 제47조에 따른 현금청산 금액을 추가로 제외하지 않더라도 정비사업비가 100분의 10 이상 증가되는 경우에 해당하지 않으므로, 원고들의 위 주장은 이유 없다."고 판단하여 원고의 청구를 기각하였다.

서울고등법원 2019. 9. 20. 선고 2019누40514 판결 [사업시행계획취소]
대법원 2020. 1. 16. 선고 2019두53761 판결 : 심리불속행기각

1) 피고의 조합총회는 조합설립인가 당시인 2010년도 창립총회에서 개략적인 정비사업비 총액을 정한 이후 2017년도 정기총회에 이르기까지 각 연도별 예산안 및 각종 정비사업비에 대한 안건만을 의결하다가 2018년도 정기총회에서 정비사업비 총액을 의결한 사실은 앞서 본 바와 같다.

위 인정사실과 앞서 본 구 도시정비법 제24조 제7항의 입법 경과 및 그 취지 등을 종합하면, 이 사건 사업시행계획에 대하여 구 도시정비법 제24조 제7항 단서가 적용되는지 여부를 판단하기 위해서는, 2010년도 <u>**창립총회에서 의결한 전체 정비사업비 추산액**과 이 사건 사업시행계획과 관련하여 2018년도 정기총회에서 의결한 전체 정비사업비추산액(생산자물가상승률분 및 구 도시정비법 제47조에 따른 현금청산 금액 제외)을 비교하여 후자가 100분의 10 이상 늘어나는 경우에 구 도시정비법 제24조 제7항 단서가 적용</u>된다고 봄이 상당하다.

2) 구 도시정비법 제24조 제7항 단서 적용의 비교 대상에 관하여, 원고들은 실질적인 관점에서 양 전체 정비사업비 추산액 사이의 증가폭을 비교하기 위해서 <u>건축연면적을 기준으로 환산한 정비사업비 추산액을 비교하여야 한다</u>는 취지로 주장하고, 피고는 양 정비사업비 추산액의 전체 액수를 별도의 환산 없이 단순 비교하여야 한다는 취지로 주장한다. 살피건대 위 인정사실에 변론 전체의 취지를 종합하여 인정되는 다음과 같은 사정 등에 비추어 보면, 피고의 주장과 같이 **양 정비사업비 추산액의 전체 액수를 별도의 환산 없이 단순 비교하는 것이 상당**하다.

라. 지정취소 가능 여부

○ 법에는 명문상 지정취소 조문은 없다. 하지만 가능하다고 본다.

○ 한편, 현행 관련 법령에 따를 경우 **지정개발자(신탁업자)의 대표자가 도시정비법을 위반하여 100만원 이상의 형사처벌을 받는 경우** 해당 신탁회사의 지정개발자로서의 사업시행자 지위가 당연 박탈되는 것으로는 볼 수 없다(입법미비). 다만 행정기본법 제19조에 위배된다고 보면 취소 가능

> **규정 제50조(사업의 중지 또는 폐지)** ① 사업시행자 또는 토지등소유자는 신탁계약을 해지하여 이 사업을 중지 또는 폐지하고자 하는 경우 토지등소유자 전체회의에서 본 건 사업에 동의한 <u>토지등소유자 4분의 3 이상의 찬성</u>으로 의결하여야 한다.
>
> ② 제1항에 따라 이 사업을 중지 또는 폐지하기로 한 경우 사업시행자는 이 사업의 중지 또는 폐지의 내용을 담은 사업시행계획서 또는 관리처분계획서를 시장·군수등에게 제출하고 인가를 받아야 한다.
>
> ③ 사업시행자는 이 사업을 중지 또는 폐지하고자 하는 경우 신탁계약상 신탁사무에 관한 최종의 계산을 하고 토지등소유자 전체회의의 의결을 거쳐야 한다.
>
> **서울고등법원 2022. 5. 11. 선고 2020누59200 판결 [사업시행자 지정처분 취소]**
>
> 피고가 2019. 6. 5. 서울특별시 영등포구 고시 B로 C주택재건축정비사업에 대하여 사업시행자를 피고보조참가인(이하 '참가인'이라 한다)으로 지정한 처분을 취소한다.
>
> 여의도 재건축아파트중 신탁업자를 지정개발자로 지정한 처분의 취소를 구하는 사건인데, 고등에서 원고 패소하고, 대법원에서 심불로 확정(즉, 구청 승소)

마. 비용부담의 원칙

> **도시정비법 제92조(비용부담의 원칙)** ① <u>정비사업비는 이 법 또는 다른 법령에 특별한 규정이 있는 경우를 제외하고는 사업시행자가 부담한다.</u>
> ② 시장·군수등은 시장·군수등이 아닌 사업시행자가 시행하는 정비사업의 정비계획에 따라 설치되는 다음 각 호의 시설에 대하여는 그 건설에 드는 비용의 전부 또는 일부를 부담할 수 있다.
>   1. 도시·군계획시설 중 대통령령으로 정하는 주요 정비기반시설 및 공동이용시설
>   2. 임시거주시설
>
> **빈집법 제42조(비용부담의 원칙 및 비용의 조달)** ① <u>정비사업비는 이 법 또는 다른 법령에 특별한 규정이 있는 경우를 제외하고는 사업시행자가 부담한다.</u>
> ② 시장·군수등은 시장·군수등이 아닌 사업시행자가 시행하는 소규모주택정비사업의 시행으로 설치되는 다음 각 호의 시설에 대하여는 그 건설에 드는 비용의 전부 또는 일부를 부담할 수 있다. 〈개정 2021. 7. 20.〉
>   1. 도시·군계획시설 중 대통령령으로 정하는 주요 정비기반시설 및 공동이용시설
>   2. 제43조제4항에 따른 임시거주시설
> ③ 사업시행자는 토지등소유자로부터 제1항에 따른 비용과 소규모주택정비사업의 시행과정에서 발생한 수입의 차액을 부과금으로 부과·징수할 수 있다.
> ④ 토지등소유자가 제3항에 따른 부과금의 납부를 게을리한 경우 사업시행자는 연체료를 부과·징수할 수 있다. 〈개정 2019. 8. 20., 2020. 6. 9.〉

○ 모든 용역계약자들에 대한 용역대금은 사업시행자인 신탁업자가 책임진다는 점을 명심

○ 그 책임은 고유재산에도 미친다. 자본시장법도 적용(김창화, '신탁방식의 정비사업', BFL 제119호, 8면(2023.5.). **결국 법령, 시행규정등에 위반되어 토지등소유자들에게 손해가 발생하면 신탁업자 책임**(자본시장법 제64조), 선관주의 의무, 충실의무 등도 받음(신탁법 제32조 내지 37조) (박지환, 도시정비법의 쟁점, 2023년, 박영사, 82)

10. 법 개정 사견

○ 토지등소유자전체회의의 의결사안 축소
  - 사업시행계획과 관리처분계획은 반드시 의결 거치도록 함
    (입법과정에서는 위 사안으로 한정하자는 의견도 제시되었음)

> 현행대로라면 신탁사는 진정한 사업시행자가 아니라 단지 정비회사 수준이다.
>
> 모든 것에 대해 단독진행이 불가하고 토지등소유자 전체회의의 동의를 얻어야 하는 것이다. 따라서 동의를 얻어야 하는 사항을 축소하여야 한다.
>
> 특히 시공자 선정 시에 반드시 전체회의를 거쳐야 할 것인지는 의문이 든다. 오히려 전문가인 신탁사가 선정하고 계약을 체결하는 것이 나을 수도 있다.
>
> **토지주택공사 시행의 주민대표회의는 단순한 의견제시 정도**
>
> > - 수원지방법원 2016.2.4. 선고 2014구합60192 판결에 의하면 행정주체 지위 ×
> > - 법 제47제5항은 사업시행자가 다음 각 호의 사항에 관하여 제53조에 따른 시행규정을 정하는 때에 의견을 제시할 수 있다. 이 경우 사업시행자는 주민대표회의 또는 세입자의 의견을 반영하기 위하여 노력하여야 한다.
>
> 과거 주택공사가 지정개발자로 사업에 참여한 경우가 있으나, 활성화되지 못한 점을 생각해보면 쉽게 이해가 간다.

 표준신탁계약서 및 표준시행규정

1. 공고문 등

> **법 제27조** ⑥ 국토교통부장관은 신탁업자와 토지등소유자 상호 간의 공정한 계약의 체결을 위하여 대통령령으로 정하는 바에 따라 표준계약서 및 표준시행규정을 마련하여 그 사용을 권장할 수 있다. 〈신설 2023. 7. 18.〉

〈국토교통부 블로그 2023.11.28. 보도자료〉

구분	주요내용
신탁계약해지	– 신탁계약 후 2년 내 시행자 미지정 또는 주민 3/4 이상 찬성할 경우 일괄해지 (19조1항2호, 3호)
주민재산권 보호	주민이 신탁한 부동산 대상 담보대출 금지(11조2항) 주민이 신탁한 재산은 신탁사의 다른 재산과 구분하여 별도 관리(16조1항) 신탁 후에도 **매매·임대차 등 재산권 행사 위한 신탁 일시 해제 가능**(19조1항4호) *이주비 지원하거나 이주비 대출 금융기관 알선 의무(규정 22조)
사업관리	– 사업별로 책임·참여 인력을 주민에게 제시 (17조3항) – 토지주전체회의, 관리처분계획 공람기간 등 전담 인력 현장 배치 (규정 13조4항) – 신탁사가 건설사업관리(PM·CM) 직접수행(불가피하게 용역 시행시, 신탁사가 비용부담)
사업비조달	– 신탁사가 공사비·추가이주비 등 사업비 조달 주체임을 명확화 – 공사계약 체결 후, 시공자 입찰보증금 반환(사업비 전환 원칙적 금지, 건설사 동의시 예외적 허용) (규정 17조7항)
주민참여	– 사업시행자와 협의 기구로서 정비사업위원회 구성 허용(다만, 전체회의 권한 위임·대행 불가) (규정 14조) – **전체회의 의결사항 확대**(매년 예산안·사용내역 의결 등 조합방식 총회 수준) (규정 11조1항)

구분	주요내용
사업종료기한	- 조합방식과 동일하게 이전고시 후 1년 내에 사업비 정산 등의 절차 완료(4조2항)
신탁보수	- 단순요율방식, 요율 상한방식, 정액방식 등 주민과 협의하여 적정방식으로 산출 - 단순요율방식 경우 추정 금액 제시 의무

- 신탁사가 사업시행자로서 사업관리에 역할을 다하도록, 건설사업관리(PM·CM)는 신탁사가 직접 수행토록 했으며(용역시행 시 신탁사가 비용부담)[22],
- 정비사업에 참여하는 신탁사의 책임·참여 인력을 주민에게 제시하고,
- 토지주 전체회의(총회)와 관리처분계획의 공고기간 등 주민 의견수렴이 중요한 기간에는 사업 현장에 신탁사 인력을 전담 배치토록 하였습니다.
- 사업비 조달에 대해서도 <u>초기사업비*·공사비 등 사업에 필요한 자금을 신탁사가 직접 조달하도록 명확히 규정</u>했으며, 주민이 신탁한 부동산을 담보로 사업비를 조달하는 것은 금지하였습니다.

  *현재는 시공사 입찰보증금을 대여금으로 전환하여 초기사업비로 사용하고 있으나, 앞으로 사업비 전환은 원칙적 금지(건설사가 동의하는 경우에만 예외적 허용)

- 신탁보수 산정방법은 단순 요율방식 이외에도 상한액을 적용하거나 정액으로 확정하는 등의 다양한 방식을 표준안에 포함하여, 주민들이 사업별 특성에 적합한 방식으로 신탁보수를 책정하도록 유도하였습니다.

  *산정방법이 단순 요율방식인 경우에는 추정 금액(단수 또는 복수)을 예시로 제시

- 아울러, 최근 신탁방식 관련하여 제기된 문제에 대한 **개선도 추진합니다.**
 <u>구역지정 이전에 예비신탁사 가칭 선정과정이 불투명한 문제</u>가 있어, 사업시행자 지정 이전에 신탁사와 협약 등을 체결하는 경우에는 신탁방식 추진에 대해 일정비율 이상의 주민동의를 확보하고, 신탁사도 공개모집을 하는 등 공론화가 가능한 절차를 거치도록 법제화할 계획입니다. **〈도시정비법 2024. 12. 3. 개정으로 법제화 완료, 빈집법은 미도입〉**
 법 개정 소요기간을 고려, 새로 신탁사를 선정하는 곳도 제도 개선사항을 준용하여 선정

할 수 있도록 금융투자협회에 관련 사항을 권고할 예정입니다.

또한, 사업 투명성 확보와 사업시행자로서 신탁사의 책임도 강화합니다.

<u>신탁사가 사업시행 과정에서 뇌물 수뢰 등 형법을 위반할 경우 신탁사 임직원을 공무원으로 간주하여 벌칙을 적용토록 기준을 강화하고</u>, 조합방식과 동일하게 전체회의 사전의결 규정을 위반하는 경우에 대한 벌칙 규정(2년 이하 징역 또는 2천만원 이하 벌금)도 신설할 계획입니다. **〈미도입〉**

공고 제2023-1500호
국토교통부 공고 제2023-1500호
　신탁업자와 토지등소유자 상호 간의 공정한 계약의 체결을 위하여 「정비사업 지정개발자(신탁업자) 시행방식 표준계약서 및 표준시행규정」을 붙임과 같이 공고합니다.
2023년 11월 29일 국토교통부장관

---

22) 시행규정 제2조제18호

2. 신탁계약서 주요 내용

제4조(신탁계약기간) ① 신탁계약기간은 수탁자에 대한 신탁부동산의 신탁등기 완료일로부터 도시정비법 제89조에 따른 청산금의 정산 등 정비사업과 관련한 업무를 완료한 때까지로 한다.

② 수탁자는 도시정비법 제86조에 따른 <u>이전고시일로부터 1년 이내에 도시정비법 제89조에 따른 청산금의 정산을 위한 토지 등소유자 전체회의를 소집하여야 한다</u>. 다만, 소송 등 부득이한 사유가 있는 경우에는 토지등소유자 전체회의 의결을 거쳐 청산금의 정산을 위한 토지등소유자 전체회의 소집을 연기할 수 있다.

③ 제1항에 따른 업무가 완료된 경우「신탁법」제101조 및 같은 법 제103조에 따른 신탁사무에 관한 최종의 계산 및 신탁재산의 귀속이 완료된 것으로 본다.

◆전체회의 의결 후에 예상못한 비용 발생에 대비할 필요, 제22조 유의

제6조(위탁자의 변경) ① <u>위탁자는 위탁자의 지위를 제3자에게 이전할 수 있으며</u>, 특별한 사정이 없는 한 수탁자는 이에 동의하여야 한다. 이 경우 신탁원부 등 기재내용 변경 등에 따른 비용은 위탁자가 부담한다.

② <u>제1항에 따라 위탁자의 지위를 제3자에게 이전하는 경우 이 신탁계약도 제3자에게 승계된 것으로 본다.</u>

◆매매 자유 인정, 다만, 법 제39조제2항에 따른 제한

제7조(수익권) ① 수익자는 이 신탁계약에 따른 신탁이 종료되는 경우 이 신탁계약에서 정한 바에 따라 신탁재산으로부터 신탁의 이익을 지급받을 권리를 가진다

<u>② 관계법령 및 이 신탁계약에 따라 신탁원본이 보전되지 아니할 수 있다.</u>

◆신탁사는 위험부담을 지지 않는다는 경고임

제9조(수익권의 양도, 수익자의 추가 지정 또는 변경 등) ① 수익자는 수탁자의 서면동의를 받아 수익자의 지위를 타인에게 양도하거나 그 수익권에 대하여 질권을 설정하는 등 처분행위를 할 수 있다.

◆<u>정비사업에서는 수익자 또는 우선수익자 개념이 맞지 않음, 제6조의 위탁자 변경으로 족하다고 봄</u>

② 위탁자는 수탁자의 서면등의를 받아 수익자를 변경 또는 추가로 지정할 수 있다.

③ 제1항에 따라 수익권이 양도되거나 질권이 설정되는 경우 수익권을 양도하거나 질

권을 설정한 수익자는 이를 확정일자 있는 증서로 수탁자에게 지체없이 통지하여야 한다. 이 경우 신탁원부 등의 기재내용 변경 및 수익권증서 발행에 따른 비용은 수익자의 부담으로 한다.

④ 제10조제2항에 따라 수탁자가 직접 취득한 신탁재산에 대해서는 수탁자가 신탁특약이 정하는 바에 따라 수익자를 변경하거나 추가로 지정할 수 있다.

제10조(신탁부동산의 소유권이전 의무 등) ① 위탁자는 <u>신탁계약 체결 후 7일 이내에 신탁부동산의 소유권이전등기 등 신탁재산의 공시에 필요한 서류를 수탁자에게 제공한다.</u> 다만, 위탁자와 수탁자가 협의하는 경우 90일 이내에서 그 기간을 연장할 수 있다.

◆<u>표준시행규정 제7조는 관리처분인가고시후 이주기간내에 신탁계약 체결하고 등기서류 제공의무</u>

제11조(사업자금의 차입) ① 수탁자는 본건 사업의 수행과 이 신탁계약에 따른 신탁사무에 필요한 비용을 신탁재산으로 지급할 수 있고, 신탁재산으로 부족한 경우에는 금융기관, 그 밖의 제3자 또는 수탁자의 고유계정으로부터 차입하거나 고유계정으로 대신 지급할 수 있다.

<u>② 제1항에 따른 차입을 위하여 수탁자는 종전의 토지·건축물 및 토지등소유자가 분양 받은 대지·건축물에 근저당 설정 등 등기되는 권리를 설정하는 방법으로 담보를 제공할 수 없다.</u>

제15조(선관주의의무) ① <u>수탁자는 선량한 관리자의 주의로써 신탁재산을 보존·관리하고 신탁사무를 처리하여야 한다.</u>

<u>② 수탁자는 신탁사무를 처리하는 과정에서 고의 또는 과실로 위탁자에게 손해를 발생시키는 경우에는 그 손해를 배상할 책임이 있다.</u>

◆<u>신탁사에 대한 책임을 규정한 조항, 따라서 신탁사 직원들은 최선을 다하여 업무를 처리하여야 함</u>

제17조(비용 등의 부담)
② 수탁자는 제1항에 따른 비용 등을 신탁재산에 속하는 금전으로 지급할 수 있다. 이 경우 신탁재산에 속한 금전이 부족한 때에는 수탁자는 다음 각 호의 어느 하나에 해당하는 조치를 취할 수 있다.
 1. 수탁자의 고유재산으로부터 차입

2. 수탁자의 고유재산으로 대신 지급
3. 관계법령 및 시행규정에 따라 수익자에게 비용 등의 지급을 청구
4. 신탁재산을 담보로 제공하여 지급에 필요한 금원을 차용(제11조제2항에 따른다)

③ 제2항제1호 또는 제2호에 따라 수탁자가 비용 등을 대신 납부하거나 고유재산으로부터 차입하는 경우 수익자는 그 지급일(차입한 경우에는 차입일을 말한다)로부터 상환일까지 별첨 5에 따라 산정한 금액을 원금과 함께 수탁자에게 지급하여야 한다.

④ 수탁자는 제3항에 따라 수익자가 수탁자에게 지급하여야 하는 비용 등에 대해서는 신탁재산으로부터 우선적으로 지급받을 수 있다. <u>이 경우 수탁자는 이를 지급받을 때까지 제22조에도 불구하고 신탁재산의 이전을 유보할 수 있다.</u>

제18조(신탁보수) ① 수탁자의 신탁보수는 별첨 3에 따른다.

② 경제사정의 급격한 변동이 발생하거나 그 밖의 불가피한 사유가 발생한 경우 수탁자는 위탁자와 합의하여 제1항에 따른 신탁보수를 변경하거나 별도로 지급받을 수 있다.

신탁보수 산정액의 산출방법[**정비사업비, 분양금액, 그 밖의 토지등소유자와 사업시행자 간 협의로 정한 금액 등을 기준**으로 요율방식으로 산출(상한액을 정하는 경우를 포함한다)하거나, 정액방식으로 산출할 수 있다]

[별첨 3] **신 탁 보 수**

※ 작성방법 및 유의사항
1) 신탁보수 산정방식(①단순 요율. ②상한액을 설정한 요율방식 , ③정액방식, ④기타)을 나열하고, 어떠한 방식을 선택했는지 명시할 것
2) 신탁보수 산정근거를 명시할 것
  예: 분양수입을 대상으로 한 단순 요율방식일 경우 예상 분양수입액(추정근거 포함), 예상 분양수입별 수수료 등을 예시로 제시
3) 산정방식이 단순 요율 방식일 경우, 추정 금액을 예시로 제시할 것(단수 또는 복수)

◆총사업비에 연동되면 총사업비가 늘어날수록 신탁업자의 보수가 높아진다.
◆사견은 입찰참여제안시 ㉠총사업비, 사업기간 제시하고, 이 결과에 따라 ㉡분담금 증감에 따라 상·벌을 정하는 것이 타당하다고 봄

제19조(신탁의 해지) ① 위탁자는 다음 각 호의 어느 하나에 해당하는 경우 신탁을 해지할 수 있다.

1. 관계법령 및 시행규정에 따라 본건 사업이 중지 또는 폐지되거나 사업시행자 지정이 취소되는 경우

2. ~~수탁자가 이 신탁계약 체결 후 2년 이내에 도시정비법에 따른 사업시행자 지정을 받지 못한 경우~~*

   *시행령 2023. 12. 5. 개정으로 삭제가 타당

   ◆표준시행규정 제7조는 관리처분인가고시 후에 이주기간내에 신탁계약하고 등기이전

3. <u>토지등소유자 전체회의에서 본건 사업의 사업시행자 지정에 동의한 토지등소유자의 4분의 3 이상의 찬성으로 의결하는 경우</u>

4. 매매, 근저당 설정, 임대차 등 위탁자의 재산권 행사를 위하여 신탁의 일시해지가 필요한 경우

   ◆결국 동의를 하여 사업시행자로 지정되면, 그 이후에는 제20조1항4호에 의한 현금청산 외에 개인적으로 해지는 불가능

② 수탁자는 신탁의 목적달성 또는 신탁사무의 수행이 불가능하거나 현저히 곤란한 경우 이 신탁을 해지할 수 있다. 이 경우 수탁자는 수탁자의 책임 있는 사유가 있는 경우에는 신탁해지에 따른 책임을 진다.

   ◆신탁사가 용역업체 대지급금 2개월치를 미지급한 것이 해지 사유 인정(사업대행계약이지만 내용은 거의 동일, 서울중앙지방법원 2023. 7. 20. 선고 2021가합573990 판결, 서울고등법원 2023나2039381 판결에서 신탁보수 20% 감액)

제21조(신탁종료에 따른 계산) ① 제20조제1항에 따라 신탁이 종료한 경우 수탁자는 지체없이 공인회계사를 정하여 신탁사무에 관한 최종의 계산을 하고, <u>수익자의 승인을 받아야 한다.</u>

   <u>◆승인방법이 문제된다. 위탁자 개개인으로부터 승인을 받는 것인지, 아니면 전체회의 의결로 받는 것인지. 동조3항은 마치 개개인의 승인을 받는 것처럼 되어 있으나, 사견은 전체회의 의결을 받으면 된다고 본다. 표준시행규정 제5조, 제49조도 같은 취지이다.</u>

> **표준시행규정 제49조(사업의 완료)** ① 사업시행자 또는 토지등소유자는 이 사업을 완료하고자 하는 경우 토지등소유자 전체회의의 의결을 거쳐야 한다.
>
> ② 사업시행자는 사업을 완료하고자 하는 경우 신탁계약상 신탁사무에 관한 최종의 계산을 하고 토지등소유자 전체회의 의결을 거쳐야 한다.

② <u>수익자가 제1항에 따른 계산을 승인한 경우 수탁자의 수익자에 대한 책임은 면제된 것으로 본다.</u> 다만, 수탁자의 직무수행에 부정행위가 있었던 경우에는 그러하지 아니하다.

◆승인하면, 이후 위험부담은 모두 수익자에 이전한다는 것이나, 사업시행자가 신탁사이므로 예상못한 비용이 발생하면 1차적으로 신탁사가 부담하여야 함을 유의

③ 수탁자는 수익자에게 제1항에 따른 계산승인을 요구하는 경우 1개월 이내에 이의를 제기하지 않으면 최종계산을 승인한 것으로 본다는 취지를 함께 통지하여야 한다. 이 경우 수익자가 수탁자로부터 제1항의 계산승인을 요구받은 때로부터 1개월 내에 이의를 제기하지 아니하는 경우 제1항의 계산을 승인한 것으로 본다.

④ 위탁자가 제3항에 따라 이의를 제기하는 경우 위탁자는 이의 항목에 대한 소명자료를 첨부하여야 하며, 수탁자는 그 이의의 합리성과 객관성이 인정되는 경우 최종의 계산에 반영하여야 한다.

⑤ 수탁자는 신탁사무에 관한 최종의 계산이 승인된 경우 제22조에 따라 정산한다.

제22조(신탁종료 후의 신탁재산의 처리) 제20조에 따른 신탁종료 후 제21조에 따라 이 신탁계약에 따른 신탁사무에 관한 최종의 계산이 승인된 경우(제21조제3항 후단에 따라 승인이 간주된 경우를 포함한다) <u>수탁자는 다음 각 호의 구분에 따라 신탁재산을 이전한다. 다만, 신탁재산의 하자로 인한 책임, 세금과 공과금 납부의무, 소송에 따라 지급할 가능성이 있는 금액 및 민원처리 비용에 해당하는 금액 등은 신탁특약에서 정하는 바에 따라 신탁재산의 이전을 유보할 수 있다.</u>

1. 제20조제1항제1호에 따라 신탁이 종료(도시정비법 제86조에 따른 이전고시가 있는 때를 말한다)된 경우: 관리처분계획에 따라 이전

2. 제20조제1항제2호·제3호에 따라 신탁이 종료되는 경우: 다음 각 목의 구분에 따른 방법

가. 신탁부동산: 수탁자 명의의 신탁등기를 말소하고 위탁자 명의로 소유권이전등기를 완료한 후 신탁종료 당시의 현상 그대로 위탁자에게 인도한다.

나. 신탁부동산 외의 신탁재산: 도시정비법 제74조제4항에 따른 종전의 토지 또는 건축물의 평가가격에 비례하여 위탁자에게 인도한다.

제23조(소송수행) ① 본건 사업에 관한 소송이 제기되었거나 제기할 필요가 있는 경우 수탁자는 위탁자에게 이를 통지하고 <u>위탁자 및 수익자와 협의하여</u> 응소 또는 제소에 필요한 조치를 취할 수 있다.

◆소송대리인의 선정은 신탁사 권리

② 제1항에 따라 수탁자가 부담하는 소송대리인의 보수 및 소송과 관련된 비용(소송결과에 따른 판결금액 및 이에 대한 지연이자 등을 포함한다)은 제17조에 따라 처리한다.

③ <u>수탁자는 제1항에 따라 소송 등의 업무를 수행한 경우 소송대리인 선임 사실 및 판결이 선고되거나 결정이 내려진 사실을 위탁자에게 통지하여야 한다.</u> 이 경우 소송과 관련된 비용 및 해당 판결에 따라 수탁자가 지급의무를 부담하게 된 금액도 함께 통지하여야 한다.

3. 표준시행규정 주요 내용

가. 시행규정에 정할 사항

> **법 제53조(시행규정의 작성) 시장·군수등, 토지주택공사등 또는 신탁업자가 단독으로** 정비사업을 시행하는 경우 다음 각 호의 사항을 포함하는 **시행규정을 작성**하여야 한다.
> 1. 정비사업의 종류 및 명칭
> 2. 정비사업의 시행연도 및 시행방법
> 3. 비용부담 및 회계
> 4. 토지등소유자의 권리·의무
> 5. 정비기반시설 및 공동이용시설의 부담
> 6. 공고·공람 및 통지의 방법
> 7. 토지 및 건축물에 관한 권리의 평가방법
> 8. 관리처분계획 및 청산(분할징수 또는 납입에 관한 사항을 포함한다). 다만, 수용의 방법으로 시행하는 경우는 제외한다.
> 9. 시행규정의 변경
> 10. 사업시행계획서의 변경
> 11. 토지등소유자 전체회의(신탁업자가 사업시행자인 경우로 한정한다)
> 12. 그 밖에 시·도조례로 정하는 사항
>
> **서울시 조례 제29조(시행규정에 정할 사항)** 법 제53조제12호에서 "그 밖에 시·도조례로 정하는 사항"이란 다음 각 호의 사항을 말한다.
> 1. 건축물의 철거에 관한 사항
> 2. 주민 이주에 관한 사항
> 3. 토지 및 건축물의 보상에 관한 사항
> 4. 주택의 공급에 관한 사항

나. 주의사항

○ **시행규정에 기존 무허가건축물 소유자가 분양대상자임을 명시할 필요가 있음**

> 일단 시·도조례에서 기존무허가건축물 소유자가 조합원이 된다는 규정이 삭제된 이상 기존무허가건축물 소유자는 일단 <u>조합설립당시에 토지등소유자는 되지 않으나</u>, <u>조합이 설립되면 비로소 정관규정에 의하여 조합원</u>이 되는 것이다(대법원 2012. 12. 13. 선고 2011두21218 판결).

○ 시행규정 효력발생 : 토지등소유자전체회의 의결
  - 신탁업자가 정비사업의 사업시행자로 지정된 후 토지등소유자등 전체회의의 의결정족수에 따라 시행규정이 확정되는 것이다(서울고등법원 2024. 4. 24. 선고 2023나2043212 판결).

다. 주요 규정

> **제2조(정의)**
> 18. "정비사업비"란 건축물의 철거 및 신축건축물의 건설에 드는 공사비 등 정비사업에 드는 비용(<u>건설사업관리용역에 소요된 비용은 제외한다</u>)으로, 본건 정비사업과 관련하여 제1조의 목적을 달성하기 위해 토지등소유자가 분담해야 할 비용의 총액을 말한다.
>   ◆CM선정 비용은 신탁회사 부담
> 19. "정비사업위원회"란 토지등소유자의 의견을 수렴하고 사업시행자와의 협의 등을 원활하게 하기 위해 구성하는 제14조에 따른 토지등소유자 대표기구를 말한다.
>
> **제5조(사업기간)** ① 사업기간은 도시정비법 제27조제2항에 따른 사업시행자 지정·고시일로부터 도시정비법 제89조에 따른 청산금의 정산 등 정비사업과 관련한 업무를 완료한 때까지로 한다.
>   ② 사업시행자는 도시정비법 제86조에 따른 <u>이전고시일로부터 1년 이내에 도시정비법 제89조에 따른 청산금의 정산을 위한 토지등소유자 전체회의를 소집하여야 한다. 다만, 소송 등 부득이한 사유가 있는 경우에는 토지등소유자 전체회의 의결을 거쳐 청산금의 정산을 위한 토지등소유자 전체회의 소집을 연기할 수 있다.</u>

제7조(부동산의 신탁) 토지등소유자[「도시 및 주거환경정비법 시행령」(이하 "도시정비법 시행령"이라 한다) 제21조제3호에 따라 신탁업자에게 신탁한 토지등소유자는 제외한다. 이하 이 조에서 같다]*는 정비사업의 원활한 추진을 위하여 관리처분계획인가 · 고시 후 제23조에 따른 이주기간 내에 종전토지 및 종전건축물에 대한 신탁계약을 체결하고 등기에 필요한 관련 서류를 사업시행자에게 제출하여야 한다. 다만, 사업여건 등을 고려하여 토지등소유자와 사업시행자간 협의를 통해 따로 정할 수 있다.

　　*2023.12.5. 령 개정으로 삭제 필요

제9조(토지등소유자 전체회의의 구성원) ① 토지등소유자 전체회의는 사업의 토지등소유자[재건축사업의 경우에는 신탁업자를 사업시행자로 지정하는 것에 동의한 토지등소유자(사업시행자 지정까지 동의하지 아니한 경우 도시정비법 제72조에 따른 분양신청기한까지 사업시행자에게 동의서를 제출한 토지등소유자를 포함한다. 이하 이 조, 제10조, 제11조, 제12조, 제15조, 제16조, 제17조, 제22조, 제23조 및 제57조에서 같다)를 말한다] 전원으로 구성된다.

　② 토지등소유자가 도시정비법 제39조제1항 각 호의 어느 하나에 해당하는 때에는 그 여러 명을 대표하는 1인만을 토지등소유자 전체회의의 구성원으로 보고, 그 대표자선임 동의서를 사업시행자에게 제출하여야 한다.

　③ 양도 · 상속 · 증여 및 판결 등으로 토지등소유자의 권리가 이전된 때(사업시행자에게 신탁등기가 경료된 토지 및 건축물의 경우에는 위탁자 지위가 변경된 때를 말한다)에는 토지등소유자의 권리를 취득한 자를 토지등소유자 전체회의의 구성원으로 본다. 다만, 도시정비법 제39조제2항 본문에 따른 투기과열지구에서의 권리이전이 있는 경우 권리를 취득한 자는 그러하지 아니하다.

　④ 도시정비법 제73조에 따라 정비구역 내 토지, 건축물 및 그 밖의 권리에 대하여 현금으로 청산하는 경우 해당 토지등소유자는 청산이 확정된 날부터 토지등소유자 전체회의 구성원에서 제외된다.

제12조(토지등소유자 전체회의 의결권의 행사 등) ① 토지등소유자(재건축사업의 경우에는 신탁업자를 사업시행자로 지정하는 것에 동의한 토지등소유자를 말한다. 이하 이 조에서 같다)는 토지등소유자 전체회의에 출석하지 아니하고 서면에 의하여 의결권을 행사할 수 있다. 이 경우 토지등소유자는 안건에 대한 의사를 표시하여 토지등소유자 전체회의 전일까지 사업시행자에 도달되도록 하여야 하며, 서면으로 의결권을 행사한 경우에는 정족수 산정에 관하여 출석한 것으로 본다.

② 토지등소유자는 <u>대리인에 의하여 의결권을 행사할 수 있다.</u> 이 경우 토지등소유자가 직접 출석한 것으로 본다.

③ 제2항에 따른 대리인은 도시정비법 제45조제5항을 준용하여 의결권을 행사할 수 있으며, 대리인은 토지등소유자 전체회의마다 그의 권한을 증명하는 서류를 사업시행자에게 제출하여야 한다.

④ 시행규정에서 정하지 아니한 토지등소유자 전체회의의 소집 절차·시기 등에 관하여는 토지등소유자 전체회의의 의결을 거쳐 사업시행자가 정한다.

제13조(사업시행자의 역할 등) ① 사업시행자는 도시정비법 제2조제8에 따른 정비사업을 시행하는 자를 말하며, 사업시행에 대한 역할과 의무를 부담한다.

② 사업시행자는 사업성분석, 사업시행계획인가의 신청, 관리처분계획인가의 신청, 준공인가의 신청, 이전고시, 시공자 등 **정비사업 관련업자 선정** 및 토지등소유자 전체회의 등 각종 회의 지원 등의 업무를 수행한다.

◆즉, 변호사 등 용역업체 선정권은 신탁사임

③ 사업시행자는 별첨 2에 기재된 인력을 이 사업에 참여시키며, 참여인력이 변경된 경우에는 변경 이후 처음 개최되는 토지등소유자 전체회의에 그 사항을 보고해야 한다.

④ <u>사업시행자는 다음 각 호의 기간 중에는 사업현장에 참여인력 등 사업시행자의 임직원을 전담 배치한다</u>. 이 경우 전담인력의 배치시점, 규모 등 구체적인 사항은 정비사업위원회 등과 협의하여 정한다.

  1. 제10조제3항에 따라 토지등소유자 전체회의 개최를 공고한 날부터 토지등소유자 전체회의 개최 전일까지

  2. 제28조에 따른 분양신청 기간

  3. 제31조에 따라 관리처분계획의 공람일부터 관리처분계획에 관한 토지등소유자 전체회의 개최 전일까지

  4. 그 밖에 정비사업위원회 등과 협의하여 전담인력 배치가 필요하다고 판단되는 기간

⑤ 사업시행자의 지위는 제5조에 따른 사업기간이 만료되면 종료된다.

제17조(시공자의 선정 등) ① 사업시행자는 도시정비법에 따른 <u>사업시행자 지정 고시 후 도시정비법 제29조에 따라 경쟁입찰 또는 수의계약의 방법으로</u> 건설업자 또는 등록사업자(이하 "건설업자등"이라 한다)를 시공자로 선정한다.

② 토지등소유자 전체회의는 다음 각 호의 절차를 거쳐 시공자 선정을 추천할 수 있으

며, 토지등소유자 전체회의에서 시공자 선정을 추천한 경우 사업시행자는 도시정비법 제29조제8항에 따라 추천된 자를 시공자로 선정하여야 한다.

  1. 일반경쟁입찰·제한경쟁입찰* 또는 지명경쟁입찰 중 하나일 것

    ◆조합방식에서는 제한경정은 없다.

    ◆지명경쟁은 3억원 이하만 가능(령 제24조1항1호)

  2. 제1호의 입찰을 위한 입찰공고는 전자조달시스템 또는 1회 이상 해당 지역에서 발간되는 일간신문에 하여야 하고, 입찰 참가자를 대상으로 현장 설명회를 개최할 것. 이 경우 입찰공고에는 공사비 예정가격(기성불 방식 등으로 산정)을 포함한다.

  3. 해당 지역 토지등소유자(재건축사업의 경우에는 신탁업자를 사업시행자로 지정하는 것에 동의한 토지등소유자를 말한다. 이하 이 조에서 같다)를 대상으로 합동홍보 설명회를 개최할 것

  4. 토지등소유자를 대상으로 제출된 입찰서에 대한 투표를 실시하고 그 결과를 반영할 것

③ 토지등소유자 전체회의는 다음 각 호의 사유가 발생한 경우 사업시행자에게 시공자 변경을 요구할 수 있다. 이 경우 시공자 변경방법 및 절차는 제2항을 따른다.

  1. 정비사업 시공을 위한 전문적 능력이 확보되지 못한 경우

  2. 사업시행자와의 유착관계 등 부정한 행위를 한 경우

  3. 부당한 사업중단, 임의적 사업방식 전환 등 기타 시공을 하기 어려운 경우

④ 사업시행자는 제1항부터 제3항까지에 따라 선정·변경된 시공자와 그 업무범위 및 관련 사업비의 부담 등 사업시행 전반에 대한 내용을 협의한 후 토지등소유자 전체회의의 의결을 거쳐 계약을 체결하여야 한다. 이 경우 시공자와 체결한 계약의 내용을 변경하는 경우에도 토지등소유자 전체회의의 의결을 거쳐야 한다.

⑤ 사업시행자는 제1항부터 제4항까지에 따라 선정·변경된 시공자와의 공사에 관한 계약을 체결할 때에는 기존 건축물의 철거 공사(「석면안전관리법」에 따른 석면 조사·해체·제거를 포함한다)에 관한 사항, 토지 건축물의 사용·처분, 공사비·부대비용 등의 부담, 시공상의 책임, 공사기간 및 하자보수 책임 등에 관한 사항을 포함한다.

⑥ 사업시행자는 시공자와 체결한 계약서를 사업기간의 만료일까지 사업시행자의 사무소에 비치하여야 하며, 토지등소유자의 열람 또는 복사요구에 응하여야 한다.

⑦ 사업시행자는 정비사업 계약업무 처리기준 제10조의2에 따라 입찰보증금을 납부 받기로 한 경우 시공자 선정 후 입찰에 참여한 건설업자등에게 반환한다. 다만, 시공자로 선정된 건설업자등이 대여금으로 전환을 사업시행자에게 제안하는 경우에는 그러하지 아니하다.

제18조(정비사업 계약 업무에 관한 사항) ① <u>사업시행자는 사업시행을 위해 필요한 각종 계약의 업무에 관해서는 도시정비법 및 정비사업 계약업무 처리기준에 따른다.</u>

<u>② 정비사업 계약업무에 관한 사항 중 토지등소유자 전체회의의 의결대상인 경우에는 그 의결을 거쳐야 한다.</u>

제34조(주택 등 공급기준 등) ① 사업시행자는 정비사업의 시행으로 건설된 건축물을 도시정비법 제74조에 따라 인가받은 관리처분계획에 따라 토지등소유자에게 공급하여야 한다. 이 경우 관리처분의 방법은 도시정비법 시행령 제63조에 따른다.

<u>② 도시정비법 시행령 제63조제2항제2호가목 및 같은 호 나목에서 "정관등으로 정하는 비율"이란 [   ]을 말한다(재건축사업인 경우에만 해당한다).</u>

◆◆재건축 상가와의 협의사항 중 가장 중요한 쟁점. 최근 전원의 동의를 받아야 1보다 낮출 수 있다는 하급심 판결이 선고됨

제47조(부과금 징수 등) ① 사업시행자는 토지등소유자로부터 정비사업에 소요된 비용과 사업시행과정에서 발생한 수입의 차액을 부과금으로 부과·징수한다.

② 사업시행자는 토지등소유자가 제1항에 따른 부과금의 납부를 게을리한 때에는 연 [   ]%의 이율에 해당하는 연체료를 부과·징수할 수 있다.

③ 사업시행자는 제1항 및 제2항의 부과금 및 연체료의 부과·징수에 관하여는 도시정비법 제93조제4항·제5항에 따른다.

④ 다음 각 호의 비용은 토지등소유자가 개별적으로 부담하여야 하고, 사업시행자가 이를 지출한 경우에는 토지등소유자에게 별도로 구상할 수 있다. 이 경우 부과·징수에 관하여는 도시정비법제93조제3항·제4항에 따른다.

1. 종전토지 및 종전건축물에 대한 조세, 각종 공과금 및 부담금
2. 시행규정 및 관계법령상의 이주대책을 위한 차입에 따른 원리금 상환비용
3. 분양대금 및 임대차보증금 반환채무
4. 사업 관리 외의 목적에 따른 종전토지 및 종전건축물의 보존·유지·수선 등 관리비용 및 보험료

제49조(사업의 완료) ① 사업시행자 또는 토지등소유자는 이 사업을 완료하고자 하는 경우 토지등소유자 전체회의의 의결을 거쳐야 한다.

<u>② 사업시행자는 사업을 완료하고자 하는 경우 신탁계약상 신탁사무에 관한 최종의 계산을 하고 토지등소유자 전체회의 의결을 거쳐야 한다.</u>

제50조(사업의 중지 또는 폐지) ① <u>사업시행자 또는 토지등소유자는 신탁계약을 해지하여 이 사업을 중지 또는 폐지하고자 하는 경우 토지등소유자 전체회의에서 본 건 사업에 동의한 토지등소유자 4분의 3 이상의 찬성으로 의결하여야 한다.</u>

② 제1항에 따라 이 사업을 중지 또는 폐지하기로 한 경우 사업시행자는 이 사업의 중지 또는 폐지의 내용을 담은 사업시행계획서 또는 관리처분계획서를 시장·군수등에게 제출하고 인가를 받아야 한다

③ 사업시행자는 이 사업을 중지 또는 폐지하고자 하는 경우 신탁계약상 신탁사무에 관한 최종의 계산을 하고 토지등소유자 전체회의의 의결을 거쳐야 한다.

4. 시행규정 성격 및 변경

가. 시행규정의 성격

○ 시행규정을 조합 정관과 같은 자치규범이라고 보기는 어렵다.

> **서울고등법원 2024. 4. 24. 선고 2023나2043212 판결**
>
> 도시정비법 제53조에 따라 신탁방식의 재건축사업에 있어서 신탁업자가 작성하여야 하는 시행규정에 포함되어야 하는 사항들의 내용에 비추어보면, 시행규정은 정비사업의 시행에 필요한 제반 사항을 규정하고 있고, 그 내용에 따라 토지등소유자의 권리·의무가 달라질 수 있으므로, 일응 시행규정은 조합의 정관과 유사한 성질을 갖는 것으로 보이기는 한다. 그런데 정비사업조합은 정비사업의 시행을 목적으로 토지등소유자들이 구성한 단체이고, 정관은 조합의 자치규범으로서의 성질을 지니는 반면, 신탁 방식의 재건축사업에 있어 토지등소유자들은 토지등소유자 전원으로 구성되는 토지등소유자 전체회의에서 사업 시행에 관한 주요 사항에 관한 의결을 할 뿐이고, 시행규정은 그 작성 주체가 신탁업자이므로, 시행규정을 조합 정관과 같은 자치규범이라고 보기는 어렵다.

나. 시행규정 내용 변경

> **제57조(시행규정의 변경)** ① 사업시행자가 시행규정을 변경하고자 하는 경우에는 토지등소유자 전체회의를 개최하여 토지등소유자(재건축사업의 경우에는 신탁업자를 사업시행자로 지정하는 것에 동의한 토지등소유자를 말한다. 이하 이 조에서 같다) 과반수의 찬성으로 의결한다. 다만, 다음 각 호에 해당 하는 사항을 변경하는 경우에는 토지등소유자 3분의 2이상의 찬성으로 한다.
>   1. 정비구역의 위치 및 명칭
>   2. 비용부담 및 회계
>   3. 정비사업비의 부담 시기 및 절차
>   4. 시공자·설계자의 선정 및 계약서에 포함될 사항
>
> ② 시행규정에 규정된 사항 중 관계법령 등의 변경으로 그 적용이 의무화된 경우에는 그 변경된 바에 따른다.

○ 규정 제57조에 따라 전체회의 의결(과반수 또는 일정사항은 3분의 2 이상*)을 거쳐야 하고, 시행규정을 첨부하여 사업시행계획을 인가받은 이후에 변경한다면 법 제48조제1항, 법 제50조에 따라 <u>변경인가를 받아야</u> 하고, 경미한 사항의 변경인 경우에는 신고한다.

다. 상가소유자들에 대한 추산액 비율 변경

○ 규정 제34조제2항에서 상가소유자들에 대한 비율을 1로 정한 후에 나중에 이를 변경하고자 하는 경우 전체회의 의결정족수가 문제된다.

> **규정 제34조(주택 등 공급기준 등)** ① 사업시행자는 정비사업의 시행으로 건설된 건축물을 도시정비법 제74조에 따라 인가받은 관리처분계획에 따라 토지등소유자에게 공급하여야 한다. 이 경우 관리처분의 방법은 도시정비법 시행령 제63조에 따른다.
> ② <u>도시정비법 시행령 제63조제2항제2호가목 및 같은 호 나목에서 "정관등으로 정하는 비율"이란 [   ]을 말한다(재건축사업의 경우에만 해당한다).</u>

○ **이에 대해서 서울고등법원 판례가 있다.**
　- 아래 서울고등법원 판례에서의 시행규정은 시행규정 변경에 대해서 표준시행규정 제57조와 같은 내용이 아님을 주의
　- <u>토지등소유자 과반수 찬성</u>

> **서울고등법원 2024. 4. 24. 선고 2023나2043212 판결 [전체회의 안건 가결 확인의 소]**
> 대법원　　　　　2024다238927　　　　　2024.07.25 심리불속행기각
> **다. 시행규정의 변경 방법에 관한 도시정비법 및 이 사건 시행규정**
> 1) 도시정비법은 신탁업자가 단독으로 정비사업을 시행하는 경우 '시행규정의 변경'에 관한 사항을 포함하는 시행규정을 작성하여야 하고(제53조 제9호), 사업시행자로 지정된 <u>신탁업자는 '시행규정의 확정 및 변경'에 관하여 토지등소유자 전체회의의 의결을 거쳐야 하며</u>(제48조 제1항 제1호), 토지등소유자 전체회의의 의결방법에 관하여는 총회의 의결에 관한 제45조 제3항·제4항·제7항 및 제9항을 준용한다(제48조 제3항)는 규정을 두고 있을 뿐, <u>조합 정관의 변경 방법에 관한 도시정비법 제40조 제3항[23])과 같이 시행규정의 변경 방법에 관한 별도의 규정을 두고 있지 아니하다.</u>
> 2) 또한 **이 사건 시행규정**은 '시행규정의 확정 및 변경에 관한 사항'은 전체회의의 의결

을 거쳐 결정하고(제10조 제1항), 전체회의는 토지등소유자 과반수의 출석으로 개의하고 출석한 토지등소유자의 과반수 찬성으로 결의하되(제10조 제2항), 도시정비법 제52조에 따른 사업시행계획서의 수립 및 변경(도시정비법 제50조 제1항에 따른 본건 정비사업의 중지 또는 폐지에 관한 사항을 포함하며, 같은 항 단서에 따른 경미한 변경은 제외한다) 및 도시정비법 제74조의 규정에 의한 관리처분계획의 수립 및 변경(도시정비법 제74조 제1항 단서에 따른 경미한 변경은 제외한다)의 사항을 의결하는 경우에는 토지등소유자 과반수의 동의를 받아야 하고, 다만 정비사업비가 100분의 10(생산자 물가 상승률분, 도시정비법 제73조에 따른 현금청산 금액은 제외한다) 이상이 증가하는 경우에는 토지등소유자 3분의 2 이상의 동의를 받아야 한다(제10조 제3항)고 정하고 있을 뿐, <u>시행규정의 변경에 관한 별도의 가중 의결정족수를 규정하고 있지 아니하다.</u>

▶<u>따라서 표준시행규정 제57조를 두고 있는 사업구역에서는 이에 따르면 될 것이다.</u>

3) 따라서 이 사건 시행규정의 변경에 관한 의결방법으로 토지등소유자 전체회의의 일반 의결정족수(토지등소유자 과반수의 출석과 출석한 토지등소유자의 과반수 찬성)만이 적용되는지가 문제된다.

○ **<u>시행규정이 조합 정관에 준하는 것이라거나 시행규정의 변경에 조합 정관의 변경에 관한 가중 의결정족수가 적용되어야 한다고 보기는 어렵다고 판단된다.</u>** 피고의 이 부분 주장 또한 이유 없다.

(1) 도시정비법 제2조 제11호는 조합의 정관, 사업시행자인 토지등소유자가 직접 사업시행자가 자치적으로 정한 규약, 신탁업자 등 지정개발자가 작성한 시행규정을 통틀어 '정관등'이라 정의하고 있다. 그러나 이는 정관, 규약, 시행규정이 모두 정비사업의 시행에 필요한 사항을 규정함을 목적으로 하고 있고, 다만 정비사업의 시행 주체에 따라 그 명칭이 달라지는 점을 감안하여 정비사업의 각 단계에 관한 규정에서 정관, 규약, 시행규정을 통칭하기 위한 <u>입법기술상의 편의를 위해 이를 '정관등'으로 분류한 것이라고 봄이 타당하고, 위와 같은 입법형식만을 들어 정관과 시행규정의 법적 성격이 동일하다고 볼 것은 아니다.</u> (토지등소유자 전체회의의 의결방법에 관한 도시정비법 제48조 제3항에서 조합 총회의 의결방법에 관한 제45조를 준용하면서 '총회'를 '전체회의'로 대체하는 것도 입법기술상의 편의에 의한 것으로 볼 수 있다.)

(2) 도시정비법 제53조에 따라 신탁 방식의 재건축사업에 있어서 신탁업자가 작성하여야 하는 시행규정에 포함되어야 하는 사항들의 내용에 비추어 보면, 시행규정은 정비사업의 시행에 필요한 제반 사항을 규정하고 있고, 그 내용에 따라 토지등소유자의 권리·의무가 달라질 수 있으므로, 일응 시행규정은 조합의 정관과 유사한 성질을 갖는 것으로 보이기는 한다. 그런데 정비사업조합은 정비사업의 시행을 목적으로 토지등소유자들이 구성한

단체이고, 정관은 조합의 자치규범으로서의 성질을 지니는 반면, 신탁방식의 재건축사업에 있어 토지등소유자들은 토지등소유자 전원으로 구성되는 토지등소유자 전체회의에서 사업 시행에 관한 주요 사항에 관한 의결을 할 뿐이고, 시행규정은 그 작성 주체가 신탁업자이므로, 시행규정을 조합 정관과 같은 자치규범이라고 보기는 어렵다.

(3) 시행규정은 조합 정관과 유사하게 재건축사업에 관한 토지등소유자의 권리·의무 등을 획일적으로 규율하는 측면이 있기는 하다. 그러나 정관의 기재사항 등에 관한 도시정비법 제40조 제1항과 시행규정에 포함되어야 하는 사항들에 관한 도시정비법 제53조의 내용을 비교하여 보면, 정관은 조합원의 자격, 조합의 기관 및 운영에 관한 사항을 비롯한 단체법적인 규율을 중심으로 하는 반면, 시행규정은 신탁업자가 단독으로 정비사업을 시행함을 전제로 토지등소유자가 신탁업자에 대하여 가지는 권리·의무, 정비사업의 시행에 관한 구체적인 내용을 규정하는 데에 초점을 맞추고 있다.

○ **도시정비법 제48조 제3항, 제45조 제4항의 유추적용(토지등소유자 과반수의 찬성) 여부 〈적극〉**

▶표준시행규정 제57조에 의하면 과반수 찬성임, 이 사안은 이러한 규정이 없어서 문제가 된 것임

가) 피고는 이 사건 안건에 관하여 관리처분계획의 수립 및 변경에 관한 도시정비법 제48조 제3항에 의하여 준용되는 같은 법 제45조 제4항을 유추적용하여 '토지등 소유자 과반수의 찬성'이 필요하다는 취지의 주장을 하므로, 이에 관하여 살펴본다.

나) 이 사건 안건은 상가 소유자에게 공동주택 공급(신청) 기회를 부여하기 위하여 분양주택 등 공급기준에 관한 이 사건 시행규정 제30조 제4항 제2호 등을 개정하는 내용으로, 위 안건이 가결되어 상가 소유자에게 공동주택을 분양하기 위한 최소분양단위규모 추산액 비율이 변경될 경우 토지등소유자의 분양신청자격 및 주택공급에 관한 요건, 공동주택을 공급받을 수 있는 토지등소유자의 수가 달라지게 된다(피고의 주장에 의하면 이 사건 안건이 가결되는 경우 전체 108명의 상가 조합원 중 기존의 30여명을 제외한 40여명이 추가로 공동주택을 분양받을 수 있는 것으로 추산된다는 것이다).

다) 도시정비법 제74조 제1항 제2, 5호는 사업시행자로 하여금 '분양대상자의 주소 및 성명', '분양대상자별 종전의 토지 또는 건축물 명세 및 사업시행계획인가 고시가 있는 날을 기준으로 한 가격'이 포함된 관리처분계획을 수립하도록 하고 있다. 또한 도시정비법 제74조 제6항의 위임을 받은 도시정비법 시행령 제63조 제2항 제2호는 관리처분의 방법 중 부대시설·복리시설의 소유자에 대한 주택 공급의 기준에 관하여 이 사건 시행규정 제30조 제4항 제2호와 같은 취지로 규정하고 있다.

라) 따라서 이 사건 안건은 추후 피고가 수립할 관리처분계획의 '분양대상자의 주소 및 변

경', '분양대상자별 종전의 토지 또는 건축물 명세 및 사업시행계획인가 고시가 있는 날을 기준으로 한 가격' 등과 같은 구체적인 내용에 영향을 미치게 된다.

마) 한편 이 사건 시행규정 제10조 제1항은 전체회의 의결사항으로 '시행규정의 변경에 관한 사항'(제1호), '관리처분계획의 수립 및 변경'(제10호) 등을 들고 있고, 제10조 제2항은 전체회의의 결의는 일반 의결정족수에 의한다는 규정을, 제10조 제3항은 '관리처분계획의 수립 및 변경' 결의의 경우에는 가중 의결정족수에 의한다는 규정을 두고 있다. 그런데 이 사건 시행규정 제30조 제1항은 분양주택의 공급기준을 관리처분계획으로 정한다고 규정하고, 제30조 제4항 제2호는 그중 부대·복리시설의 소유자에게 분양주택을 공급할 수 있는 구체적 기준을 규정하고 있으므로, <u>이 사건 시행규정의 내용 및 형식에 의하더라도 제30조 제4항 제2호 등의 내용을 개정하는 이 사건 안건은 관리처분계획 중 분양주택 공급기준에 관한 부분을 일정한 내용으로 결정·변경하는 안건에 해당한다고 볼 수 있다.</u>

바) 원고들을 비롯한 상가 소유자들은 피고에게 이 사건 시행규정 제30조 제4항 제2호의 상가 소유자에게 공동주택을 분양하기 위한 최소분양단위규모 추산액 비율을 변경하여 달라는 취지의 민원을 다수 제기하였고, 이에 피고가 이 사건 전체회의에 이 사건 안건을 상정한 것으로 보인다. 이 사건 안건에 일반 의결정족수를 적용할 경우 산술적으로 약 26%의 토지등소유자 동의만으로 가결될 수 있는바, 이 사건 안건의 상정 경위 및 이 사건 정비구역 내 토지등소유자들 사이의 이해관계 등을 고려하면 이러한 결과는 납득하기 어렵다.

사) 따라서 이 사건 안건에 관하여는 관리처분계획의 수립 및 변경에 관한 가중의결정족수를 유추적용 함이 상당하다고 할 것인바, 도시정비법 제48조 제3항, 제45조 제4항은 '도시정비법 제74조의 규정에 의한 관리처분계획의 수립 및 변경'의 경우에는 조합원 과반수의 찬성으로 의결한다고 정하고 있고, 이 사건 시행규정 제10조 제3항은 '도시정비법 제74조의 규정에 의한 관리처분계획의 수립 및 변경'의 사항을 의결하는 경우에는 토지등소유자 과반수의 동의를 받아야 한다고 규정하고 있으므로, **결국 이 사건 시행규정의 변경 중 이 사건 안건과 같이 관리처분계획의 내용을 실질적으로 결정함으로써 관리처분계획의 수립 또는 경미하지 않은 변경을 필연적으로 야기하는 경우에는 토지등소유자 과반수의 찬성을 받아야 한다고 해석함이 상당하다.**

---

23) 도시정비법 제40조 ③ 조합이 정관을 변경하려는 경우에는 제35조제2항부터 제5항까지의 규정에도 불구하고 총회를 개최하여 조합원 과반수의 찬성으로 시장·군수등의 인가를 받아야 한다. 다만, 제1항제2호·제3호·제4호·제8호·제13호 또는 제16호의 경우에는 조합원 3분의 2 이상의 찬성으로 한다.

 토지등소유자 및 조합원

1. 토지등소유자

가. 도시정비법

> **표준시행규정 제2조(정의)** 이 시행규정에서 사용하는 용어의 뜻은 다음과 같다.
> 1. "토지등소유자"란 다음 각 목의 어느하나에 해당하는 자를 말한다.
>   가. 재개발사업의 경우에는 정비구역에 위치한 토지 **또는** 건축물의 소유자 또는 그 지상권자
>   나. 재건축사업의 경우에는 정비구역에 위치한 건축물 **및** 그 부속토지의 소유자
>
> "위탁자"란 사업을 위해 토지 또는 건축물을 신탁계약에 따라 사업시행자에게 신탁한 토지등소유자를 말한다.(규정 제2조제13호)
>
> **법 제2조(정의)**
> 9. "토지등소유자"란 다음 각 목의 어느 하나에 해당하는 자를 말한다. 다만, 제27조제1항에 따라 「자본시장과 금융투자업에 관한 법률」 제8조제7항에 따른 신탁업자(이하 "신탁자"라 한다)가 사업시행자로 지정된 경우 토지등소유자가 정비사업을 목적으로 신탁업자에게 신탁한 토지 또는 건축물에 대하여는 위탁자를 토지등소유자로 본다.

나. 빈집법

> **제2조(정의)** ① 이 법에서 사용하는 용어의 뜻은 다음과 같다. 〈개정 2019. 4. 23., 2021. 7. 20., 2021. 10. 19.〉
> 6. "토지등소유자"란 다음 각 목에서 정하는 자를 말한다. 다만, 「자본시장과 금융투자업에 관한 법률」 제8조제7항에 따른 신탁업자(이하 "신탁업자"라 한다)가 사업시행자로 지정된 경우 토지등소유자가 소규모주택정비사업을 목적으로 신탁업자에게 신탁한 토지 또는 건축물에 대하여는 위탁자를 토지등소유자로 본다.
>   가. 자율주택정비사업, 가로주택정비사업 또는 소규모재개발사업은 사업시행구역에 위치한 토지 또는 건축물의 소유자, 해당 토지의 지상권자
>   나. 소규모재건축사업은 사업시행구역에 위치한 건축물 및 그 부속토지의 소유자

2. 조합원 (위탁자)

가. 도시정비법

○ 위탁자를 토지등소유자로 하되, 재건축의 경우에는 사업에 동의한 자만

○ 법제처는 사업시행구역에 위치한 토지 또는 건축물을 신탁업자에게 신탁한 '위탁자'가 소규모주택정비법 제23조제1항에 따라 가로주택정비사업 조합설립 시 동의를 받아야 하는 대상인 '토지등소유자'에 해당한다고 한다([법제처 23-0538, 2023. 9. 7., 민원인])

> **법 제39조(조합원의 자격 등)** ① 제25조에 따른 정비사업의 <u>조합원(사업시행자가 신탁업자인 경우에는 위탁자를 말한다.</u> 이하 이 조에서 같다)은 <u>토지등소유자(재건축사업의 경우에는 재건축사업에 동의한 자만 해당한다)</u>로 하되, 다음 각 호의 어느 하나에 해당하는 때에는 그 여러 명을 **대표하는 1명을 조합원**으로 본다. 다만,「지방자치분권 및 지역균형발전에 관한 특별법」제25조에 따른 공공기관지방이전 및 혁신도시 활성화를 위한 시책 등에 따라 이전하는 공공기관이 소유한 토지 또는 건축물을 양수한 경우 양수한 자(공유의 경우 대표자 1명을 말한다)를 조합원으로 본다. 〈개정 2017. 8. 9., 2018. 3. 20., 2023. 6. 9.〉
>
> 1. 토지 또는 건축물의 소유권과 지상권이 <u>여러 명의 **공유**에 속하는 때</u>
>
> 2. 여러 명의 토지등소유자가 <u>**1세대**</u>에 속하는 때. 이 경우 동일한 세대별 주민등록표상에 등재되어 있지 아니한 배우자 및 미혼인 19세 미만의 직계비속은 1세대로 보며, 1세대로 구성된 여러 명의 토지등소유자가 조합설립인가 후 세대를 분리하여 동일한 세대에 속하지 아니하는 때에도 이혼 및 19세 이상 자녀의 분가(세대별 주민등록을 달리하고, 실거주지를 분가한 경우로 한정한다)를 제외하고는 1세대로 본다.
>
> 3. 조합설립인가(<u>조합설립인가 전</u>에 제27조제1항제3호에 따라 신탁업자를 사업시행자로 지정한 경우에는 사업시행자의 지정</u>을 말한다. 이하 이 조에서 같다) 후 1명의 토지등소유자로부터 토지 또는 건축물의 소유권이나 지상권을 양수하여 여러 명이 소유하게 된 때
>
> ②「주택법」제63조제1항에 따른 <u>투기과열지구(이하 "투기과열지구"라 한다)</u>로 지정된 지역에서 재건축사업을 시행하는 경우에는 조합설립인가 후, 재개발사업을 시행하는 경우에는 제74조에 따른 관리처분계획의 인가 후 해당 정비사업의 건축물 또는 토지를 양수(매매·증여, 그 밖의 권리의 변동을 수반하는 모든 행위를 포함하되, 상속·이혼으로 인한 양도·양수의 경우는 제외한다. 이하 이 조에서 같다)한 자는 제1항에도 불구하고 <u>조합원이 될 수 없다.</u> 다만, 양도인이 다음 각 호의 어느 하나에 해당하는 경우 그 양도인

으로부터 그 건축물 또는 토지를 양수한 자는 그러하지 아니하다. 〈개정 2017. 10. 24., 2020. 6. 9., 2021. 4. 13.〉

  1. 세대원(세대주가 포함된 세대의 구성원을 말한다. 이하 이 조에서 같다)의 근무상 또는 생업상의 사정이나 질병치료(「의료법」 제3조에 따른 의료기관의 장이 1년 이상의 치료나 요양이 필요하다고 인정하는 경우로 한정한다)·취학·결혼으로 세대원이 모두 해당 사업구역에 위치하지 아니한 특별시·광역시·특별자치시·특별자치도·시 또는 군으로 이전하는 경우

  2. 상속으로 취득한 주택으로 세대원 모두 이전하는 경우

  3. 세대원 모두 해외로 이주하거나 세대원 모두 2년 이상 해외에 체류하려는 경우

  4. 1세대(제1항제2호에 따라 1세대에 속하는 때를 말한다) 1주택자로서 양도하는 주택에 대한 소유기간 및 거주기간이 대통령령으로 정하는 기간 이상인 경우

  5. 제80조에 따른 지분형주택을 공급받기 위하여 건축물 또는 토지를 토지주택공사등과 공유하려는 경우

  6. 공공임대주택, 「공공주택 특별법」에 따른 공공분양주택의 공급 및 대통령령으로 정하는 사업을 목적으로 건축물 또는 토지를 양수하려는 공공재개발사업 시행자에게 양도하려는 경우

  7. 그 밖에 불가피한 사정으로 양도하는 경우로서 대통령령으로 정하는 경우

③ 사업시행자는 제2항 각 호 외의 부분 본문에 따라 조합원의 자격을 취득할 수 없는 경우 정비사업의 토지, 건축물 또는 그 밖의 권리를 취득한 자에게 제73조를 준용하여 손실보상을 하여야 한다.

나. 빈집법

제24조(조합원의 자격 등) ① 조합원(사업시행자가 신탁업자인 경우에는 위탁자를 말한다. 이하 이 조에서 같다)은 토지등소유자(소규모재건축사업의 경우에는 소규모재건축사업에 동의한 자만 해당한다)로 하되, 다음 각 호의 어느 하나에 해당하는 때에는 그 여러 명을 대표하는 1명을 조합원으로 본다. 〈개정 2022. 2. 3.〉

  1. 토지 또는 건축물의 소유권과 지상권이 여러 명의 공유에 속하는 때

  2. 여러 명의 토지등소유자가 1세대에 속하는 때. 이 경우 동일한 세대별 주민등록표상에 등재되어 있지 아니한 배우자 및 미혼인 19세 미만의 직계비속은 1세대로 보며, 1세

대로 구성된 여러 명의 토지등소유자가 조합설립인가 후 세대를 분리하여 동일한 세대에 속하지 아니하는 때에도 이혼 및 19세 이상 자녀의 분가(세대별 주민등록을 달리하며 실거주지를 분가한 경우로 한정한다)를 제외하고는 1세대로 본다.

 3. 조합설립인가(조합설립인가 전에 제19조제1항에 따라 신탁업자를 사업시행자로 지정한 경우에는 사업시행자의 지정을 말한다. 이하 이 조에서 같다) 후 1명의 토지등소유자로부터 토지 또는 건축물의 소유권이나 지상권을 양수하여 여러 명이 소유하게 된 때

② 「주택법」 제63조제1항에 따른 투기과열지구(이하 "투기과열지구"라 한다)로 지정된 지역에서 가로주택정비사업, 소규모재건축사업 또는 소규모재개발사업을 시행하는 경우 조합설립인가 후 해당 사업의 건축물 또는 토지를 양수(매매·증여 그 밖의 권리의 변동을 수반하는 모든 행위를 포함하되, 상속·이혼으로 인한 양도·양수의 경우는 제외한다. 이하 이 조에서 같다)한 자는 제1항에도 불구하고 조합원이 될 수 없다. 다만, 양도인이 다음 각 호의 어느 하나에 해당하는 경우 그 양도인으로부터 그 건축물 또는 토지를 양수한 자는 그러하지 아니하다. 〈개정 2020. 6. 9., 2021. 7. 20., 2022. 2. 3., 2023. 4. 18.〉

 1. 세대원(세대주가 포함된 세대의 구성원을 말한다. 이하 이 조에서 같다)의 근무상 또는 생업상의 사정이나 질병치료(「의료법」 제3조에 따른 의료기관의 장이 1년 이상의 치료나 요양이 필요하다고 인정하는 경우로 한정한다)·취학·결혼으로 세대원 모두 해당 사업시행구역이 위치하지 아니한 특별시·광역시·특별자치시·특별자치도·시 또는 군으로 이전하는 경우

 2. 상속으로 취득한 주택으로 세대원 모두 이전하는 경우

 3. 세대원 모두 해외로 이주하거나 세대원 모두 2년 이상 해외에 체류하는 경우

 4. 1세대(제1항제2호에 따라 1세대에 속하는 때를 말한다) 1주택자로서 양도하는 주택에 대한 소유기간 및 거주기간(「주민등록법」 제7조에 따른 주민등록표를 기준으로 하며, 소유자가 거주하지 아니하고 소유자의 배우자나 직계존비속이 해당 주택에 거주한 경우에는 그 기간을 합산한다)이 대통령령으로 정하는 기간 이상인 경우(소유자가 피상속인으로부터 주택을 상속받아 소유권을 취득한 경우에는 피상속인의 주택의 소유기간 및 거주기간을 합산한다)

 5. 그 밖에 불가피한 사정으로 양도하는 경우로서 대통령령으로 정하는 경우

③ 사업시행자는 제2항 각 호 외의 부분 본문에 따라 조합원의 자격을 취득할 수 없는 경우 토지, 건축물 또는 그 밖의 권리를 취득한 자에게 제36조를 준용하여 손실보상을 하여야 한다.

 토지등소유자전체회의

> - 조합이 시행시 의사결정기관으로 총회가 있고, 신탁업자가 시행시는 일부 의사결정기관으로 "토지등소유자전체회의"가 있는 것이다.
> - "토지등소유자전체회의" 결의에 대해서 소송을 하는 경우, 피고는 신탁회사
> (서울고등법원 2024. 4. 24. 선고 2023나2043212 판결 [전체회의 안건 가결 확인의 소])

1. 전체회의의 역할

> **서울고등법원 2024. 4. 24. 선고 2023나2043212 판결 [전체회의 안건 가결 확인의 소] 상고**
>
> 2015년 개정 도시정비법의 취지는 신탁업자의 정비사업 참여 허용을 통해 정비사업을 원활하게 추진하도록 하되, 신탁업자의 독단적인 정비사업 시행을 방지하고, 시행규정의 확정 및 변경, 정비사업비의 사용 및 변경, 시공자의 선정 및 변경, 사업시행계획의 수립 및 변경, 관리처분계획의 수립 및 변경 등 사업 시행의 주요 사항에 관하여 <u>토지등소유자 전원의 의사를 반영함으로써 토지등소유자의 권리를 보호하려는 데 있다.</u>

2. 구성원

규정 제9조(토지등소유자 전체회의의 구성원) ① 토지등소유자 전체회의는 사업의 토지등소유자[**재건축사업의 경우에는 신탁업자를 사업시행자로 지정하는 것에 동의**한 토지등소유자(사업시행자 지정까지 동의하지 아니한 경우 도시정비법 제72조에 따른 분양신청 기한까지 사업시행자에게 동의서를 제출한 토지등소유자를 포함한다. 이하 이 조, 제10조, 제11조, 제12조, 제15조, 제16조, 제17조, 제22조, 제23조 및 제57조에서 같다)를 말한다] 전원으로 구성된다.

② 토지등소유자가 도시정비법 제39조제1항 각 호의 어느 하나에 해당하는 때에는 그 여러 명을 대표하는 1인만을 토지등소유자 전체회의의 구성원으로 보고, 그 대표자선임 동의서를 사업시행자에게 제출하여야 한다.

◆분양신청도 대표자가 해야 함, 상속등기 이전시에도 동일

③ 양도·상속·증여 및 판결 등으로 토지등소유자의 권리가 이전된 때(사업시행자에게 신탁등기가 경료된 토지 및 건축물의 경우에는 위탁자 지위가 변경된 때를 말한다)에는 토지등소유자의 권리를 취득한 자를 토지등소유자 전체회의의 구성원으로 본다. 다만, 도시정비법 제39조제2항 본문에 따른 투기과열지구에서의 권리이전이 있는 경우 권리를 취득한 자는 그러하지 아니하다.

④ 도시정비법 제73조에 따라 정비구역 내 토지, 건축물 및 그 밖의 권리에 대하여 현금으로 청산하는 경우 해당 토지등소유자는 청산이 확정된 날*부터 토지등소유자 전체회의의 구성원에서 제외된다.

*협의는 이전등기일, 수용은 재결 후 공탁하고 수용개시일, 매도청구는 이전등기일, 즉 이날 전까지는 정보공개청구권이 있음을 주의

3. 정비사업위원회

○ 조합 방식에서의 대의원회와 달리 전체회의 권한대행은 불가

○ 이사회에 준함

○ 사업시행자 대신 필요한 서류를 제출받거나 토지등소유자의 부담을 증가시키지 아니하는 시공자 계약 변경에 관하여 토지등소유자 전체회의 대신 사업시행자와 협의를 진행하는 등의 역할

> **제14조(정비사업위원회)** ① 사업시행자는 원활한 사업 추진을 위해 토지등소유자 전체회의 의결을 통해 정비사업위원회를 설치할 수 있다.
> ② 정비사업위원회는 다음과 같이 토지등소유자 전체회의에서 선출된 위원장 및 위원으로 구성된다.
>   1. 위원장 1인
>   2. 위원 [ ]인 이상 [ ]인 이하
> ③ **정비사업위원회는 토지등소유자 전체회의 권한을 대행할 수 없으며**, 관계법령에 위반되지 않는 범위 내에서 주민의견을 수렴하고 사업시행자와 협의를 진행할 수 있다.
> ④ 정비사업위원회의 구성 및 운영에 관한 구체적인 사항은 토지등소유자 전체회의 의결로 정한다.

○ 비법인사단도 아니라, 당사자능력도 없음, 즉 사업시행자가 당사자능력

> **서울남부지방법원 2023. 9. 8.자 2023카합52 결정 [전체회의개최금지가처분]**
> 비법인사단으로서 당사자능력을 갖추었다는 점이 소명되었다고 보기에 부족하고, 따라서 이 사건 신청은 당사자능력이 없는 자를 상대로 한 것이어서 부적법하다.
>
> **서울행정법원 2022. 9. 15. 선고 2021구합89565 판결**
> 피고 정비사업위원회는 토지등소유자 전체회의의 진행 과정에서 사업시행자 대신 필요한 서류를 제출받거나 토지등소유자의 부담을 증가시키지 아니하는 시공자 계약 변경에 관하여 토지등소유자 전체회의 대신 사업시행자와 협의를 진행하는 등의 역할을 담당하며, 피고 정비사업위원회가 비법인사단에 해당한다고 볼 수 없으므로 피고 정비사업위원회는 독립하여 소송의 당사자가 될 당사자능력이 없다.
>
> **서울중앙지방법원 2021. 8. 31. 선고 2020가단13197 판결**

4. 소집 및 운영

법 제48조 ② 토지등소유자 전체회의는 <u>사업시행자가 직권으로 소집하거나 토지등소유자 5분의 1 이상의 요구로 사업시행자가 소집</u>한다.

③ 토지등소유자 전체회의의 소집 절차·시기 및 의결방법 등에 관하여는 <u>제44조제5항, 제45조제3항·제4항·제7항 및 제9항</u>을 준용한다. 이 경우 "총회"는 "토지등소유자 전체회의"로, "정관"은 "시행규정"으로, "조합원"은 "토지등소유자"로 본다. 〈개정 2021. 8. 10.〉

※<u>그런데 법 제48조제3항은 법 제45조제8항은 준용하지 않는다.</u>

법 제44조 ⑤ 총회의 소집 절차·시기 등에 필요한 사항은 정관으로 정한다.

법 제45조(총회의 의결) ③ 총회의 의결은 이 법 또는 정관에 다른 규정이 없으면 <u>조합원 과반수의 출석과 출석 조합원의 과반수 찬성</u>으로 한다.

④ 제1항제9호* 및 제10호의 경우에는 <u>조합원 과반수의 찬성으로 의결</u>한다. 다만, 정비사업비가 **100분의 10(생산자물가상승률분, 제73조에 따른 손실보상 금액은 제외한다) 이상 늘어나는 경우****에는 <u>조합원 3분의 2 이상의 찬성</u>으로 의결하여야 한다.

*사업시행계획인가전 동의율은 법 제50조제7항에 별도 명시(숫자 과반수+<u>면적 2/10이상</u>)

**조합설립결의 당시 또는 사업시행인가 당시와 비교, 정비사업비 추산액 단순 비교(서울고등법원 2019. 9. 20. 선고 2019누40514 판결)

⑦ 총회의 의결은 <u>조합원의 100분의 10 이상이 직접 출석</u>(제5항 각 호의 어느 하나에 해당하여 대리인을 통하여 의결권을 행사하는 경우 직접 출석한 것으로 본다. 이하 이 조에서 같다)하여야 한다. 다만, 시공자의 선정을 의결하는 총회의 경우에는 조합원의 과반수가 직접 출석하여야 하고, 창립총회, <u>시공자 선정 취소를 위한 총회</u>, 사업시행계획서의 작성 및 변경, 관리처분계획의 수립 및 변경을 의결하는 총회 등 대통령령으로 정하는 총회의 경우에는 조합원의 <u>100분의 20 이상이 직접 출석</u>하여야 한다. 〈개정 2021. 8. 10., 2023. 7. 18.〉

⑨ 총회의 의결방법, 서면의결권 행사 및 본인확인방법 등에 필요한 사항은 정관으로 정한다. 〈개정 2021. 8. 10.〉

서울고등법원 2024. 4. 24. 선고 2023나2043212 판결 [전체회의 안건 가결 확인의 소]
대법원   2024다238927   2024.07.25 심리불속행기각

신탁업자의 정비사업 참여에 관한 도시정비법의 개정

1) 2015. 9. 1. 법률 제13508호로 개정된 도시정비법(이하 '2015년 개정 도시정비법'이라 한다)은 신탁업자의 정비사업 참여 허용을 통한 정비사업의 원활한 추진 등을 위하여 조합설립 동의요건 이상의 토지등소유자가 동의하는 경우 신탁업자를 사업시행자로 지정할 수 있도록 하는 제8조 제4항 제8호를 신설하였다.

2015년 개정 도시정비법은 제8조 제4항, 제8조 제9항 제5호에서 신탁업자의 사업시행자 지정을 위한 토지등소유자의 동의서에 '정비사업의 시행방법 등에 관한 시행규정'이 포함되도록 하는 규정을 신설하였고, 제30조의2에서 신탁업자가 단독으로 시행하는 정비사업의 경우 신탁업자는 '토지등소유자의 권리·의무에 관한 사항', '시행규정의 변경에 관한 사항' 등이 포함된 시행규정을 작성하여야 한다는 규정을 신설하였다. (위 도시정비법의 개정 전에는 구 도시정비법 시행령(2016. 2. 29. 대통령령 제27029호로 개정되기 전의 것) 제41조 제1항에서 시장·군수 또는 주택공사 등이 단독으로 시행하는 정비사업에 관한 시행규정에 포함되어야 할 내용을 정하고 있었는데, 위 도시정비법의 개정으로 신탁업자의 정비사업 참여를 허용함에 따라 위 도시정비법에서 시행규정에 관한 규정을 신설하였다.)

또한 2015년 개정 도시정비법 제26조의2는 신탁업자가 사업시행자로 지정된 경우 신탁업자로 하여금 '시행규정의 확정 및 변경에 관한 사항' 등 사업 시행의 주요 사항에 관하여 해당 정비사업의 토지등소유자(주택재건축사업의 경우에는 신탁업자를 사업시행자로 지정하는 것에 동의한 토지등소유자를 말한다) 전원으로 구성되는 회의, 즉 토지등소유자 전체회의의 의결을 거치도록 하였다.

2) **도시정비법은 2017년 전부개정 이후**에도 2015년 개정 도시정비법상 신탁업자의 정비사업 참여에 관한 규정을 그 조문의 위치 및 표현을 일부 변경하였을 뿐 그 내용을 대체로 동일하게 유지하고 있고, 다만 2017년 전부개정 전 도시정비법은 조합 총회의 일반 의결정족수에 관한 규정을 두지 않고 정관으로 정하도록 하였는데, 2017년 전부개정된 도시정비법은 '총회의 의결은 도시정비법 또는 정관에 다른 규정이 없으면 조합원 과반수의 출석과 출석 조합원의 과반수 찬성으로 한다'는 제45조 제3항을 신설하였고, 제48조 제3항에서 토지등소유자 전체회의의 의결방법에 관하여 제45조 제3항을 준용하도록 함으로써, 토지등소유자 전체회의의 일반 의결정족수를 '도시정비법 또는 시행규정에 다른 규정이 없으면 토지등소유자 과반수의 출석과 출석 토지등소유자의 과반수 찬성으로 한다'고 정하였다.

규정 제10조

③ <u>사업시행자는</u> 토지등소유자 전체회의를 소집하는 경우 <u>회의개최 14일 전부터</u> 회의목적·안건·일시 및 장소 등을 게시판 또는 인터넷에 게시하여야 하며 각 토지등소유자에게는 <u>회의개최 7일전까지 등기우편으로</u> 이를 발송, 통지하여야 한다.

④ 토지등소유자 전체회의에서는 제3항에 따라 <u>통지된 안건에 대해서만 의결</u>할 수 있다.

⑤ 토지등소유자 전체회의 진행을 위한 의장의 선정방법 등 전체회의의 운영을 위해 필요한 사항은 사업시행자가 정할 수 있다.

⑥ **의장은** 토지등소유자 전체회의의 질서를 유지하고 의사를 정리하며, 고의로 의사진행을 방해하기 위한 발언 및 행동을 하는 등 현저히 질서를 문란하게 하는 자에 대하여 발언의 정지 또는 퇴장을 명할 수 있다.

⑦ **의장은** 안건의 내용 등을 고려하여 다음 각호에 해당하는 자를 토지등소유자 전체회의에 참석하여 발언하도록 할 수 있다.

1. 사업시행자의 관계인 및 사업시행자가 필요하다고 인정하는 자
2. 정비사업전문관리업자, 시공자 또는 설계자
3. 그 밖에 의장이 필요하다고 인정하는 자

5. 의결사항

○ 의결 없이 계약하면 무효(박지환, 도시정비법의 쟁점, 2023년, 박영사, 77)
  - 특히 시행규정 제18조제1항은 "계약업무처리기준"을 따라야 한다고 함

○ 시공자 선정·계약
  - 전체회의가 추천한 건설사로 선정 후 계약
  - 전체회의는 시공자 추천 권한만 있음, <u>시공자 선정·계약에 관한 사항은 사업시행자인 신탁사가 권한과 의무를 가지고 진행</u>
  - 시공자 선정·계약에서 일반경쟁에 부합하지 않는 사항의 추진을 전체회의가 의결한다고 하더라도, 법 제29조 위반에 대한 신탁사 책임이 배제되는 것은 아님

법 제48조(토지등소유자 전체회의) ① 제27조제1항제3호에 따라 사업시행자로 지정된 신탁업자는 다음 각 호의 사항에 관하여 해당 정비사업의 토지등소유자(재건축사업의 경우에는 신탁업자를 사업시행자로 지정하는 것에 동의한 토지등소유자를 말한다. 이하 이 조에서 같다) 전원으로 구성되는 회의(이하 <u>"토지등소유자 전체회의"라 한다)의 의결을 거쳐야 한다.</u>

 <u>1. 시행규정의 확정 및 변경</u>
 2. 정비사업비의 사용 및 변경
 3. 정비사업전문관리업자와의 계약 등 **토지등소유자의 부담이 될 계약**

> **규정 제18조(정비사업 계약 업무에 관한 사항)** ① 사업시행자는 사업시행을 위해 필요한 각종 계약의 업무에 관해서는 **도시정비법 및 정비사업 계약업무 처리기준에 따른다.**
>
>   ② 정비사업 계약업무에 관한 사항 중 <u>토지등소유자 전체회의의 의결대상인 경우에는 그 의결을 거쳐야 한다.</u>

 4. 시공자의 선정 및 변경
 5. 정비사업비의 토지등소유자별 분담내역
 6. 자금의 차입과 그 방법·이자율 및 상환방법
 <u>7. 제52조에 따른 사업시행계획서의 작성 및 변경(제50조제1항 본문에 따른 정비사업의 중지 또는 폐지에 관한 사항을 포함하며 같은 항 단서에 따른 경미한 변경은 제외한다)</u>

8. 제74조에 따른 관리처분계획의 수립 및 변경(제74조제1항 각 호 외의 부분 단서에 따른 경미한 변경은 제외한다)

9. 제89조에 따른 청산금의 징수·지급(분할징수·분할지급을 포함한다)과 조합 해산 시의 회계보고

10. 제93조에 따른 비용의 금액 및 징수방법

11. 그 밖에 토지등소유자에게 부담이 되는 것으로 시행규정으로 정하는 사항

> 규정 제11조(토지등소유자 전체회의의 의결사항 등) ① 사업시행자는 다음 각 호의 사항에 대하여 토지등소유자 전체회의의 의결을 거쳐야 한다.
> 1. 도시정비법 제48조제1항제1호부터 제10호까지의 사항
> 2. 제14조에 따른 정비사업위원회의 설치, 구성, 임원 선임 및 운영에 관한 사항
> 3. 정비사업비의 세부 항목별 사용계획이 포함된 예산안 및 예산의 사용내역
> 4. 예산으로 정한 사항 외에 토지등소유자에게 부담이 되는 사항
> 5. 제5조제2항 단서에 따른 의결 등 이 시행규정에서 토지등소유자 전체회의 의결을 거치도록 한 사항
> 6. 그 밖에 토지등소유자에게 부담이 되는 것으로 사업장별로 시행규정에서 규정하는 사항

○ 질의회신 사례[24]

(1) 토지등소유자의 부담이 될 계약의 범위에 용역업자 등의 선정도 포함되는지 여부

- 도시정비법 제48조제1항제3호에 따른 "토지등소유자의 부담이 될 계약"은 같은 항 제2호에 따른 "정비사업비의 사용 및 변경"에 포함된 범위에서 용역등의 계약을 체결할지 여부를 의결 받는 것이지, **계약을 체결할 용역업자의 선정까지 의결 받는 것을 포함하는 것은 아님**

(2) 전체회의에서 일반경쟁입찰에 부합하지 않는 공사도급계약의 추진을 의결해도 일반경쟁입찰 원칙을 지켜야 함

(3) 시행규정의 작성주체는 신탁사임

---

[24] 앞 금융투자교육원, 23

6. 의결권 행사

규정 제12조(토지등소유자 전체회의 의결권의 행사 등) ① 토지등소유자(재건축사업의 경우에는 신탁업자를 사업시행자로 지정하는 것에 동의한 토지등소유자를 말한다. 이하 이 조에서 같다)는 토지등소유자 전체회의에 출석하지 아니하고 서면에 의하여 의결권을 행사할 수 있다. 이 경우 토지등소유자는 안건에 대한 의사를 표시하여 토지등소유자 전체회의 전일까지 사업시행자에 도달되도록 하여야 하며, 서면으로 의결권을 행사한 경우에는 정족수 산정에 관하여 출석한 것으로 본다.

② 토지등소유자는 대리인에 의하여 의결권을 행사할 수 있다. 이 경우 토지등소유자가 직접 출석한 것으로 본다.

③ 제2항에 따른 대리인은 도시정비법 제45조제5항을 준용하여 의결권을 행사할 수 있으며, 대리인은 토지등소유자 전체회의마다 그의 권한을 증명하는 서류를 사업시행자에게 제출하여야 한다.

④ 시행규정에서 정하지 아니한 토지등소유자 전체회의의 소집 절차·시기 등에 관하여는 토지등소유자 전체회의의 의결을 거쳐 사업시행자가 정한다.

제 2 편
시공자 선정 관련

제2편 시공자 선정 관련

I 시공자 선정 조문

도시정비법 제29조(계약의 방법 및 시공자 선정 등) ① 추진위원장 또는 사업시행자(청산인을 포함한다)는 이 법 또는 다른 법령에 특별한 규정이 있는 경우를 제외하고는 계약(공사, 용역, 물품구매 및 제조 등을 포함한다. 이하 같다)을 체결하려면 일반경쟁에 부쳐야 한다. 다만, 계약규모, 재난의 발생 등 대통령령으로 정하는 경우에는 입찰 참가자를 지명(指名)하여 경쟁에 부치거나 수의계약(隨意契約)으로 할 수 있다. 〈신설 2017. 8. 9.〉

② 제1항 본문에 따라 일반경쟁의 방법으로 계약을 체결하는 경우로서 대통령령으로 정하는 규모를 초과하는 계약은 「전자조달의 이용 및 촉진에 관한 법률」 제2조제4호의 국가종합전자조달시스템(이하 "전자조달시스템"이라 한다)을 이용하여야 한다. 〈신설 2017. 8. 9.〉

③ 제1항 및 제2항에 따라 계약을 체결하는 경우 계약의 방법 및 절차 등에 필요한 사항은 국토교통부장관이 정하여 고시한다. 〈신설 2017. 8. 9.〉

④ 조합은 조합설립인가를 받은 후 조합총회에서 제1항에 따라 경쟁입찰 또는 수의계약(2회 이상 경쟁입찰이 유찰된 경우로 한정한다)의 방법으로 건설업자 또는 등록사업자를 시공자로 선정하여야 한다. 다만, 대통령령으로 정하는 규모 이하의 정비사업*은 조합총회에서 정관으로 정하는 바에 따라 선정할 수 있다. 〈개정 2017. 8. 9.〉 * 100인 이하 (령 제24조3항)

⑤ 토지등소유자가 제25조제1항제2호에 따라 재개발사업을 시행하는 경우에는 제1항에도 불구하고 사업시행계획인가를 받은 후 제2조제11호나목에 따른 규약에 따라 건설업자 또는 등록사업자를 시공자로 선정하여야 한다. 〈개정 2017. 8. 9.〉

⑥ 시장·군수등이 제26조제1항 및 제27조제1항에 따라 직접 정비사업을 시행하거나 토지주택공사등 또는 **지정개발자를 사업시행자로 지정한 경우** 사업시행자는 제26조제2항 및 제27조제2항에 따른 **사업시행자 지정·고시 후** 제1항에 따른 경쟁입찰 또는 수의계약의 방법으로 건설업자 또는 등록사업자를 시공자로 선정하여야 한다. 〈개정 2017. 8. 9.〉

⑦ 제6항에 따라 시공자를 선정하거나 제23조제1항제4호의 방법으로 시행하는 주거환

개선사업의 사업시행자가 시공자를 선정하는 경우 제47조에 따른 주민대표회의 또는 제48조에 따른 <u>토지등소유자 전체회의</u>는 대통령령으로 정하는 경쟁입찰 또는 수의계약(2회 이상 경쟁입찰이 유찰된 경우로 한정한다)의 방법으로 시공자를 추천할 수 있다. 〈개정 2017. 8. 9.〉

> **령 제24조** ④ 법 제29조제7항에서 "대통령령으로 정하는 경쟁입찰"이란 다음 각 호의 요건을 모두 갖춘 입찰방법을 말한다. 〈개정 2024. 12. 17.〉
> 1. 일반경쟁입찰·제한경쟁입찰 또는 지명경쟁입찰 중 하나일 것
> 2. 해당 지역에서 발간되는 일간신문에 1회 이상 제1호의 입찰을 위한 공고를 하고, 입찰 참가자를 대상으로 현장 설명회를 개최할 것
> 3. 해당 지역 주민을 대상으로 합동홍보설명회를 개최할 것
> 4. 토지등소유자를 대상으로 제출된 입찰서에 대한 투표를 실시하고 그 결과를 반영할 것

⑧ 조합은 제4항에 따른 시공자 선정을 위한 입찰에 참가하는 건설업자 또는 등록사업자가 토지등소유자에게 시공에 관한 정보를 제공할 수 있도록 합동설명회를 2회 이상 개최하여야 한다. 〈신설 2023. 12. 26.〉

⑨ 제8항에 따른 합동설명회의 개최 방법이나 시기 등은 국토교통부령으로 정한다. 〈신설 2023. 12. 26.〉

⑩ 제7항에 따라 주민대표회의 또는 <u>토지등소유자 전체회의가 시공자를 추천한 경우 사업시행자는 추천받은 자를 시공자로 선정하여야 한다.</u> 이 경우 시공자와의 계약에 관해서는 「지방자치단체를 당사자로 하는 계약에 관한 법률」 제9조 또는 「공공기관의 운영에 관한 법률」 제39조를 적용하지 아니한다. 〈개정 2017. 8. 9., 2023. 12. 26.〉

⑪ 사업시행자(사업대행자를 포함한다)는 제4항부터 제7항까지 및 제10항에 따라 선정된 시공자와 공사에 관한 계약을 체결할 때에는 <u>기존 건축물의 철거 공사(「석면안전관리법」에 따른 석면 조사·해체·제거를 포함한다)에 관한 사항을 포함시켜야 한다.</u> 〈개정 2017. 8. 9., 2023. 12. 26.〉

빈집법 제20조(시공자의 선정 등) ① 토지등소유자는 소규모주택정비사업을 시행하는 경우 제22조에 따라 주민합의체를 신고한 후 주민합의서에서 정하는 바에 따라 건설업자 또는 등록사업자를 시공자로 선정하여야 한다.

② 조합은 소규모주택정비사업을 시행하는 경우 <u>조합설립인가를 받은 후 조합 총회</u>(시장·군수등 또는 토지주택공사등과 공동으로 사업을 시행하는 경우에는 조합원의 과반수

동의로 조합 총회 의결을 갈음할 수 있다)에서 국토교통부장관이 정하여 고시하는 <u>경쟁입찰 또는 수의계약</u>(2회 이상 경쟁입찰이 유찰된 경우로 한정한다)의 방법으로 건설업자 또는 등록사업자를 시공자로 선정하여야 한다. 다만, 대통령령으로 정하는 규모* 이하의 소규모주택정비사업은 조합 총회에서 정관으로 정하는 바에 따라 선정할 수 있다. 〈개정 2020. 8. 18., 2022. 2. 3.〉

*30인 이하(령 제18조1항)

③ 사업시행자는 시장·군수등이 제18조제1항에 따라 직접 사업을 시행하거나 토지주택공사등을 사업시행자로 지정하는 경우 또는 <u>제19조제1항에 따라 지정개발자를 사업시행자로 지정하여 사업을 시행하게 하는 경우</u> **제18조제2항 및 제19조제2항에 따른 고시가 있은 후** 건설업자 또는 등록사업자를 시공자로 선정하여야 한다.

④ 제25조제2항 또는 제3항에 따른 주민대표회의 또는 **토지등소유자 전체회의**는 제3항에 따라 시공자를 선정하는 경우 <u>대통령령으로 정하는 경쟁입찰 또는 수의계약</u>(2회 이상 경쟁입찰이 유찰된 경우로 한정한다)의 방법으로 시공자를 추천할 수 있다. 다만, 대통령령으로 정하는 규모 이하**의 소규모주택정비사업은 주민대표회의 또는 토지등소유자 전체회의에서 별도로 정하는 바에 따라 선정할 수 있다.

> **령 제18조** ② 법 제20조제4항 본문에서 "대통령령으로 정하는 경쟁입찰"이란 다음 각 호의 요건을 모두 갖춘 입찰방법을 말한다.
> 1. <u>일반경쟁입찰·제한경쟁입찰</u> 또는 지명경쟁입찰 중 하나일 것
> 2. 해당 지역에서 발간되는 일간신문에 1회 이상 제1호의 입찰을 위한 공고를 하고, 입찰 참가자를 대상으로 현장설명회를 개최할 것
> 3. 해당 지역 주민을 대상으로 합동홍보설명회를 개최할 것
> 4. 토지등소유자를 대상으로 제출된 입찰서에 대한 투표를 실시하고 그 결과를 반영할 것

**30인 이하(령 제18조1항)

⑤ 사업시행자는 제4항에 따라 주민대표회의 또는 토지등소유자 전체회의가 시공자를 추천한 경우 <u>추천받은 자를 시공자로 선정하여야 한다.</u>

⑥ 다음 각 호의 어느 하나에 해당하는 경우 시공자와의 계약에 관하여는 「지방자치단체를 당사자로 하는 계약에 관한 법률」 제9조 및 「공공기관의 운영에 관한 법률」 제39조를 적용하지 아니한다.

 1. 제17조제1항 및 제3항에 따라 시장·군수등 또는 토지주택공사등이 소규모주택정비사업을 공동으로 시행하는 경우

2. 제5항에 따라 주민대표회의 또는 <u>토지등소유자 전체회의가 추천한 시공자를 선정하는 경우</u>

⑦ 사업시행자는 제1항부터 제6항까지에 따라 선정된 시공자와 공사에 관한 계약을 체결하는 때에는 기존 건축물의 철거 공사(「석면안전관리법」에 따른 석면 조사·해체·제거를 포함한다)에 관한 사항을 포함하여야 한다.

⑧ <u>조합 또는 토지등소유자가</u> 소규모주택정비사업의 시행을 위하여 시장·군수등 또는 토지주택공사등이 아닌 자를 시공자로 선정(제17조제1항 및 제3항에 따른 공동 사업시행자가 시공하는 경우를 포함한다)한 경우 그 시공자는 공사의 시공보증을 위하여 시공보증서를 조합 또는 토지등소유자에게 제출하여야 한다. 〈개정 2020. 6. 9.〉

소규모주택정비사업의 시공자 및 정비사업전문관리업자 선정기준

[시행 2022. 6. 28.] [국토교통부고시 제2022-387호, 2022. 6. 28., 일부개정]

제1조(목적) 이 기준은 「빈집 및 소규모주택 정비에 관한 특례법」 제20조제2항 및 제21조제2항에 따라 <u>소규모주택정비사업조합</u>(조합이 소규모주택정비사업을 시행하는 모든 경우를 포함한다)의 시공자 및 정비사업전문관리업자 선정에 관하여 필요한 사항을 규정함을 목적으로 한다.

▶조합이 선정하는 경우에 적용되지 지정개발자가 선정하는 경우 이 기준은 미적용

제2조(시공자의 선정 등) ① 「빈집 및 소규모주택 정비에 관한 특례법」(이하 "소규모주택정비법"이라 한다) 제20조제2항에 따라 조합은 시공자 선정 시 건설업자 또는 등록사업자에게 다음 각 호의 사항을 포함한 제안서를 제출받아 검토하여야 한다.

1. 건설업자의 시공능력평가 순위 또는 등록사업자의 주택건설 실적
2. 건설업자 또는 등록사업자의 신용평가등급
3. 건설업자 또는 등록사업자의 정비사업 준공실적
4. 기타 시·도조례로 정하는 사항

② 소규모주택정비법 제20조제2항 및 제21조제2항에 따라 조합이 소규모주택정비사업의 시공자 또는 정비사업전문관리업자 선정 시 <u>「도시 및 주거환경정비법」(이하 "도시정비법"이라 한다) 제29조제3항에 따른 「정비사업 계약업무 처리기준」제2조부터 제39조까지를 준용한다.</u>

③ 제2항에 따라 「정비사업 계약업무 처리기준」을 준용함에 있어 "정비사업"은 "소규모주택정비사업"으로, "도시정비법 제25조에 따른 조합"은 "소규모주택정비법 제17조에 따른 조합"으로, "도시정비법 제27조에 따른 신탁업자"는 "소규모주택정비법 제19조에 따른 신탁업자"로, "도시정비법 제29조"는 "법 제20조" 또는 "법 제21조"로, "재건축사업"은 "소규모재건축사업"으로 한다.

제3조(시공자 선정 시 예외사항) 제2조에도 불구하고 조합이 소규모주택정비사업의 시공자

를 선정하는 경우 다음 각 호의 방법에 따라야 한다.

1. 사업시행자가 시공자를 내역입찰로 선정하는 경우 입찰서 제출마감일 35일 이전에 현장설명회를 개최하여야 한다.
2. 대의원회가 총회에 상정할 건설업자를 선정하는 경우 3인 이상을 선정하여야 한다. 다만, 입찰에 참가한 건설업자등이 2인인 경우에는 모두 총회에 상정하여야 한다.
3. 사업시행자는 시공자 선정 총회를 개최하기에 앞서 합동홍보설명회를 1회 이상 개최하여야 한다.

제4조(정비사업전문관리업자 선정 시 예외사항) 제2조에도 불구하고 조합이 소규모주택정비사업의 정비사업전문관리업자를 지명경쟁입찰을 통해 선정하는 경우 3인 이상의 입찰대상자를 지명하여야 하며, 2인 이상의 입찰참가 신청이 있어야 한다.

제5조(적용 제외) ① 토지등소유자 또는 조합원이 30인 이하인 소규모주택정비사업은 조합총회에서 정관으로 정하는 바에 따라 시공자를 선정할 수 있다.

② 토지등소유자 또는 조합원 전원의 동의를 얻어 별도의 선정기준을 마련한 경우 그 기준에 따라 시공자 및 정비사업전문관리업자를 선정할 수 있다.

③ 제1항 및 제2항의 경우에도 제2조제1항을 적용하여야 한다.

Ⅱ 제도개선 내용

1. 도시정비법

가. 금품제공 금지, 제안금지 등(법 제132조)

(1) 금품등 제공하거나 제공받는 행위 금지(제1항) 〈2022. 12. 11. 시행〉
○ ◆지정개발자인 신탁업자도 금품제공이나 금품을 받으면 안됨
 - 신탁업자는 이 사항 이외에는 해당사항 없음

> **제132조(조합임원 등의 선임·선정 및 계약 체결 시 행위제한 등)** ① 누구든지 추진위원, 조합임원의 선임 또는 제29조에 따른 계약 체결과 관련하여 다음 각 호의 행위를 하여서는 아니 된다. 〈개정 2017. 8. 9., 2022. 6. 10.〉
> 1. 금품, 향응 또는 그 밖의 재산상 이익을 제공하거나 제공의사를 표시하거나 제공을 약속하는 행위
> 2. 금품, 향응 또는 그 밖의 재산상 이익을 제공받거나 제공의사 표시를 승낙하는 행위
> 3. 제3자를 통하여 제1호 또는 제2호에 해당하는 행위를 하는 행위
> ▶5년 이하 징역, 5천만원 이하 벌금(제135조제2호)/양벌규정
> ▶자수자 특례 : 그 형벌을 감경 또는 면제한다(제141조)

(2) 시공과 관련 없는 사항 제안 금지(제2항, 령 제96조의2)
○ 사업시행자가 아닌 시공자가 지켜야 할 사항임

> ② 건설업자와 등록사업자는 제29조에 따른 계약의 체결과 관련하여 시공과 관련 없는 사항으로서 다음 각 호의 어느 하나에 해당하는 사항을 제안하여서는 아니 된다. 〈신설 2022. 6. 10.〉
> 1. 이사비, 이주비, 이주촉진비 및 그 밖에 **시공과 관련 없는** 금전이나 재산상 이익을 무상으로 제공하는 것
> 2. 이사비, 이주비, 이주촉진비, 그 밖에 **시공과 관련 없는** 금전이나 재산상 이익을 무이자나 제안 시점에 은행이 적용하는 대출금리 중 가장 낮은 금리보다 더 낮은 금리로 대여하는 것
> 3. 「재건축초과이익 환수에 관한 법률」에 따른 재건축부담금의 대납
> ▶1천만원 이하 과태료(법 140조1항2호)

(3) 시·도지사, 시장, 군수 또는 구청장은 신고센타 설치·운영 가능 〈신설 2023. 12. 26.〉

나. 어긴 경우 행정제재(制裁)(법113조의2, 113조의3)

(1) 선정 취소 명령, 과징금 부과(113조의2)
- 시공자가 제공·제안 금지 어기면(용역업체가 한 금품제공 포함), 시·도지사는 **시공자선정 취소명령** 또는 공사비 20% 이하에서 과징금 부과할 수 있다. 명령을 받으면 시공자선정을 취소해야 한다(1항).

(2) 2년 이내에서 **입찰참가제한 강제**(113조의3)
- "제한할 수 있다"를 "제한하여야 한다"로 개정(2024.1.30) 시행(2024.7.31.)
- 계약(수의계약 포함) 체결 금지(2항)
- 1회에 한하여 과징금으로 갈음 가능(5항)

(3) 금품·향응 수수행위 등에 대한 **조례 신고포상금**(법제142조)
- 위반행위 신고시 서울시 포상금 2억원 이하 지급(조례 제91조)

다. 건설업자와 등록사업자의 관리·감독 의무(법132조의2)

○ 건설업자와 등록사업자는 시공자 선정과 관련하여 홍보 등을 위하여 계약한 용역업체의 임직원이 제132조제1항을 위반하지 아니하도록 교육, 용역비 집행점검, 용역업체 관리·감독 등 필요한 조치를 하여야 한다. 〈개정 2022. 6. 10.〉[본조신설 2018. 6. 12.]

- 건설업자 또는 등록사업자가 제132조의2에 따른 조치를 소홀히 하여 용역업체의 임직원이 제132조제1항 각 호의 어느 하나를 위반한 경우 그 건설업자 또는 등록사업자는 5천만원 이하의 벌금에 처한다(법138조2항). 〈신설 2018. 6. 12., 2022. 6. 10.〉{양벌규정}

라. 허위·과장된 정보제공 등의 금지(법132조의3)

① 건설업자, 등록사업자 및 정비사업전문관리업자는 토지등소유자에게 정비사업에 관한 정보를 제공함에 있어 다음 각 호의 행위를 하여서는 아니 된다.

1. 정비사업 방식에 따른 용적률, 기부채납 비율, 임대주택 건설비율, 임대주택 인수가격, 건축물 높이 제한, 건축물 층수 제한 및 분양가격에 대한 정보를 사실과 다르게 제공하는 행위
2. 객관적인 근거 없이 정비사업 추진에 따른 예상수익 정보를 과장하여 제공하는 행위

> 1. 정비사업 방식에 따른 용적률, 기부채납 비율, 임대주택 건설비율, 임대주택 인수가격, 건축물 높이 제한, 건축물 층수 제한 및 분양가격에 대한 정보를 숨기는 행위
> 2. 객관적인 근거 없이 정비사업 추진에 따른 분담금 추산액 및 예상손실에 대한 정보를 축소하여 제공하는 행위[본조신설 2022. 12. 9.]
>
> ③ 건설업자, 등록사업자 및 정비사업전문관리업자는 제1항을 위반함으로써 피해를 입은 자가 있는 경우에는 그 피해자에 대하여 손해배상의 책임을 진다.
> ④ 제3항에 따른 손해가 발생된 사실은 인정되나 그 손해액을 증명하는 것이 사안의 성질상 곤란한 경우 법원은 변론 전체의 취지와 증거조사의 결과에 기초하여 상당한 손해액을 인정할 수 있다.[본조신설 2022. 6. 10.]

▶과태료 1천만원 이하, 선정취소/과징금/입찰참가제한 없음

마. 신탁업자의 책임 명확히 함

○ 정비사업 계약업무 처리기준이 2024. 9. 5. 개정되면서, 제2조 1호, 2호를 다음과 같이 개정하여, 신탁업자가 시공자선정과정을 총괄하여야 함을 명확히 하였다.

> **제2조(용어의 정의)** 이 기준에서 정하는 용어의 정의는 다음과 같다.
> 1. "조합등"이란 조합(청산인을 포함한다) 추진위원장 또는 사업시행자인 토지등소유자를 말한다.
> 1의2. "사업시행자등"이란 조합등, 토지주택공사등 또는 신탁업자를 말한다.

2. 빈집법

○ 빈집법은 시공자 선정과 관련하여 금품제공 및 금품제공을 받는 행위만 금지하고, 이에 대한 벌칙만 규정

> **제54조(감독 등)** ⑧ 누구든지 주민합의체 대표자, 조합임원의 선임 또는 시공자, 설계자, 정비사업전문관리업자의 선정과 관련하여 다음 각 호의 행위를 하여서는 아니 된다. 〈개정 2019. 8. 20., 2022. 2. 3.〉
>
> 1. 금품, 향응 또는 그 밖의 재산상 이익을 제공하거나 제공의사를 표시하거나 제공을 약속하는 행위
> 2. 금품, 향응 또는 그 밖의 재산상 이익을 제공받거나 제공의사 표시를 승낙하는 행위
> 3. 제3자를 통하여 제1호 드는 제2호에 해당하는 행위를 하는 행위
>
> **제59조(벌칙)** 다음 각 호의 어느 하나에 해당하는 자는 5년 이하의 징역 또는 5천만원 이하의 벌금에 처한다. 〈개정 2022. 2. 3.〉
> 1. 제25조제1항에 따른 토지등소유자의 서면동의서를 위조한 자
> 2. 제54조제8항 각 호의 어느 하나를 위반하여 금품이나 그 밖의 재산상 이익을 제공하거나 제공의사를 표시하거나 제공을 약속하는 행위를 하거나, 제공받거나 제공의사 표시를 승낙한 자

Ⅲ 선정 방법

1. 경쟁입찰 또는 수의계약

가. 도시정비법

○ 사업시행자 지정·고시 후 경쟁입찰 또는 수의계약의 방법으로 선정(법 제29조제6항) → 토지등소유자전체회의 령 제24조제4항이 정하는 바에 따라 <u>추천할 수 있다(동조제7항).</u>

- 추천하면 의무적으로 선정. <u>만일 전체회의에서 추천 안하는 것으로 결의하면, 사견은 신탁회사가 법 제29조제6항에 따르면 된다고 봄</u>
- ★★전체회의는 추천만 한다. 계약은 신탁사 책임

> **령 제24조** ④ 법 제29조제7항에서 "대통령령으로 정하는 경쟁입찰"이란 다음 각 호의 요건을 모두 갖춘 입찰방법을 말한다.
> 1. <u>일반경쟁입찰 · 제한경쟁입찰*</u> 또는 지명경쟁입찰 중 하나일 것
>   *제한경쟁은 조합방식에서는 없음
> 2. 해당 지역에서 발간되는 일간신문에 1회 이상 제1호의 입찰을 위한 공고를 하고, 입찰 참가자를 대상으로 현장 설명회를 개최할 것
> 3. 해당 지역 주민을 대상으로 합동홍보설명회를 개최할 것
> 4. 토지등소유자를 대상으로 제출된 입찰서에 대한 투표를 실시하고 그 결과를 반영할 것

- 시공자는 3억원 이상이므로 지명경쟁 대상이 아님
- 시공자는 <u>일반경쟁입찰(지명×)</u>이 미응찰, 단독응찰로 2회 이상 유찰되면 총회에서 **수의계약** 가능(기준 제26조제2항)

○ "전자조달시스템"(누리장터) 이용대상(필수, 령24조2항))

○ <u>과반수가 직접 출석, 시공자 선정 취소는 토지등소유자 100분의 20 이상이 직접 출석(제45조제7항).〈2024.1.19.시행〉</u>

○ 단, 공공지원 시공자 선정시기는 시·도조례(법 제118조제6항)

- 서울시는 조합설립인가 이후에 총회의 의결을 거쳐 시공자를 선정하도록 하며, 조합은 **시장이 별도로 정하여 고시한 세부기준**에 따라 **설계도서를 작성**하여 시공자를 선정〈2023.7.1. 시행, 2023.12.29. 과반수 의결 삭제〉

나. 빈집법

○ 토지등소유자전체회의 추천시 응하여야 하고, 전체회의는 경쟁입찰 또는 수의계약(2회 이상 경쟁입찰이 유찰된 경우로 한정한다)의 방법으로 시공자를 추천할 수 있다.

○ 신탁업자가 지정개발자인 경우에는 「소규모주택정비사업의 시공자 및 정비사업전문관리업자 선정기준」이 적용되지 않아 결국 도시정비법에 의한 정비사업계약업무처리기준도 적용되지 않음을 유의. 또한 도시정비법 시행령 제24조도 미적용되므로, 지명경쟁, 전자입찰등도 미적용임
 - 결국 전체회의에서 시공자 추천을 위해 경쟁입찰을 하는 경우 구체적 방법은 재량에 맡겨져 있음
 - 단, 전체회의시 과반수가 직접 출석, 시공자 선정 취소는 토지등소유자 100분의 20 이상이 직접 출석(제45조제7항).〈2024.1.19.시행〉(빈집법 제56조에 의해 준용됨)

○ 빈집법 제20조제3항은 "제19조제1항에 따라 지정개발자를 사업시행자로 지정하여 사업을 시행하게 하는 경우 제18조제2항 및 제19조제2항에 따른 <u>고시가 있은 후 건설업자 또는 등록사업자를 시공자로 선정하여야 한다.</u>"라고만 규정하여, 도시정비법과는 다소 다르다. 즉, 도시정비법 제29조제6항은 "제27조제2항에 따른 사업시행자 지정·고시 후 제1항에 따른 <u>경쟁입찰 또는 수의계약의 방법으로</u> 건설업자 또는 등록사업자를 시공자로 선정하여야 한다."라고 하여, 경쟁입찰 또는 수의계약의 방법을 언급하지만, 빈집법에서는 이러한 언급이 없다. 따라서 전체회의에서 추천안하는 것으로 결의하면, <u>신탁회사가 시공자 선정방법은 자유롭게 선택할 수 있다고 본다. 물론 실무에서는 전체회의가 대부분 시공자를 추천하므로 이러한 논의는 실익은 없을 것이다.</u>
 - 다만 빈집법은 추천시 토지등소유자가 30인 이하이면 전체회의에서 별도로 정하는 바에 따라 추천 가능(빈집법 제20조제4항)

2. 수의계약 주의

○ 판례는 다수업체들의 참여 기회를 최대한 보장하는 방식의 선정 절차가 이루어져야 한다고 하므로, 주의를 요한다.

서울북부지방법원 2024.8.21.자 2024카합20149 대의원회 개최금지가처분

주 문
1. 채무자는 2024. 8. 22. 15:00 서울 강북구 L, 2층 채무자 사무실에서 개최 예정인 별지 목록 기재 제5호 안건의 결의를 위한 대의원회를 개최하여서는 아니 된다.
*별지 목록 기재 제5호 안건 : '이 사건 사업의 시공자 선정을 수의계약의 방식으로 진행하는 경우, 이 사건 대의원회에서 그 우선협상대상자 자격을 현장설명회 2회 이상 참석한 업체 중 1회 이상 입찰에 참여한 업체에 부여하기로 하는 것'
2. 집행관은 제1항 명령의 취지를 적당한 방법으로 공시하여야 한다.
3. 채권자들의 나머지 신청을 각 기각한다.
4. 소송비용은 보조참가로 인한 비용을 포함하여 각자 부담한다.

‥ 수의계약의 방식으로 시공자를 선정하는 경우 입찰절차에 관한 규정들이 그대로 적용된다고 보기는 어렵다 할지라도, 앞서 본 조합원 총회의 시공자 선정에 관한 권한 및 선정 과정의 투명성과 공정성은 최대한 보장되어야한다. ‥입찰절차뿐만 아니라 수의계약 절차에서도 위 규정들의 취지에 따라 다수업체들의 참여 기회를 최대한 보장하는 방식의 선정 절차가 이루어져야 한다.

‥ 설령 총회에서 이 사건 컨소시엄과 계약을 체결하지 않기로 결의하더라도 대의원회가 총회에 이사건 컨소시엄과의 계약 체결 건을 반복하여 안건으로 상정하는 방식으로 사실상 조합원들의 시공자 선정 권한을 박탈시킬 수 있으므로, 이는 시공자의 선정과 변경을 총회의 의결사항으로 정한 도시정비법령에 반(反)한다.

‥ 특정업체*가 시공자 선정을 위한 입찰에 참여하였던 유일한 업체라는 이유만으로, 다른업체들에 사업제안 기회를 주는 등의 과정을 거치지 않고 이 사건 컨소시엄을 수의계약 체결을 위한 우선협상대상자로 선정하는 것에 당위성을 부여할 수는 없다.

창원지방법원 마산지원 2019. 10. 16. 선고 2018가합100595 판결
국토교통부의 질의회신 사례집(갑6, 사례집상으로 291면 등)에서, 용적률 변경 등의 경우에 새로운 입찰과정을 거쳐야 한다는 취지도, 용적률 변경과 같이 입찰공고의 사업개요가 변경되는 경우에는 다시 입찰과정을 거치는 것이 도시정비법의 시공자 선정방식에 부합하고 바람직하다는 취지이지, 입찰과정을 거친 다음 용적률이 변경되고 다시 새로운 입찰과정을 거치지 않은 상태에서 수의계약으로 시공자가 선정되었다는 이유만으로, 그 시공자 선정결의가 모두 무효가 된다는 취지는 아닐 것이다. 구체적으로 하자의 중대성에 대한 판단이 추가적으로 필요할 것이다.

사업대행자방식으로의 변경은 조합설립인가 이후라면 조합원 과반수동의로 변경기한의 제한이 없는바, 이미 시공자가 선정된 이후에 사업대행자방식으로 사업시행방식이 변경될 수도 있다. 3회 입찰공고가 있은 후 사업시행방식이 변경되었다면 다시 입찰공고를 해야 한다는 취지의 명시적 규정도 없다. 사업대행자 방식과 달리, 지정개발자 방식의 경에는 다시 경쟁입찰을 하도록 규정하고 있다(현 도시정비법 제29조 제6항). 창원시의 2019. 4. 4.자 조합운영 실태 점검결과 및 시정명령에서도 이 부분이 명시적으로 문제되지 않았다(갑35).

3. 도시정비법상 선정절차 (빈집법은 기준 미적용)

입찰공고(28조)
1. 사업계획의 개요(공사규모, 면적 등)
2. 입찰의 일시 및 방법
3. 현장설명회의 일시 및 장소(현장설명회를 개최하는 경우에 한한다) *그러나 사실상 의무
4. 부정당업자의 입찰참가자격제한에 관한 사항
5. 입찰참가에 따른 준수사항 및 위반(제34조를 위반하는 경우를 포함)시 자격박탈에 관한 사항
6. 그 밖에 사업시행자등이 정하는 사항

- ○ 현장설명회 개최일 7일 전까지 공고(28조)
- ○ 일반 : 전자조달시스템 또는 일간신문, 1회 이상
- ○ 일반경쟁 2회 이상 유찰 시는 수의계약
- ○ 조합원 수 100인 이하는 정관

현장설명회(31조)
1. 설계도서(사업시행계획인가를 받은 경우 사업시행계획인가서를 포함하여야 한다)
2. 입찰서 작성방법·제출서류·접수방법 및 입찰유의사항 등
3. 건설업자등의 공동홍보방법
4. 시공자 결정방법
5. 계약에 관한 사항
6. 기타 입찰에 관하여 필요한 사항

- ○ 입찰서 제출마감일로부터 20일 전까지 개최(31조)
  - 단 내역입찰의 경우 45일 전까지 개최
- ▶ 이사비 등 시공 무관사항 이익 제공 요청 금지
  - 단 **이주비대출이자** 대여 제안 가능(30조2항)
  - 또한 **은행이자로 추가이주비 대여**는 제안 가능 (23.6.16.개정 전에는 **추가이주비 대여**는 재건축은 제외지만 이를 삭제, 다 가능)
- ▶ 대안설계제안 시 적정성 검토(29조)

입찰서(사업참여제안서 포함) 접수 및 개봉 (32조)

- ○ 접수 : 전자조달시스템에서 접수
  - 부속서류는 밀봉한 상태로 접수
- ○ 부속서류 개봉 : 미리 참여자에게 일시 장소 통지
  - 참여자 대표(대리인 가능) 각 1인, 조합임원, 이해관계자 각 1인이 참여한 공개된 장소에서 개봉

토지 및 합동홍보설명회 개최 (34조)

- ○ 토지등소유자에게 통지, 비교표 제공, 사본을 전자게시
- ○ **2회이상 합동설명회 개최(법)**, 개최시는 토지등소유자에게 개최 7일전까지 일시 및 장소 통지(도달, 24.6.27.시행)
- ○ 시공자(용역업체) 개별홍보 불가, 사은품 등의 이익제공 또는 이익제공 약속 불가
- ▶ **합동홍보 이후 구역 내·외 홍보공간 제공**·지정 가능
- ▶ **홍보직원 명단 등록**(서울시 100명당 1인, 최대 20인)
- ▶ **3회 이상(★서울시는 1회)** 개별홍보 적발 시는 입찰무효, 다만, 단독응찰이 되어도 유효한 입찰 성립(24조 준용)

대상자 선정 (35조)

- ○ 총회 의결 (35조)
  - 과반수 직접 출석, 대리인 직참 인정
  - 서면 가능, 단 철회 후 직접 참석 의결하지 않는 한 직참 제외
  - 서면결의서 : 사업시행자가 지정한 기간 장소에서 배부받아 제출(35조3항), 총회안내 시 제출요령 고지 *서면결의서 우편발송 불가
  - 투표 전 설명기회 부여

계약 체결 (36조)

- ▶ 계약서를 작성하여 기명날인하여야 한다.
- ○ 선정 후 3월 이내에 계약 미체결 시 선정 무효가능
- ▶ 계약후 공사비검증 도입

Ⅳ 서울시 정비사업 시공자 선정기준

1. 공공지원 대상

서울특별시 도시 및 주거환경정비 조례
[시행 2024. 3. 15.] [서울특별시조례 제9145호, 2024. 3. 15., 일부개정]

제73조(공공지원의 대상사업) 법 제118조제1항에서 "시·도조례로 정하는 정비사업"이란 법 제25조에 따른 시행자 중 조합이 시행하거나 조합이 건설업자 또는 등록사업자와 공동으로 시행하는 정비사업을 말한다. 다만, 법 제16조에 따라 정비구역의 지정·고시가 있은 날 당시 토지등소유자의 수가 100명 미만이고, 주거용 건축물의 건설비율이 50퍼센트 미만인 도시정비형 재개발사업은 제외한다.〈개정 2023.12.29.〉

◆공공지원대상에 지정개발자 시행은 누락

제77조(시공자 등의 선정기준) ① 법 제118조제6항에 따라 조합은 조합설립인가를 받은 후 총회의 의결을 거쳐 시공자를 선정하여야 한다. 〈개정 2023.3.27., 2023.12.29.〉
② 제1항에 따라 조합은 시장이 별도로 정하여 고시한 서부기준에 따라 설계도서를 작성하여 법 제29조제1항에 따른 경쟁입찰 또는 수의계약(2회 이상 경쟁입찰이 유찰된 경우로 한정한다. 이하 이 조에서 같다)의 방법으로 시공자를 선정하여야 한다. 〈개정 2023.3.27.〉
③ 삭제〈2023.3.27〉 ④ 삭제〈2023.3.27〉 ⑤ 삭제〈2023.3.27〉
⑥ 시장은 정비사업전문관리업자·설계자·시공자 및 법 제118조제7항제1호에 따른 건설업자의 선정방법 등에 대하여 다음 각 호의 내용을 포함하는 기준을 정할 수 있다. 〈개정 2022.12.30.〉
  1. 업체 선정에 관한 세부절차
  2. 업체 선정 단계별 공공지원자 등의 기능 및 역할
  3. 그 밖에 업체 선정 방법 등 지원을 위하여 필요한 사항
⑦ 시장은 제75조제2호에 따른 용역업체의 선정기준 등에 대하여 제6항을 준용하여 정할 수 있다. 〈개정 2022.12.30., 2023.3.27.〉
⑧ ★시장은 법 제25조부터 제28조까지의 방법으로 시행하는 정비사업에서 사업시행자 등이 정비사업전문관리업자·설계자·시공자 등을 선정하는 경우에는 제73조에도 불구하고 제2항, 제6항 및 제7항에 따른 기준을 적용하게 할 수 있다. 〈신설 2023.12.29.〉
부칙 제3조(시공자 등의 선정기준에 대한 적용례) 제77조제8항의 개정규정은 이 조례 시행 후 입찰공고(재입찰공고를 포함한다)를 하는 경우부터 적용한다.

서울특별시 공공지원 정비사업 시공자 선정기준
서울특별시 고시 제2023 – 608호 (2023. 12. 28.)

2. 기준 주요 내용

① 기준 명칭을 「서울특별시 공공지원 정비사업 시공자 선정기준」으로 개정함

② '정비계획' 및 '대안설계' 용어 정의를 신설하고, 정비계획 범위를 넘는 건폐율·용적률·최고 높이의 확대, 정비구역 면적의 증가 및 정비기반시설의 변경은 경미한 변경도 불허하는 것으로 규정함(제2조 제10호 및 제11호 신설)

> **제2조**
> **10.** "**정비계획**"이란 <u>법 제16조에 따라 결정·고시된 계획</u>을 말한다. 다만, 법(법률 제6852호, 2002.12.30. 제정) 부칙 제5조제3항에 따라 정비계획으로 간주된 「주택건설촉진법」제20조의 규정에 의하여 수립된 아파트지구개발기본계획은 제외한다.
> **11.** "**대안설계**"란 정비계획 범위(법 시행령 제13조제4항 및 조례 제11조제1항에 따른 <u>경미한 변경사항은 허용</u>하되, **건축물의 건폐율·용적률·최고 높이의 확대, 정비구역 면적의 증가 및 정비기반시설의 변경은 허용하지 아니한다.** 이하 같다)에서 창의적인 건축디자인, 혁신적인 건설기술 등을 포함하여 제안하는 설계안을 말한다.

③ 이사회 개최전 정비계획 범위 내에서 설계도서 작성하고, 기본설계도면 작성방법을 따름(제4조제1항제2항)

④ 입찰시 ★★**공동주택성능요구서**를 입찰참여자에게 제시함(제4조제3항 신설)

> **제2조 5.** "**공동주택성능요구서**"란 <u>조합원이 원하는 공동주택 성능을 확보하기 위해</u> 조합이 별표 1과 같이 공동주택 요구성능을 기재하여 시공자 선정 전에 제시하는 서류를 말한다.
> - 주택법에는 공동주택성능등급(제39조)만 있지만, 입찰에 요구하는 것은 처음

⑤ 입찰참여자는 **총액입찰**시에는 공사비총괄내역서를 선정된 날로부터 45일내 제출, **내역입찰**시에는 물량내역서 및 산출내역서를 조합에 제출하고, 조합은 이를 검토함(제4조의2 신설)

○ 내역입찰을 포기한 게 아니다.
- 입찰시는 내역서 없어도 선정 후 내역서 제출
○ 조합은 총액입찰, 내역입찰, 사업인가후 내역입찰 중 선택가능하고, **성능요구서**는 모두 요구 가능

⑥ **CM선정**, 조합은 시공자 선정 전에 원활한 정비사업 추진을 위해 건설사업관리 업무 등에 관하여 건설엔지니어링사업자에 자문할 수 있음(제5조제3항)

⑦ 급격하고 과도한 공사비 증액을 방지하기 위하여 <u>최초 사업시행계획인가 이후 분양공고 전에 조합은 검증기관에 **공사비 검증을 요청**</u>하여야 하며, 검증보고서를 총회에서 공개 후 변경계약 체결 의결받아야 함(제5조제4항 및 제7항)

○ **공사비 검증**
→ 최초 사업시행인가 이후 분양공고 전에 검증기관(한국부동산원, sh공사)에 공사비 검증(필수) 요청하고, 이를 공공관리자에게 알려야 함
→ 검증보고서 총회에서 공개, 변경계약은 총회 의결
→ **시공자는 공사비 증액 계약을 요청하는 경우 사전에 공공지원자에게 신고(필수)** 이 경우 공공지원자는 공사비 검증절차 필요 여부 검토하여 조합, 시공자, 시장에게 통지(필수)(제5조제8항)

○ **도시정비법 제29조2의 내용**
(1) 도시정비법이 <u>2019. 4. 23 법률 제163838호로 개정되면서 제29조의2가 신설되었고</u>, 구 도시정비법 부칙(2019. 4. 23. 법률 제163838호, 이하 '구 도시정비법 부칙'이라 한다) 제1조에 따라 신설된 도시정비법 제29조의2 규정은 <u>2019. 10. 24.부터 시행되었는데</u>, 구 도시정비법 부칙 제2즈에서는 '제29조의2의 개정규정은 <u>이 법 시행 후 공사비를 증액하거나 토지 등 소유자 또는 조합원의 검증 의뢰에 따라 사업시행자가 공사비 검증을 요청하는 경우부터 적용한다.</u>'고 규정하고 있다.
(2) 구 도시정비법(2019. 4. 23. 법률 제163838호로 개정된 것) 제29조의2 규정을 살펴보면, 제1항에서 '재개발사업·재건축사업의 사업시행자(시장·군수등 또는 토지주택공사등이 단독 또는 공동으로 정비사업을 시행하는 경우는 제외)는 시공자와 계약 체결 후 다음 각 호의 어느 하나에 해당하는 때에는 제114조에 따른 정비사업 지원기구에 **공사비 검증을 요청하여야 한다.**'고 규정하고 있다.

(3) 그 위임에 따른 정비사업 <u>공사비 검증 기준은 2019. 11. 18. 국토교통부고시 제2019-647호로 제정되었다.</u>

(4) 위와 같은 도시정비법 제29조의2 및 구 공사비 검증 기준 등의 내용에 비추어 보면, 조합원들의 비용분담과 직결되는 사안인 공사계약 체결이나 공사비 변경(증액)계약의 체결은 조합원들의 이해관계에 중대한 영향을 미치게 되므로 공사비에 대하여 객관성·합리성·공정성을 담보하기 위해 조합과 이해관계가 없는 정비사업 지원기구 등에 의한 공사비 검증 절차를 거치도록 하고, 나아가 정비사업 관련 비리도 근절하고자 하는데 위 규정의 입법 목적과 취지가 있다고 봄이 상당하다.

○ 미검증시 도급계약효력
 - 절차위반으로 위법하다는 판결(즉, 결국 관리처분계획이 취소된 판결)

서울행정법원 2021. 9. 24. 선고 2020구합64361 판결 [관리처분계획 일부 취소]

피고는 도시정비법 제29조의2 제1항 제2호 가목에 따라 적어도 이 사건 정기총회가 개최되기 이전까지는 도시정비법 제114조에 따른 정비사업 지원기구(또는 한국감정원 및 한국토지주택공사에 이 사건 3차 수정계약에 대한 공사비 검증 요청을 하였어야 한다. 그럼에도 피고는 도시정비법 제29조의2 규정에 의한 공사비 검증 요청을 하지 아니한 채 이 사건 3차 수정계약에 따라 변경된 평당 공사계약금액과 대지조성 및 건축시설공사비를 반영한 관리처분계획(안)을 이 사건 정기총회 안건으로 상정하여 의결하였는바, <u>위 관리처분계획(안) 중 이 사건 쟁점 관리처분계획 부분에 대한 총회의결에는 공사비 검증 요청 절차가 누락된 절차상 하자가 존재한다.</u>

금지규정이므로 개별사안별로 판단하여야 한다는 판결

부산지방법원 2023. 5. 17. 선고 2021가합49693 판결 [공사비변경계약무효확인] 확정

이 사건 조항은 정비사업의 사업시행자에게 일정한 요건에 따라 공사비 검증요청을 할 의무를 부여하고 있고, 시공자가 변경계약을 체결할 때 공사비 검증과 관련하여 어떠한 조치를 하여야 한다는 규정을 두고 있지 아니하다. 즉, 이 사건 조항은 위와 같은 사업시행자의 의무를 규정한 조항으로서 공사비 검증 요청이 이루어진 후 공사계약이 체결되는 것을 간접적으로 장려하는 것이지, 공사비 검증절차를 거치지 않은 채 공사계약을 체결하는 행위 자체를 금지하는 형태로 규정되어 있지 않다. 나아가 이 사건 조항을 포함한 도시정비법에는 제29조의2 제1항 각호의 요건을 충족함에도 공사비 검증절차를 거치지 않은 사업시행자와 시공자와의 법률행위의 효력에 관하여 아무런 규정이 없다. 따라서 이 사건 변경계약의 효력에 관하여는 위에서 본 법리를 바탕으로 구체적 판단이 필요하다.

동지 서울남부지방법원 2024. 2. 8.자 2023카합20435 결정 [임시총회 효력정지 가처분신청서]

> 결론 : 가급적 공사비 검증을 엄격하게 해석하여 검증을 받는 것이 분쟁 예방.
> 미검증시 관리처분 인허가청에서 검증을 요구하면 시간만 낭비

⑧ 선정계획 결정(제7조)

> ○ 선정계획안 작성 → 이사회 의결 → 공공지원자 검토(3일 이내 회신) → 검토 반영하여 대의원회 의결

⑨ 대안설계 제안 시 조합이 작성한 원안설계와 비교할 수 있도록 원안 공사비 내역서를 함께 제출, 대안내용을 반영하여 계약을 체결하여야 하고, 대안설계에 따라 후속절차가 이행되는 과정에서 기간연장, 공사비 증액 등으로 추가 발생하는 비용은 건설업자등이 부담(제9조)

⑩ 원스트라이크아웃제도

> 제10조 ③ 입찰참여자가 제4조제2항 또는 제9조제1항을 위반하여 **설계 또는 대안설계 등을 제안**한 경우와 제15조제3항을 위반하여 조합원 등을 상대로 **개별적인 홍보, 사은품 제공 등을 한 행위**가 1회 이상 적발된 경우에는 해당 입찰참여자의 입찰 참가는 무효로 본다.
> ④ 조합은 제1항부터 제3항에 따라 입찰 참가를 제한받거나 입찰 참가가 무효로 된 건설업자등과 계약(수의계약을 포함한다)을 체결해서는 아니 된다.
> →정비사업 계약업무처리기준은 3회 개별홍보 위반 시 무효(제13조제1항)

⑪ 건설업자등의 홍보 규정을 철저히 준수토록 해당 기준을 명시하고, **홍보직원 등록제, 조합원 100명당 1인으로 하되 최대 20명 이내**(제15조제5항)

⑫ 시공자 선정 과정의 각 단계별로 조합이 제출할 자료 및 시기를 명확히 하고, 대의원회 소집 공고전·입찰 공고 의뢰전·총회 소집 공고 전에 공공지원자의 사전검토를 의무화함(제21조제2항 신설)

⑬ 상위법령에 따른 시장 또는 공공지원자의 감독 규정을 명시함(제24조)

⑭ 금품 제공 등을 하거나 건설업자등의 홍보 규정을 위반한 경우에 시장은 **시공자 선정 취소 명령** 등을 할 수 있고, 해당 업체 현황을 매년 공개할 수 있도록 함(제25조 신설)

다. 최근 사례

□ **제동 걸린 여의도 OO 재건축, 제2의 'OO구역' 사태?**

미디어펜 2023-10-17

하지만 업계에서는 이번 일에 대해 정비사업 준공 경험이 없는 OO부동산신탁의 경험부족이 드러났다는 분석이다. 한 업계 관계자는 "OO부동산신탁이 기본 중에 기본도 하지 않았다. 이같이 중요한 부분은 사전에 서울시와 협의했어야 했다"고 질타했다.

□ **재개발 입찰참여확약서 강요 … 또다른 수의계약 꼼수**

현장설명회 이후 7일 안에 제출조건 내걸어

경쟁막아 유찰 유도 … "현설보증금과 유사"

하우징헤럴드 2024.2.8.

최근 시공자 선정 입찰공고에 입찰 참여자격으로 내걸고 있는 입찰참여확약서가 빠른 수의계약을 유도하기 위한 꼼수로 활용되고 있다.

지난해부터 정비사업 시공자 입찰공고에서는 입찰 참여자격에 정해진 기한 내 입찰참여확약서 제출을 요구하는 현장들이 나타나고 있다.

 서울시 정비사업 표준공사계약서 주요 내용(국토부안과 비교)

1. 적용범위

○ 「서울특별시 공공지원 정비사업 시공자 선정기준」 및 동 기준을 공공지원 대상사업 뿐 아니라 건설업자, 등록사업자, 신탁업자 등이 시행하는 사업에도 적용토록 「서울특별시 도시 및 주거환경정비조례」를 개정하는 등 시공자 선정 및 공사계약 관련 제도를 개선함

○ 서울시는 국토교통부의 표준계약서를 토대로 일부 조항 변경 및 추가

> ① **공동주택성능요구서 요구**(국토부는 품질사양서) (제2조제11호)
> ② 검증기관에 한국부동산원외에 SH공사 추가 (제2조제12호)
> ③ 실착공일 국토부는 협의, 서울시는 "이주가 완료된 날로부터 00일 이내" (제7조제2항)
> ④ ★분양공고 전 공사비 검증 의무화, 최종 검증은 입주 1년 전에 착수 (제8조의2)
> ⑤ ★일반분양 후 공사비를 증가시킬 수 있는 설계변경 지양 (제22조의4제4항)
> ⑥ 지질상태에 따른 계약금액 조정방법 명확히 규정(상이 발견시 즉시 보고 → 0일 이내에 금액조정 증빙서류 제출, 공사지연시 수정예정공정표 제출) (제25조제2항)
> ⑦ ★증액계약의 사전신고 (제26조의2)
>   - 증액 요청하려면 공공지원자에게 신고하여 검토를 받아야 한다.
>   - 검증 필요 인정 시, 검증절차 이행, 검증결과 총회 공개하고 변경계약 의결
> ⑧ ★계약당사자의 의무와 책임, 분쟁발생 시 (제47조제3항, 제4항)
>   - 국토부 제47조제3항(공사중단 조항)은 오히려 조합에 너무도 불리함, 최고 독소조항임
>   - 착공지연 및 공사중단 봉쇄 필요
> ⑨ 조합이나 시공자는 공공지원자에게 조정신청 가능, 코디네이터 파견 등 (제60조제4항)
> - 국토부는 도시분쟁조정원회 조정(필수) → 합의안되면 중재 신청(필수)

2. 주요 내용

(1) 조합 임원 연대보증 폐지
○ 구 국토부 표준계약서에는 첫페이지 개요 뒷부분에 조합임원의 연대보증을 요구하였으나, 이를 삭제

(2) 시공자가 입찰제안서에 제시한 공사비도 시공자 부담 명시 (제6조제3항제18호)
○ 과거에는 입찰제안서에 기재한 후에 계약서에 누락시키는 방법으로 시공자들이 부담 안함, 이러한 폐단을 근절

○ 입찰제안서도 계약의 일부임을 간접적으로 표현

(3) 입찰방법 (제6조)
○ 시공자 선정에 앞서 「주택의 설계도서 작성기준」 제5조에 따른 기본설계도면에 준하는 설계도면을 준비하고, ①**내역입찰**로 시공자를 선정하거나, ②**총액입찰 후 선정된 시공자로 하여금 산출내역서를 제출**하도록 하여야 함. 이 경우 입찰유의서에 "시공자는 선정된 날로부터 OO일 내 산출내역서를 도급인에게 제출해야 함"을 명시해야 하며, 산출내역서를 첨부하여 계약을 체결하여야 함

(4) 계약문서 (제8조)
○ "입찰제안서, 홍보물 등 "수급인"이 "도급인" 또는 "도급인"의 조합원에게 제출한 문서"도 계약문서로 명시

○ 위 문서들이 계약의 일부가 되는 근거 조문

(5) ◆공사비 검증 (제8조의2) (서울시만)
○ "수급인"은 최초 사업시행계획인가 이후 OO일 이내에 「서울특별시 공공지원 시공자 선정기준」 제5조제4항에 따라 계약 체결 시점부터 사업시행계획인가 시점까지의 설계변경 등 공사 변동사항을 모두 반영한 **산출내역서를 제출**하고, "도급인"은 "검증기관"에 「도시 및 주거환경정비법」 제72조에 따른 **분양공고 전 공사비 검증을 요청하여야 한다.**

○ 검증보고서 총회 공개 의무, 변경계약에 대한 총회 의결

(6) 계약보증금 의무화 (제12조)
○ 계약보증(보증서 가능)은 상대방의 계약이행의무 담보임, 단 합의로 생략 가능

○ 입찰보증은 낙찰자의 계약체결의무 담보임
 - 입찰보증은 계약보증과 다르므로, **입찰보증금을 받았어도 계약보증 담보 필요**

(7) 위약금 (제13조)
○ **수급인 귀책사유로** 계약이 해제 또는 해지된 경우 <u>계약보증금은 "도급인"에게 귀속한다.</u> ★★이 조항이 없으면 시공자가 횡포를 부림

(8) 거주자 이주 (제15조)
○ 제21조에 의하면 이 일정을 어기면 <u>제반 사업경비 대여 중지 사유</u>가 되므로, 매우 신중하게 기간을 결정하여야 한다.

(9) 건축물 등의 철거 (제16조)
○ "수급인"은 이주완료 후 ○개월 이내에 철거를 완료하여야 한다.

○ <u>수목, 골재 등 부산물은 "도급인"에게 귀속</u>

○ "도급인"과 "수급인"은 본 사업부지 내의 전기, 통신, 가스, 상·하수도 등 공급시설에 대하여는 당해 시설물 관리권자와 협의하여 제1항에 따른 철거계획에 반영하여야 한다.

(10) 도급인의 필요에 의한 설계변경 (제22조의4제4항)
○ <u>일반분양 후 공사비를 증가시킬 수 있는 설계변경 지양</u>, 이후 천재지변 등으로 인해 공사비 상승 시 <u>입주예정일 1년 전에 변경 내역을 확인하도록 함</u> (국토부는 없음)

(11) 물가변동 (제24조)
○ 3% 이상 변동 시 국가계약법 시행규칙 제74조에 따른 지수조정률

○ 다만, 실착공 이후에는 물가변동 ×, BUT 특정규격 자재는 실착공 이후에도 **인정**(국가계약법시행령 제64조제6항은 5/1000 초과, 15/100 이상)

> ○ 법원은 물가변동에 따른 계약금액 증액 배제는 무효라고 하나, 사건은 일반적인 경우에 모두 적용은 어렵다고 봄
>
> **부산고등법원 2023. 11. 29. 선고 2023나50434 판결 [선급금 반환] 상고**
> 대법원2024. 4. 4. 심리불속행기각 2023다313913
>
> **건설산업기본법 제22조** ⑤ 건설공사 도급계약의 내용이 당사자 일방에게 현저하게 불공정한 경우로서 다음 각 호의 어느 하나에 해당하는 경우에는 그 부분에 한정하여 무효로 한다. 〈신설 2013. 8. 6., 2020. 6. 9.〉
> 1. <u>계약체결 이후 설계변경, 경제상황의 변동에 따라 발생하는 계약금액의 변경을 상당한 이유 없이 인정하지 아니하거나 그 부담을 상대방에게 떠넘기는 경우</u>
> 2. 계약체결 이후 공사내용의 변경에 따른 계약기간의 변경을 상당한 이유 없이 인정하지 아니하거나 그 부담을 상대방에게 떠넘기는 경우
> 3. 도급계약의 형태, 건설공사의 내용 등 관련된 모든 사정에 비추어 계약체결 당시 예상하기 어려운 내용에 대하여 상대방에게 책임을 떠넘기는 경우
> 4. 계약내용에 대하여 구체적인 정함이 없거나 당사자 간 이견이 있을 경우 계약내용을 일방의 의사에 따라 정함으로써 상대방의 정당한 이익을 침해한 경우
> 5. 계약불이행에 따른 당사자의 손해배상책임을 과도하게 경감하거나 가중하여 정함으로써 상대방의 정당한 이익을 침해한 경우
> 6. 「민법」 등 관계 법령에서 인정하고 있는 상대방의 권리를 상당한 이유 없이 배제하거나 제한하는 경우
>
> **건설산업기본법 제22조 제5항**이 일정한 경우 도급금액 증액 금지 약정을 무효로 하도록 정하고 있는데, **이는 현저히 불공정한 거래행위를 규제하기 위한 강행규정이다.** 이 사건 도급계약은 당초 2020. 7. 17.에 착공연월일 2020. 8. 1., 준공연월일 2021. 7. 31.로 정하여 체결되었다. 그러나 인근 주차타워 공사가 예상보다 늦게 진척되자, 원고는 2021. 4.경 피고 B에게 이 사건 공사의 착공을 연기할 것을 요청하였고, 피고 B도 이를 받아들였다. 그러나 <u>착공이 8개월 이상 늦추어지는 사이에 원자재인 철근 가격이 2배 가량 상승하였는데</u>, 수급인인 피고 B의 귀책사유 없이 원고측 사정으로 착공이 연기되었음에도 불구하고 위와 같은 원자재 가격의 대폭적인 인상을 도급금액에 전혀 반영할 수 없다면 이러한 건설공사 도급계약의 내용은 계약금액의 변경을 상당한 이유 없이 인정하지 아니함으로써 수급인인 B에게 현저히 불공정한 경우에 해당한다.

(12) 지질상태에 따른 계약금액의 조정 (제25조)

○ 굴토공사 시 현장 지질상태가 "도급인"이 제공한 지질조사서와 상이하여 공법변경이 불가피하거나 공사가 지연되는 경우 또는 폐기물이 매립된 경우에는 계약금액의 조정을 요구

★지질조사서 제대로 작성 제공, 특히 불소, 비소 포함 여부

> **재개발·재건축사업 '불소 오염토' 처리비용 '눈덩이'**
> **… 사업지연·공사비 증가 '악순환'… 대책은 없나**
> 하우징헤럴드 최진 기자 승인 2024.02.21
> 국내 지반 대부분 화강암, 서초·강남구 등 불소오염, 방배00구역 600억 부담
> 조합원 1인당 4천만원선, 청담00도 400억 지출
> 평가기준 선진국보다 10배, 업계 "합리적 기준 절실"
>
> 개정 토양환경보전법 시행규칙(이하 "개정 시행규칙")이 2024년 12월 12일부터 시행. 개정 시행규칙에 따르면, 불소의 토양오염우려기준이 크게 완화됨(주거지역 기존 400mg/kg에서 개정 800mg/kg으로 완화)

(13) ◆증액계약의 사전 신고 (제26조의2) (서울시만)

○ "수급인"은 "도급인"에게 계약금액의 증액을 요청하려면 사전에 공공지원자에게 신고하여 검토를 받아야 한다.

○ 공공지원자가 공사비 검증이 필요하다고 인정하여 "도급인"과 "수급인"에게 통지한 경우 "도급인"과 "수급인"은 공사비 검증절차를 이행할 수 있으며, 이 경우 검증결과를 총회에 공개하고 변경계약 체결에 관한 총회 의결을 받아야 한다.

(14) 브랜드 사용권 명시 (제28조제2항)

○ "도급인" 또는 "도급인"이 지정하는 자가 "수급인"의 상호 및 "수급인"이 등록한 상표(브랜드 등)를 사용하고자 할 경우에 "수급인"은 사용 동의한 것으로 인정한다.

(15) 조합원 분양분 중도금 납부 (제29조제2항)
○ 서울에서는 실무상 조합원들에게 중도금은 납부시키지 않는 경향

○ 중도금 납부 여부 신중히 결정(입찰지침서에 명시할 것)

(16) 미분양시 대물변제 가능 (제30조제2항)
○ 일반분양시설의 ○%를 차감한 가격을 대물변제가격으로 한다.

(17) 공사자재 검사(제31조)
○ 감리가 검사, 제대로 검사하는지 철저 감시

(18) 공사감독원 지명 (제32조)
○ 꼭 공사감독원을 지명할 필요가 있다.

○ 나아가 감리를 감독할 필요도 있다(감리계약 시 제32조 삽입).

(19) CM 활용 (제33조)
○ 「건설산업기본법」에 따른 건설사업관리자를 선정할 수 있으며, 이 경우 "수급인"은 해당 건설사업관리자가 적극 협조하여야 한다.

(20) 수급인 공사현장대리인(현장소장) (제34조)
○ 현장소장이 매우 중요, 추천권을 창출하기를 권고

(21) 하수급인 철저 검증 (제38조제4항)
○ "도급인"은 제3항의 규정에 의하여 건설공사의 시공에 있어 부적격한 하수급인이 있는지 여부를 판단하기 위하여 하수급인의 시공능력, 하도급 계약 금액의 적정성 등을 심사할 수 있다.

(22) 공사기간 연장 (제39조)
○ 원자재 수급불균형 : 어떤 경우에 이에 해당하는지를 명시할 필요 있음

(23) 도급인의 계약해제 및 수급인 인도의무 (제41조)

○ 계약해제 시 대여금에 대한 처리는 규정이 없음, 이 경우는 법정이자가 원칙임, 그런데 제17조(사업경비의 대여) 제20조(조합운영비의 대여)에 따른 대여 시 별도의 차용증을 요구할 것으로 예측, 이때 해지시 반환금 지연시 금융기관의 연체이자를 요구하는 경우가 있음을 유의

---

1. 정당한 이유 없이 제7조제2항에 따른 착공시일을 경과하고도 공사에 착수하지 아니할 경우

2. "수급인"의 책임 있는 사우로 인하여 준공기일내에 공사를 완공할 가능성이 없음이 명백한 경우

3. 제48조제1항의 규정에 의한 지체상금이 계약보증금 상당액에 달한 경우로서, 공사기간을 연장하여도 공사를 완공할 가능성이 없다고 판단되는 경우

4. 「정비사업 계약업무 처리기준」 및 「서울특별시 공공지원 시공자 선정기준」을 위반하거나 입찰에 관한 서류 등을 허위 또는 부정한 방법으로 제출하여 계약이 체결된 경우

5. "수급인"의 부도·파산·해산·**영업정지**·등록말소 등으로 인하여 계약이행이 곤란하다고 판단되는 경우 ▶위 사유가 발생하면 별도 판단 없이 조합이 해지 가능해야 함

6. 기타 "수급인"이 계약서, 계약조건 등에 따른 계약상의 의무를 이행하지 아니한 경우 또는 정상적인 계약관리를 방해하는 불법부정행위를 한 경우

▶공사중단 방지가 제일 중요한데, 이 부분에 대해 명확히 해지 사유로 삼지 않은 것은 유감이므로, 이를 보완할 필요 있음. 물론 47조4항위반이므로 6호에 해당한다는 견해도 있음

- 1호에 "또는 도급인의 동의 없이 공사를 일방적으로 중단하는 경우"를 추가할 필요가 있음

③ "수급인"은 제2항의 규정에 의한 계약의 해제 또는 해지 통지를 받은 때에는 다음 각 호의 사항을 이행하여야 한다.

1. 당해 공사를 지체없이 중지하고 모든 공사용 시설·장비 등을 공사 현장으로부터 철거하여야 한다.

▶유치권 배제 조항을 명확히 두는 것이 타당

(24) 사정변경에 의한 해제 및 해지 (제42조)

○ 정부정책 변화 등에 따른 불가피한 사업취소

○ 관계 법령의 제·개정으로 인한 사업취소

(25) ◆계약당사자의 의무와 책임, 분쟁발생 시 (제47조제3항, 제4항) (서울시만)

> **국토부 표준계약서 제47조**("도급인"의 의무불이행에 따른 "수급인"의 공사정지) ① "수급인"은 "도급인"이 계약문서 등에서 정하고 있는 계약상의 의무를 이행하지 아니하는 때에는 "도급인"에게 계약상의 의무이행을 서면으로 요청할 수 있다.
> ② "도급인"은 "수급인"로부터 제1항에 따른 요청을 받은 날부터 14일 이내에 이행계획을 서면으로 "수급인"에게 통지하여야 한다.
> ③ "수급인"은 "도급인"이 제2항에 정한 기한 내에 통지를 하지 아니하거나 계약상의 의무이행을 거부하는 때에는 해당 기간이 경과한 날 또는 의무이행을 거부한 날부터 공사의 전부 또는 일부의 시공을 정지할 수 있다.
>   **◆조합에 너무도 불리함, 표준계약서 중 최고 독소조항임**
> ④ "도급인"은 제3항에 따라 정지된 기간에 대하여는 제39조에 따라 공사기간을 연장하여야 한다.

○ 제60조에 의한 조정 또는 중재 의무

○ **착공지연 및 공사중단 봉쇄 필요**

> **서울시 표준계약서 제47조** ③ 계약과 관련한 분쟁 발생 시 분쟁의 신속한 해결을 위해 "도급인"과 "수급인"은 신의에 따라 성실하게 제60조의 조정 또는 중재절차에 임하여야 하며, 정당한 사유 없이 조정안 또는 중재안을 거부해서는 아니 된다.
> ④ **"수급인"은 분쟁 발생 또는 분쟁의 미해소 등을 사유로 착공을 지연하거나 공사 중단 또는 시공을 거부할 수 없으며,** 제60조에 따른 조정, 중재 또는 재판에 소요되는 기간을 사유로 하여 공사기간의 연장을 요구해서는 아니 된다.
> ⑤ "도급인"은 조정안 수용을 위한 의사결정을 위해 필요한 경우 적기에 대의원회 소집 또는 총회 개최를 하여야 한다.

(26) 기성율에 의한 공사비 지급 (제49조)
○ "도급인"은 분양대금 등이 입금되는 일자를 기준으로 <u>기성률에 따라 "수급인"에게 공사비를 지급한다.</u>

(27) ◆자동이체 삭제 및 상환순서 명시 (제52조)
○ 공동명의 계좌 개설

○ 입금 후 당일 자동이체 ×

○ 자금은 입금일 기준으로 하여 "도급인"의 대여이자, 대여원금, 공사대금 및 기타자금의 상환순서로 지급한다.
　- 과거에는 무조건 공사비부터 충당

(28) 도시정비법 의한 분쟁조정 (제60조)
○ 조합이나 시공자는 공공지원자에게 조정 신청 가능, 코디네이터 파견 등 (서울시만), 협의미성립 시는 도시정비법에 의한 도시분쟁조정위원회 조정신청 의무

○ 제60조제5항 중재 신청은 삭제가 타당

VI 서울시 질의회신

(1) 법 제29조제9항에서 "시공사와 공사에 관한 계약을 체결할 때에는 기존 건축물의 철거 공사에 관한 사항"과 관련하여 국토교통부에서 "정비구역 내 철거 대상인 모든 건축물과 시설물이 포함"되며, "상하수도, 전기, 가스 등의 철거가 기존 건축물의 철거에 수반되는 경우라면 각 시설물의 관계 법령에 적합한 범위에서 시공자와의 공사계약에 포함"하여야 한다는 유권해석하고 있습니다. (주거정비과-20183호, 2019.12.16.)

(2) [질의] 공공지원 시공자 선정기준 제11조(현장설명회)에 따라 현장설명회를 개최할 경우 현장설명회 참여 업체에 보증금을 받아도 되는지

[답변] 공공지원 시공자 선정기준 제17조제1항에서 "조합은 계약업무 처리기준 제26조에 따른 입찰시 입찰에 참여한 건설업자등에게 입찰보증금을 미리 납입하게 할 수 있다."고 규정하였고, 동 기준 제7조에 따라 조합은 시공자 선정계획안을 이사회 의결을 거쳐 공공지원자의 검토를 받아야 하는바, 시공자 선정 시 투명하고 공정한 일반경쟁의 원칙에 위배되지 않는 범위에서 입찰이 진행되어야 함을 알려드리니, 보다 자세한 사항은 선정계획안, 입찰참여안내서 등 입찰 관련 서류를 종합적으로 검토한 공공지원자인 관할 자치구청장에게 문의하여 주시기 바랍니다. (552호, 2020.1.10.)

(3) [질의] 시공자 선정 입찰 시 개별홍보 금지 시점

[답변] 아울러 동 기준에서는 개별홍보 금지 시점에 대해 별도 규정하고 있지 않으나, 공정하고 투명하게 시공자를 선정하고자 하는 제도(기준 등)의 취지와 목적을 고려할 때, 시기와 관계없이 건설업자등은 조합원을 상대로 개별적인 홍보를 할 수 없을 것으로 판단된다는 국토교통부 질의회신 사례가 있음을 알려드립니다. (2028호, 2020.2.7.)

(4) [질의] 재개발정비사업에서 정비기반시설 설치 공사 업체 선정 시 「정비사업 계약업무 처리기준(이하 '계약업무 처리기준')」과 「공공지원 시공자 선정기준(이하 '선정기준') 적용 여부

[답변] 질의의 정비사업에서 선정하려는 정비기반시설 공사 업체가 「건설산업기본법」 제9조에 따른 건설업자 또는 「주택법」 제7조제1항에 따른 건설업자로 보는 등록사업자에 해당할 경우에는 해당 입찰은 계약업무 처리기준 및 선정기준을 준용하여야 할 것으로 사료됨을 알려드리니, 이와 관련하여 보다 자세한 사항은 정비사업의 인가권자이자, 관련

정비사업의 추진현황을 자세히 알고 있는 관할 자치구청장에게 문의하여 주시기 바랍니다. (3062호, 2020.2.21.)

(5) [질의] 단지 내 주민공동이용시설 등의 공간을 활용해 유명호텔(시공자 그룹사)을 통한 카페 운영 제안 및 단지 지하층 등의 공간을 활용해 특정업처를 통한 조식 서비스 운영 제안이 「도시 및 주거환경정비법」(이하 '도시정비법') 제132조 및 「정비사업 계약업무 처리기준(이하 '계약업무 처리기준') 제30조 위반 여부 등

[답변] **입찰제안서에 조식 서비스 무상 제공, 건강검진 무상제공 등의 컨시어지 제안은 작년 서울시·국토교통부 합동점검 시, 재산상 이익 제공 및 시공과 관련 없는 제안사항으로 입찰무효 등 시정조치가 필요함을 해당 구청과 조합에 통보**한 바 있습니다. 따라서 도시정비법 및 관련 규정의 제정 취지에 부합하는 범위에서 개별 제안 사항들에 대한 위반 여부를 판단하여야 할 것이며, 입찰에 참여하는 건설업자는 시공과 관련 있는 사항의 제안을 통해 경쟁력 있는 양질의 주택 공급을 최우선으로 입찰제안서를 작성·제출해야 할 것으로 사료되오니 참고하여 주시기 바랍니다. (4207호, 2020.3.11.)

(6) 입찰참여자격에 **입찰보증금을 현금납부만을 허용**한 것만으로는 일반경쟁입찰에 위배된다고 보기는 어려울 것으로 사료됩니다. (13654호, 2020.9.15.)

> **정비사업계약업무처리기준 제10조의2(입찰보증금)** ① 사업시행자등은 입찰에 참가하려는 자에게 입찰보증금을 내도록 할 수 있다.
> ② 입찰보증금은 **현금**(체신관서 또는 「은행법」의 적용을 받는 은행이 발행한 자기앞수표를 포함한다. 이하 같다) **또는** 「국가를 당사자로 하는 계약에 관한 법률」 또는 「지방자치단체를 당사자로 하는 계약에 관한 법률」에서 정하는 **보증서**로 납부하게 할 수 있다.
> ③ 사업시행자등이 입찰에 참가하려는 자에게 입찰보증금을 납부하도록 하는 경우에는 입찰 마감일부터 5일 이전까지 입찰보증금을 납부하도록 요구하여서는 아니 된다.

(7) [질의] 사업비 및 이주비 금융비용 등 무이자 지원 가능한지? 시공자 선정 시 공사비 예정가격을 명시하지 않고 진행 가능한지?

[답변] 「정비사업 계약업무 처리기준」 제30조제1항에 따르면 "건설업자등은 입찰서 작성 시 이사비, 이주비, 이주촉진비, 「재건축초과이익 환수에 관한 법률」 제2조제3호에 따른 재건축부담금, 그 밖에 시공과 관련이 없는 사항에 대한 금전이나 재산상 이익을 제공하는 제안을 하여서는 아니 된다.'라고 규정하고 있습니다. 서울특별시 「공공지원 시공자 선정기준」 제4조제1항에 따르면 "조합은 시공자를 선정하고자 하는 경우 제7조 제1항에

따른 이사회 개최 전에 공사입찰에 필요한 설계도서(사업시행계획인가 내용을 반영한 설계도서를 말한다.)를 작성하고 공사원가를 산출하여야 한다."라고 규정하나, <u>예정가격의 명시 여부에 관하여는 별도로 규정된 바 없습니다.</u>

<u>또한, 서울특별시「공공지원 시공자 선정기준」별지 제4호 입찰참여안내서 II. 시공자 선정 입찰 참여 규정 제5조에 따르면 예정가격 이상으로 입찰금액을 제시한 업체는 입찰을 무효로 규정하고 있습니다.</u> 따라서, **정비사업비를 무이자로 대여할 경우에는 시공과 관련이 없는 사항에 대한 재산상 이익을 제공하는 제안으로「정비사업 계약업무 처리기준」위반으로 사료**되며, 공사비 예정가격에 관하여는 예정가격을 반드시 명시하여야 한다는 규정은 없으나, 예정가격 이상으로 입찰금액을 제시한 업체는 입찰을 무효로 하는 등 예정가격은 조합이 시공자 선정 시 합리적인 금액으로 선정하기 위한 비교 지표로 활용하는 점 등을 고려할 때, **예정가격을 명시하는 것이 바람직할 것으로 사료됨을 알려드리니,** 보다 자세한 사항은 정비사업 인가권자이며 공공지원자인 관할 자치구청장에게 문의하여 주시기 바랍니다. (5129호, 2021.4.1.)

(8) [질의] '정비사업 계약업무 처리기준'(국토교통부 고시 제2020-985호)및 '공공지원 시공자 선정기준' (서울특별시 고시 제2019-159호)관련 시공자 선정 입찰공고시 입찰 참여자격을 현장설명회에 참석한 업체로 명시하였음. 1차 공고 후 현장설명회에 1개 업체 참여로 유찰, 2차 입찰공고 후 현장설명회에 같은 1개 업체만 참여시 입찰서 제출마감일까지 남은 절차를 생략하고 총회 의결을 통해 수의계약으로 시공자 선정 가능 여부?

[답변] 서울시 '공공지원 시공자 선정기준'〈별지 제4호 서식〉입찰참여안내서 II. 시공자 선정 입찰 참여 규정 [제5조]에 따르면 8호 규정에 의거, 현장설명회에 참여하지 않았거나 입찰참여안내서를 미수령한 업체는 입찰 무효에 해당한다고 정하고 있습니다.

다만, 서울시 '공공지원 시공자 선정기준' 제19조(입찰참여안내서 등의 작성)에 따르면 조합은 해당 정비구역 여건 등에 따라 관계법령 등 및 이 기준과 계약업무 처리기준에 적합한 범위에서 별지 제3호 및 제4호의 서식을 수정·보완하여 작성할 수 있다고 규정하고 있습니다.

따라서, 입찰참여안내서 등에 입찰 무효에 관하여 따로 정하는 경우가 아니라면, <u>당해 구역은 현장설명회(2차 입찰 공고)에 1개 업체만 입찰하여 실질적으로 유찰에 해당하므로, 총회 의결을 통해 수의계약으로 시공자 선정이 가능할 것으로 사료되나,</u> 이는 당해 구역 입찰 공고, 입찰참여안내서 및 입찰 진행 과정 등을 면밀히 검토하여 판단해야할 사항임을 알려드립니다. (10229호, 2021.7.1.)

(9) [질의] ①「서울특별시 공공지원 정비사업 시공자 선정기준」(이하 "기준")에 따른 입찰공고를 위한 예정가격 작성이 「도시 및 주거환경정비법」(이하"법")제45조제4항에 따라 조합총회에서 조합원 3분의2 이상의 찬성으로 의결해야 하는 사항인지 여부

② 시공자 선정을 위한 입찰공고 시 예정가격을 공표하지 아니할 수 있는지 여부

[답변] "예정가격"이란 "기준"[별표2]"입찰안내서-시공자 선정 입찰참여 규정"제2조제4호에 정의된 바와 같이 "발주자인 조합이 설계도서에 따라 산출한 공사원가 범위 안에서 입찰공고 시 공표한 입찰금액의 기준이 되는 가격"을 말하므로, 조합은 시공자를 선정하고자 하는 경우 "기준"제4조제1항에 따라 이사회 개최 전 공사입찰에 필요한 설계도서(정비계획 내용을 반영)를 작성하고 공사원가를 산출한 후 이에 근거하여 예정가격을 작성·공표해야 할 것입니다.

한편, 「도시 및 주거환경정비법」제45조제4항 규정은 같은 조 제1항제9호(사업시행계획서의 작성 및 변경) 및 제10호(관리처분계획의 수립 및 변경)에 대한 총회 의결 시 정비사업비가 100분의 10(생산자물가상승률분, 법 제73조에 따른 손실보상 금액 제외) 늘거나는 경우에 해당하는 사항임을 알려드리니, 당해 정비사업의 시공자 선정 관련 보다 구체적인 사항은 "기준" 제7조에 따라 선정계획안을 작성하시어 공공지원자인 관할 자치구청장과 상의하시기 바랍니다. (2423호, 2024.2.14.)

(10) [질의] **부정행위 입찰참여자 참가 무효 처리방법**

[답변] 부정행위를 한 입찰 참여자의 입찰 참가 무효 처리방법은 "기준"제10조제3항 및 제4항에 따라 입찰참여자가 정비계획 범위를 벗어난 설계 또는 대안설계 등을 제안한 경우 및 조합원 등을 상대로 개별적인 홍보, 사은품 제공 등을 한 행위가 1회 이상 적발된 경우에는 해당 입찰참여자의 입찰 참가는 무효로 보는 것이며, 조합은 입찰참가가 무효로 된 건설업자등과 계약을 체결해서는 아니 됩니다. "기준"제7조에 조합은 시공자를 선정하려는 경우 "입찰기준 등 위반자에 대한 입찰 무효 또는 시공자 선정 취소에 관한 사항"을 포함한 선정계획안을 작성하여 이사회 의결 및 공공지원자의 검토를 받도록 규정되어 있고 제23조에는 공공지원자 및 조합이 입찰공고부터 시공자 선정 완료시까지 부정행위 단속반과 신고센터를 운영하게 되어 있으므로, 부정행위 신고 접수 시 해당 입찰참가자의 무효 확인 및 처리에 관한 구체적인 사항은 선정계획안을 작성하시어 해당 정비사업의 공공지원자인 구청장과 상의하시기 바랍니다. (1962호, 2024.2.5.)

(11) [질의] 시공자 선정 입찰 시 입찰에 참여한 건설업자 등이 주택건립 **세대 수 변경(증가)이 포함된 대안설계 제안 가능 여부**와 상업지역 내 정비사업으로서 주택건립 세대 수

가 증가되어 주거시설 대비 판매(업무시설)비율이 변경되는 경우 도시계획위원회 심의 대상 여부

[답변] 「서울특별시 공공지원 정비사업 시공자 선정기준」(이하 "기준")제2호제11호 및 제9조에 의거 시공자 선정 입찰에 참여하는 건설업자등은 정비계획 범위(법 시행령 제13조제4항 및 조례 제11조제1항에 따른 경미한 변경사항은 허용하되, 건축물의 건폐율·용적률·최고 높이의 확대, 정비구역 면적의 증가 및 정비기반시설의 변경은 허용하지 아니함)내 창의적인 건축디자인, 혁신적인 건설기술 등을 포함한 대안설계를 제안할 수 있으므로, 주택건립 세대 수 변경이 조례 제11조제1항 제8호에 따른 경미한 변경사항에 해당하고, 또한 <u>이로 인해 건축물의 건폐율·용적률·최고 높이의 확대, 정비구역 면적의 증가 및 정비기반시설의 변경이 수반되지 않는다면 기준 제2호제11호에 따른 대안설계에 해당할 것으로 사료되며,</u>

또한, 「도시 및 주거환경정비법」에 따른 정비사업에서 정비계획이 변경될 경우 도시계획위원회 심의여부는 변경사항이 동법 시행령 제13조제4항 및 조례 제11조제1항에서 정한 경미한 사항에 해당하는지 검토해야 하므로 구체적인 사항은 관련 서류를 갖추어 해당 사업의 공공지원자로서 선정계획(안)을 검토할 의무가 있으며 정비계획(변경)입안권자인 관할 자치구청장과 상의하시기 바랍니다. (5293호, 2024.3.29.)

(12) [질의] 입찰지침서(입찰참여안내서)에 <u>"입찰제안서 제출 후 제안내용과 다르게 홍보한 업체"</u>에 대해 대의원회 의결을 거쳐 입찰을 무효로 할 수 있다고 되어 있을 경우 시공사가 입찰제안서 내용과 다르게 홍보할 시 입찰 무효 가능 여부와 현재 3개사가 입찰에 참여한 상태로 1개사가 입찰제안서 내용과 다르게 홍보하여 입찰 무효가 되어 2개사만 남았을 경우 시공자 선정 총회 진행이 가능한지, 입찰 무효 최종 결정은 입찰지침서에 대의원회 의결을 거쳐 결정할 수 있다고 되어 있는데, 만약 조합에서 입찰지침 위반을 인지하고서도 고의적으로 대의원회 개최 등의 절차를 이행 안할 경우 조합이 업무상배임 등에 해당되는지

[답변] 공공지원 시공자 선정기준 제7조에 따라 선정계획안에 "입찰기준 등 위반자에 대한 입찰 무효 또는 시공자 선정 취소에 관한 사항"등을 포함하여 공공지원자의 검토를 받아 대의원회에서 선정계획을 의결·확정하게 되어 있고,

동 기준 제11조에는 입찰참여안내서에 "입찰의 무효에 관한 사항"등을 포함하여 현장설명회를 개최하여야 한다고 규정함에 따라, 질의의 경우와 같이 입찰참여안내서의 입찰 무효에 관한 사항에 해당할 경우 선정계획 및 <u>입찰참여안내서에 따라 입찰 무효가 가능할 것</u>

으로 사료되며, 정비사업 계약업무 처리기준 제6조제2항에서 일반경쟁입찰을 하는 경우 2인 이상의 유효한 입찰참가 신청이 있어야 한다고 규정함에 따라 **입찰이 유효한 시공사가 2개사라면 총회 진행이 가능할 것임**

아울러 시공사가 입찰제안서 내용과 다르게 홍보하여 입찰참여안내서(입찰지침서)상의 입찰 무효 사항임을 조합이 인지하고서도 고의적으로 대의원회 개최 등의 절차를 이행 안하고 강행할 경우 업무상배임 해당 여부에 대해서는 정확한 사실관계에 근거, 해당 정비사업의 정관, 민법 및 형법 등 관련 법령을 면밀히 검토하여 정비사업 관련 전문 변호사 자문 또는 당해 정비사업의 인가권자이자 공공지원자인 관할 자치구청장에게 문의하여 주시기 바랍니다. (19317호, 2019.12.2.)

(13) **마감재 등 변경 시 의결방법 및 시공자 동의 여부**

[질의] 계약된 시공자에게 내·외장재에 대해 조합에서 추천 또는 조합집행부(이사)와 조합원등이 선호하는 절차를 거쳐 특정 자재 품목을 지정하거나 업체를 추천하는 것이 「도시 및 주거환경정비법」(이하 '도시정비법') 위반인지, 총회에서 마감자재의 선정·변경을 대의원회 의결사항으로 결의한 경우, 마감자재 변경 시 이사회와 대의원회 의결을 거쳐서 처리가능 한지, 아니면 총회 의결을 반드시 거쳐야 하는지, 자재 변경에 따라 추가로 드는 비용 등을 조합에서 부담한 다고 할 경우, 자재 변경에 대해 시공자의 동의가 꼭 필요한 것인지

[답변] 도시정비법 제45조 및 제46조, 같은 법 시행령 제42조 및 제43조에서 반드시 총회에서 의결해야 할 사항(대의원회가 총회의 권한을 대행할 수 없는 사항)을 규정하였으며, 이어 따라 "정비사업비의 변경"에 관한 사항은 반드시 총회 의결을 받아야 함(※ 정비사업비 : 건축물의 철거 및 새 건축물의 건설에 드는 공사비 등 정비사업에 드는 비용) 또한, 도시정비법 제40조 및 같은 법 시행령 제38조, 서울시 도시정비 조례 제22조에서 조합 정관의 기재사항 등에 대해 규정하고 있어, 해당 조합의 정관에서 총회, 대의원회, 이사회의 사무에 관한 사항 등이 확인 가능할 것으로 사료되는 바, 해당 조합 정관, 구체적 진행 내용 등 관련 자료를 면밀히 검토하여 판단하여야 할 사항으로, 해당 자료를 구비하시어 정비사업의 인가권자인 관할 자치구청장에게 문의하여 주시기 바라며, 자재 변경에 대한 시공자 동의에 관한 사항은 공사도급계약서에 다라 조합과 시공자 간에 상호 협의하여 결정해야 할 것으로 사료됨을 알려드립니다. (8371호, 2020.6.10.)

(14) [질의] 시공자 선정 시 **공동도급 불가를 명시**하되, 단서 조항으로 동일 브랜드를 사용하는 건설사의 공동도급만 예외로 허용하는 경우 적법 여부?

[답변] 시공자 선정을 위한 일반경쟁 입찰공고 시 "공동도급 불가" 조건 부여 관련, "「도시 및 주거환경정비법」(이하 '도시정비법') 및 하위규정에 시공자 선정을 위한 일반경쟁 입찰공고 시 공동도급 여부에 대하여 별도로 규정하고 있지 않으므로 공동도급 허용여부는 해당 사업시행자가 판단할 사항"이라는 국토교통부 유권해석 [2018.02.12. 전자민원(접수번호 1AA-1802-090568호)답변참조]이 있음을 알려드리니 참고하시기 바라며, "공동도급 불가를 명시하되, 단서 조항으로 동일 브랜드를 사용하는 건설사의 공동도급은 예외"로 허용하는 경우는 일반경쟁입찰을 적용토록 규정하고 있는 도시정비법령의 취지에 부합하지 않을 것으로 사료됩니다.

다만, 개별사안에 대해서는 현장 여건에 따라 달리 적용될 수 있음을 알려드리니, 이주비 대여 등 정비사업과 관련한 보다 자세한 사항은 정비사업 인가권자이며 공공지원자인 관할 자치구청장에게 문의하여 주시기 바랍니다. (8194호, 2021.5.26.)

VII. 민법 제673조에 의한 시공자 해지

1. 법규정

○ 민법 제673조(완성전의 도급인의 해제권) 수급인이 일을 완성하기 전에는 도급인은 손해를 배상하고 계약을 해제할 수 있다.
 - 임의규정이므로, 다른 약정 가능(임의해지 포기는 시공자 이익, 손해배상면책 약정은 사업시행자 이익)

2. 요건 및 행사

가. 계약 성립 후 일의 완성 전
 - 일의 착수 여부는 불문
 - 목적물의 인도도 요건 ×

나. 행사방법
 - 도급인의 일방적 의사표시로 충분
 - '손해배상의 제공'은 요건 ×

다. 정비사업의 경우 특수성

○ 법 제45조제1항제13호, 령 제42조제1항제4호는 '정비사업비 변경'을 총회 의결사항으로 규정 → 민법 제673조에 의해 해지하면 정비사업비 변경이 초래됨 → <u>해지와 일체를 이루는 손해배상에 관하여 총회의결이 있어야 함</u>

 - 정비사업비 변경 총회 시 10% 이상 늘어나면 3분의 2 이상 의결 필요 주의

> 서울고등법원 2021. 10. 6. 선고 2021나2011839 판결 [시공자 지위 확인의 소]
> [대법원 심불기각]
>
> 피고가 민법 제673조에 따라 이 사건 계약을 해제할 경우 정비사업비의 변경이 초래된다. 따라서 민법 제673조에 따라 피고가 하는 이 사건 계약의 해제가 유효하기 위해서는

그 선행 절차로 그러한 해제 및 해제와 일체를 이루는 손해배상에 관하여 총회 의결이 있어야 한다.

서울고등법원 2018. 2. 1. 선고 2017나2024470 판결 [분양대금반환]

따라서 이 사건 총회에서 민법 제673조에 따른 이 사건 공사계약의 해제에 관하여 유효한 의결이 있었다고 인정하려면, 민법 제673조에 따라 이 사건 공사계약을 해제할 경우 이 사건 조합이 원상회복으로 지급받을 돈의 액수와 원상회복 및 손해배상으로 지급할 돈의 액수가 어느 정도 구체적으로 산정되고 모든 조합원들에게 그 자료가 제공되어 조합원들이 이를 기초로 민법 제673조에 따른 이 사건 공사계약의 해제에 찬성할 것인지를 결정하였어야 할 것인데,

대구지방법원 2022. 1. 27. 선고 2021가합204705 판결 [시공자 지위 확인의 소] 확정

2) 이 사건 해제에 있어 적법한 조합원 총회가 결여되었는지 여부

설령 원고들의 주장처럼 피고 조합이 민법 제673조에 의한 해제권을 행사함에 있어서는 필연적으로 이행이익 상당의 손해배상책임이 발생하고 이는 '정비사업비의 변경'에 해당하므로 도시정비법에 따라 반드시 '그러한 해제 및 해제와 일체를 이루는 손해배상에 대한 유효한 조합원 총회의 의결'을 거쳐야 하며 이를 위해서는 손해액의 액수 등에 관한 설명이 이루어져야 한다고 하더라도, 앞에서 본 바와 같이 피고 조합이 '민법 제673조에 따른 이 사건 계약 해제로 예상되는 손해배상액'을 나름의 성실한 조사와 합리적 근거에 바탕하여 '85.6억 원 내지 301.1억 원'으로 개략적으로나마 예상하고 이를 바탕으로 조합원 총회에서 이 사건 해제를 의결하였으며,

○ 시공자 대응 : 시공자지위확인의소 제기하며, 계약해지 효력을 정지하고 새로운 시공자선정절차를 진행을 금지하는 입찰속행금지가처분 신청

시공자는 피고를 상대로 이 사건 사업약정 해지통보의 무효 확인 등을 구하는 가처분을 신청하였고(부산지방법원 2021카합10195), 위 법원은 2021. 5. 3. 위 임시총회 개최 및 진행방법에 하자가 있어 적법한 총회결의가 없다는 이유로 이 사건 컨소시엄의 신청을 인용하는 결정을 하였다.

○ 손해배상 소송

- 감정료가 문제 : 통상 4억-5억
- 주위적으로 지위확인, 예비적으로 손해배상청구, 이때 증명 정도는 대법원 91다29972 판결 참고
- 시공원가 산정 : 준공된 유사현장의 실행내역서를 토대로 산정, 자료를 감정인에게만 제공하는 경우도 있음(영업비밀)

○ 한편, 사업시행자가 시공자의 대여금 미지급을 이유로 해제하려면 상당한 기간 정하여 이행최고를 하여야 함을 명심

3. 효과

가. 원상회복의무 인정 여부

○ 원상회복이 아니라, 청산관계로 전환이고, 손해배상 문제만 남음

나. 일 완성 의무 소멸, 손해배상의무 발생

> **대법원 2002. 5. 10. 선고 2000다37296,37302 판결**
>
> [1] 민법 제673조에 의하여 도급계약이 해제된 경우, 도급인이 수급인에 대한 손해배상에 있어서 <u>과실상계나 손해배상예정액 감액을 주장할 수 있는지 여부(소극)</u>
>
> [2] 민법 제673조에 의하여 도급계약이 해제된 경우, 수급인의 손해액 산정에 있어서 <u>손익상계의 적용 여부(적극)</u>
>
> [1] 민법 제673조에서 도급인으로 하여금 자유로운 해제권을 행사할 수 있도록 하는 대신 수급인이 입은 손해를 배상하도록 규정하고 있는 것은 도급인의 일방적인 의사에 기한 도급계약 해제를 인정하는 대신, 도급인의 일방적인 계약해제로 인하여 수급인이 입게 될 손해, <u>즉 수급인이 이미 지출한 비용과 일을 완성하였더라면 얻었을 이익을 합한 금액을 전부 배상하게 하는 것</u>이라 할 것이므로, 위 규정에 의하여 도급계약을 해제한 이상은 특별한 사정이 없는 한 도급인은 수급인에 대한 손해배상에 있어서 <u>과실상계나 손해배상예정액 감액을 주장할 수는 없다.</u>

다. 손해배상청구권의 변제기

○ 해제의 의사표시가 수급인에게 도달한 시점

> **대구지방법원 서부지원 2018. 12. 18. 선고 2017가합51802 판결**
>
> 이 사건 도급계약 제16조 제8항은 계약상 대여금 반환채무의 변제기를 입주지정기간 만료일까지로 정하고 있는 사실
>
> 한편, 당사자가 불확정한 사실이 발생한 때를 이행기한으로 정한 경우에는 그 사실이 발생한 때는 물론 <u>그 사실의 발생이 불가능하게 된 때에도 이행기한은 도래한 것으로 보아야 하는바</u>(대법원 2002. 3. 29. 선고 2001다41766 판결 등 참조), 피고가 2016. 4. 1. 이 사건 도급계약의 해지 및 새로운 시공사 선정 의사를 통지함으로써 원고가 이 사건 사업과 관련된 사용검사를 받아 입주기간을 지정하는 것이 불가능하게 되었으므로 2016. 4. 1. 이 사건 도급계약에 따른 대여금 반환채권의 변제기가 도래하였다고 할 것이다.

라. 채무불이행 해제의 의사표시에 민법 제673조에 의한 해제의사표시도 포함되는지 여부

○ 대체적으로 소극

○ 즉, 명확히 예비적으로 민법 제673조에 의한 해지도 포함한다는 점을 표시하는 것이 타당, 이렇게 하면 해지의사표시 효력정지도 기각(서울서부지방법원 2019. 11. 29.자 2019카합50610 결정).

> **서울남부지방법원 2017. 4. 28. 선고 2016가합104075 판결**
> 이 사건 해제통지만으로는 이 사건 조합이 피고에게 이 사건 공사계약에 대해 민법 제673조에 따른 해제의 의사표시를 하였다고 인정하기에 부족하고, 달리 이를 인정할 만한 증거가 없다.

마. 대여금 반환

○ 약정한 이율(무이자, 유이자 불문)이 있으면 그에 따르고, 없으면 법정이자

계약해제 시 가산하여 반환하여야 금액 총 정리		
	① 받은 날로부터 이자가산금	② 해제일 다음날부터 지연가산금
① ② 모두 약정 有	약정 10% ⇨10%	-약정 10% ⇨10% -약정 3% ⇨3%
①만 약정 有	약정 7% ⇨7%	약정× ⇨7%(①과 동일)
	약정 3% ⇨3%	약정× ⇨법정이자
	이자가산 면제 약정 ⇨0%	법정이자
②만 약정 有	법정이자	-약정 7% ⇨7% -약정 3% ⇨3%
① ② 모두 약정 無	법정이자	법정이자

VIII. 기타 쟁점

1. 물가변동에 따른 계약금액 증액 배제 효력

○ 사안을 살펴보면 신의칙에 위배될 정도로 시공자가 억울함, 따라서 무조건 물가변동 배제 특약이 무효는 아니라고 봄

○ 또한 현재 표준도급계약서는 착공 이후에 특수자재는 인정

> **부산고등법원 2023. 11. 29. 선고 2023나50434 판결 [선급금 반환]**
> **대법원 2024. 4. 4. 심리불속행기각 2023다313913**
>
> **건설산업기본법 제22조** ⑤ 건설공사 도급계약의 내용이 당사자 일방에게 현저하게 불공정한 경우로서 다음 각 호의 어느 하나에 해당하는 경우에는 그 부분에 한정하여 무효로 한다. 〈신설 2013. 8. 6., 2020. 6. 9.〉
> 1. <u>계약체결 이후 설계변경, 경제상황의 변동에 따라 발생하는 계약금액의 변경을 상당한 이유 없이 인정하지 아니하거나 그 부담을 상대방에게 떠넘기는 경우</u>
> 2. 계약체결 이후 공사내용의 변경에 따른 계약기간의 변경을 상당한 이유 없이 인정하지 아니하거나 그 부담을 상대방에게 떠넘기는 경우
> 3. 도급계약의 형태, 건설공사의 내용 등 관련된 모든 사정에 비추어 계약체결 당시 예상하기 어려운 내용에 대하여 상대방에게 책임을 떠넘기는 경우
> 4. 계약내용에 대하여 구체적인 정함이 없거나 당사자 간 이견이 있을 경우 계약내용을 일방의 의사에 따라 정함으로써 상대방의 정당한 이익을 침해한 경우
> 5. 계약불이행에 따른 당사자의 손해배상책임을 과도하게 경감하거나 가중하여 정함으로써 상대방의 정당한 이익을 침해한 경우
> 6. 「민법」 등 관계 법령에서 인정하고 있는 상대방의 권리를 상당한 이유 없이 배제하거나 제한하는 경우
>
> 건설산업기본법 제22조 제5항이 일정한 경우 도급금액 증액 금지 약정을 무효로 하도록 정하고 있는데, <u>이는 현저히 불공정한 거래행위를 규제하기 위한 강행규정이다.</u>
>
> 이 사건 도급계약은 당초 2020. 7. 17.에 착공연월일 2020. 8. 1., 준공연월일 2021.

7. 31.로 정하여 체결되었다. 그러나 인근 주차타워 공사가 예상보다 늦게 진척되자, 원고는 2021. 4.경 피고 B에게 이 사건 공사의 착공을 연기할 것을 요청하였고, 피고 B도 이를 받아들였다. 그러나 착공이 8개월 이상 늦추어지는 사이에 원자재인 철근 가격이 2배 가량 상승하였는데, 수급인인 피고 B의 귀책사유 없이 원고측 사정으로 착공이 연기되었음에도 불구하고 위와 같은 원자재 가격의 대폭적인 인상을 도급금액에 전혀 반영할 수 없다면 이러한 건설공사 도급계약의 내용은 계약금액의 변경을 상당한 이유 없이 인정하지 아니함으로써 수급인인 B에게 현저히 불공정한 경우에 해당한다.

2. 도급계약의 성질

○ 이 사건 소비대차계약은 원고가 피고 조합에 이자부 또는 무이자부로 사업추진비 등을 대여하기로 하는 계약으로서, 이 사건 공사계약과 같은 날 하나의 문서로 체결되었다고 하더라도 이 사건 공사계약과는 구분되는 별개의 법률행위이다.

> **서울중앙지방법원 2023. 5. 18. 선고 2021가합554944 판결**
>
> **가. 이 사건 계약의 법적 성질**
>
> 앞서 본 기초사실에 의하면, 이 사건 계약은 이 사건 사업의 원활한 목적달성을 위하여 도급계약과 금전소비대차계약이 혼합된 계약이라고 할 것인데, 일반적으로 도급계약과 소비대차계약은 계속적 계약으로 분류된다. 계속적 계약에서 계약의 해지는 채무자가 채무내용에 좇은 이행을 하기 시작한 후에 있어서만 문제되고, 계속적 계약의 경우라도 채무자가 채무내용에 좇은 이행을 하기 전에는 계약의 해제가 문제된다. 이 사건 계약 중 도급계약에 관하여 보건대, 도급계약의 본질은 건축행위라 할 것이므로 이 사건 계약 중 도급계약의 이행여부는 공사의 착공을 기준으로 판단하여야 한다. 그런데 위 기초사실에 의하면 원고가 공사를 착공하지 않은 상태에서 시공사가 K으로 변경되었으므로, 이 사건 계약 중 도급계약에 관하여는 이행의 착수가 없었다고 할 것이다.
>
> 다음으로 이 사건 소비대차계약에 대하여 보건대, 일반적으로도 소비대차계약은 계속적 계약으로 분류되며, 이 사건 계약에 따라 원고가 피고 조합에 자금을 대여하는 행위가 일회에 그치지 않고 수회에 걸쳐 이루어진 점에 비추어 볼 때 이 사건 소비대차계약은 계속적 계약이라고 봄이 상당하다. 앞서 본 바와 같이 원고가 피고 조합에 수회에 걸쳐 자금을 대여함으로써 이행의 착수가 있었다고 할 것이므로, 이 사건 소비대차계약은 계약의 해지만이 가능하다.
>
> 따라서 이 사건 계약 중 도급계약은 계속적 계약이지만 이행의 착수가 없었으므로 계약의 해제가 가능하나, 소비대차계약은 계속적 계약으로 원고의 이행의 착수가 있었으므로 계약의 해지만이 가능하다[이 사건 계약을 도급계약과 소비대차계약의 혼합계약으로 보는 이상, 위 두 계약의 성질 및 이행정도에 따라 도급계약에 대하여는 계약의 해제가, 소비대차계약에 대하여는 계약의 해지가 인정될 수 있을 것이다(대법원 1996. 7. 26. 선고 96다14616 판결 참조)].
>
> **나. 귀책사유 및 이 사건 계약의 해제 또는 해지 여부**
>
> 1) 원고는, 피고 조합이 일방적으로 시공사를 K으로 변경하고 이 사건 계약의 해지 또는 해제를 통보함으로써 이 사건 계약상의 의무를 이행하지 아니할 의사를 명백히 표시하였

기에 원고가 이 사건 계약을 해제하였다고 주장한다. 이에 대하여 피고 조합, C, D, E, F은, 원고가 피고 조합에 이 사건 계약서 제14조, 제16조에 따른 대여금을 지급하지 않아 이 사건 계약을 해지 또는 해제하였다고 주장하므로, 이 사건 계약이 누구의 귀책사유에 의하여 해제 또는 해지되었는지 살펴보기로 한다.

2) 살피건대, 원고는 이 사건 계약서 제14조, 제16조에 따라 피고 조합에게 사업추진비, 조합운영비를 대여할 의무(이하 '이 사건 대여의무'라 한다)가 있다고 할 것이다. (중략)

3) 원고는 위와 같이 이 사건 대여의무가 있음에도 불구하고 피고 조합에게 정당한 이유 없이 사업추진비, 조합운영비를 지급하지 않았는바, 이는 이 사건 계약서 제34조 제1항 제3호에서 규정한 '원고가 계약조건을 위반함으로써 계약의 목적을 달성할 수 없다고 객관적으로 판단되는 경우'에 해당되고, 피고 조합이 2020. 1. 16.부터 수차례에 걸쳐 원고에게 그 이행을 최고하였음에도 1년 이상 대여의무를 이행하지 않았으므로, 이 사건 계약은 원고의 귀책사유를 이유로 한 피고 조합의 이 사건 계약 해지 또는 해제의 의사표시가 담긴 2021. 5. 10.자 내용증명우편이 원고에게 도달됨으로써 적법하게 해지 또는 해제되었다.

그런데 앞서 본 바와 같이 이 사건 계약 중 소비대차계약은 원고가 피고 조합에게 수회에 걸쳐 자금을 대여함으로써 그 이행에 착수한 이후이므로, 피고 조합의 의사표시에 의하여 적법하게 해지되어 장래를 향하여 그 효력이 소멸하였다고 할 것이다.

다. 이 사건 계약 해제 또는 해지로 인한 대여금 반환 의무

2) 피고 임원들에 대하여

한편 이 사건 계약서 제9조 제4항에서 "피고 조합의 연대보증인은 피고 조합의 임원의 불법행위로 인하여 발생한 손해배상 책임 및 본 계약상 피고 조합의 계약의무불이행에 따른 채무에 대하여 피고 조합에 연대하여 책임을 진다."라고 규정한 사실은 앞서 본 바와 같은바, 이 사건 계약이 원고의 귀책사유로 해제된 이상 그로 인하여 피고 조합이 부담하게 된 대여금 반환의무는 위 조항에서 정한 연대보증인의 연대책임범위에는 포함되지 않는 것으로 보이고, 달리 위와 같은 대여금 반환의무에 따른 채무까지 피고 임원들이 연대보증하였음을 인정할 증거는 없으므로, 원고의 피고 임원들에 대한 주장은 모두 이유 없다.

2심 : 서울고등법원 2023. 11. 9. 선고 2023나2026545 판결 [대여금]
대법원 2024. 2. 15. 선고 2023다307031 판결 : 심리불속행기각
가. 피고 조합에 대한 청구에 관한 판단
1) 이 사건 공사계약 해제에 따른 원상회복 주장에 대하여

이 사건 소비대차계약은 원고가 피고 조합에 이자부 또는 무이자부로 사업추진비 등을 대여하기로 하는 계약으로서, 이 사건 공사계약과 같은 날 하나의 문서로 체결되었다고 하더라도 이 사건 공사계약과는 구분되는 별개의 법률행위이다.

그리고 소비대차계약은 원래 대여한 금원의 반환을 예정하고 있는 것인 점, 이 사건 계약에서 이 사건 공사계약이 해제될 경우 피고 조합의 대여금반환의무와 연체이자율에 관하여도 따로 정하고 있었던 점(이 사건 공사계약서 제34조 제2항) 등에 비추어 보면, **이 사건 공사계약과 이 사건 소비대차계약이 경제적, 사실적으로 일체로서 행하여져서 하나의 계약인 것과 같은 관계에 있는 것으로 보기도 어렵다.**

따라서 이 사건 공사계약이 피고 조합의 채무불이행을 이유로 해제되었다고 하더라도, 이 사건 소비대차계약이 소급적으로 효력을 상실하여 피고 조합이 원상회복의무로서 대여금 및 대여일 이후의 법정이자를 반환할 의무가 있다고 할 수는 없다(뿐만 아니라, 앞서 든 증거, 을가 제8, 18호증의 각 기재 및 변론 전체의 취지를 종합하면, 피고 조합의 이행거절 등 의무불이행으로 이 사건 공사계약이 이행불능에 이르렀다고 보기 어렵고, 오히려 원고의 사업추진비 등 대여의무불이행을 이유로 한 피고 조합의 해제의사표시로 이 사건 공사계약이 해제되었다고 보인다).

2) 이 사건 소비대차계약상 이행기 도래에 따른 대여금반환 주장에 대하여

당사자가 불확정한 사실이 발생한 때를 이행기한으로 정한 경우, 그 사실이 발생한 때는 물론 그 사실의 발생이 불가능하게 된 때에도 그 이행기한은 도래한 것으로 보아야 한다(대법원 2007. 5. 10. 선고 2005다67353 판결 등 참조). 이 사건 공사계약서 제39조 제6항이 정하는 '입주기간 만료일(입주개시일부터 30일까지)1) 익일까지'는 이러한 불확정기한에 해당하고, 이 사건 소비대차계약은 원고가 이 사건 사업의 시공자임을 전제로 한 것인데, 피고 조합이 2021. 4. 15. 총회에서 이 사건 공사계약을 해제하고 이 사건 사업의 신규 시공자로 K을 선정하는 내용의 결의를 하고, 이 사건 공사계약을 해제하는 피고 조합의 의사표시가 담긴 내용증명우편이 2021. 5. 12. 원고에게 도달함으로써 위 '입주기간 만료일 익일까지'라는 불확정기한의 도래가 사회통념상 불가능하게 되었고, 그 때 피고 조합이 이 사건 소비대차계약의 이행기가 도래하였음을 알았다고 봄이 상당하므로, 2021. 5. 12. 이 사건 소비대차계약의 이행기가 도래하였다고 판단된다.

금전채무에 관하여 아예 이자약정이 없어서 이자청구를 전혀 할 수 없는 경우에도 채무자의 이행지체로 인한 지연손해금은 법정이율에 의하여 청구할 수 있으므로(대법원 2009. 12. 24. 선고 2009다85342 판결 등 참조), 피고 조합은 원고에게 이 사건 대여금 및 이에 대하여 피고 조합이 이행기가 도래하였음을 알았다고 봄이 상당한 2021. 5. 12.의

다음날인 2021. 5. 13.부터 피고 조합이 그 이행의무의 존부나 범위에 관하여 항쟁함이 상당한 제1심판결 선고일인 2023. 5. 18.까지 상법이 정한 연 6%, 그 다음날부터 다 갚는 날까지 소송촉진 등에 관한 특례법이 정한 연 12%의 각 비율로 계산한 지연손해금을 지급할 의무가 있다.

나. 피고 임원들에 대한 청구에 관한 판단

피고 임원들이 이 사건 소비대차계약 및 이 사건 공사계약상 피고 조합의 의무불이행에 따른 채무를 연대보증하였음은 앞서 본 바와 같고, 이 사건 소비대차계약상 이행기 도래로 인한 이 사건 대여금반환의무는 피고 조합의 의무에 포함된다. 따라서 피고 임원들은 피고 조합의 원고에 대한 이 사건 대여금반환의무도 연대보증하였다고 봄이 옳다.

다. 피고들의 주장에 관한 판단

1) 보증인 보호를 위한 특별법(이하 '보증인보호법'이라 한다) 위반으로 면책되어야 한다는 주장에 대하여

피고들은, 보증인보호법에 의하면, 보증채무의 최고액을 서면으로 특정하여야 하고(제4조), 보증기간의 약정이 없는 때에는 그 기간을 3년으로 보아야 하는데(제7조), 피고 임원들은 보증최고액을 특정하지 않고 피고 조합의 채무를 연대보증하였고 그 보증기간도 3년을 초과하였는바, 피고 임원들의 이 사건 대여금반환의무에 대한 연대보증책임은 면책되어야 한다는 취지로 주장한다.

보증인보호법(2009. 2. 6. 법률 제9418호로 개정되기 전의 것) 제4조 및 제7조는 위 법 시행 후 최초로 체결하거나 기간을 갱신하는 보증계약부터 적용되는데(부칙 제2항), 위 법은 2008. 9. 22.부터 시행되었으므로, 위 법 시행 전인 2008. 7. 16. 체결된 피고 임원들의 연대보증약정에는 적용되지 않는다. 피고들의 이 부분 주장은 이유 없다.

3. 대여금 미지급 문제

대법원 2021. 10. 28. 선고 2017다224302 판결 [추심금]

판시사항

금전소비대차계약이 성립된 이후에 차주의 신용불안이나 재산상태의 현저한 변경이 생겨 장차 대주의 대여금반환청구권 행사가 위태롭게 되는 등 사정변경이 생기고 이로 인하여 당초의 계약내용에 따른 대여의무를 이행케 하는 것이 공평과 신의칙에 반하게 되는 경우, 대주가 대여의무의 이행을 거절할 수 있는지 여부(적극)

판결요지

민법 제2조 제1항은 신의성실의 원칙에 관하여 "권리의 행사와 의무의 이행은 신의에 좇아 성실히 하여야 한다."라고 정한다. 이 원칙은 법률관계의 당사자가 상대방의 이익을 배려하여 형평에 어긋나거나 신의를 저버리는 내용 또는 방법으로 권리를 행사하거나 의무를 이행해서는 안 된다는 추상적 규범으로서 법질서 전체를 관통하는 일반 원칙으로 작용하고 있다. 한편 민법 제536조 제2항에 정한 '선이행의무를 지고 있는 당사자가 상대방의 이행이 곤란한 현저한 사유가 있는 때에 자기의 채무이행을 거절할 수 있는 경우'란 선이행채무를 지게 된 채권자가 계약 성립 후 채무자의 신용불안이나 재산상태의 악화 등의 사정으로 반대급부를 이행받을 수 없는 사정변경이 생기고 이로 인하여 당초의 계약내용에 따른 선이행의무를 이행케 하는 것이 공평과 신의칙에 반하게 되는 경우를 말하는 것이고, 이와 같은 사유는 당사자 쌍방의 사정을 종합하여 판단하여야 한다. 나아가 민법 제599조는 "대주가 목적물을 차주에게 인도하기 전에 당사자 일방이 파산선고를 받은 때에는 소비대차는 그 효력을 잃는다."라고 정한다. 위 규정의 취지는 소비대차계약의 목적물이 인도되기 전에 당사자의 일방이 파산한 경우에는 당사자 사이의 신뢰관계가 깨어져 당초의 계약관계를 유지하는 것이 타당하지 아니한 사정변경을 반영한 것이다.

위와 같은 규정의 내용과 그 입법 취지에 비추어 보면, <u>금전소비대차계약이 성립된 이후에 차주의 신용불안이나 재산상태의 현저한 변경이 생겨 장차 대주의 대여금반환청구권 행사가 위태롭게 되는 등 사정변경이 생기고 이로 인하여 당초의 계약내용에 따른 대여의무를 이행케 하는 것이 공평과 신의칙에 반하게 되는 경우에 대주는 대여의무의 이행을 거절할 수 있다고 보아야 한다.</u>

4. 신탁회사 사업대행계약방식에서 시공자 지위

○ 사업대행계약방식에서는 조합이 존재하므로, 시공자 선정은 조합이 선정하는 방식으로 하여야 한다. 지정개발자의 경우와는 다르다.

○ 신탁계약이 무효로 된 경우 신탁의 유효함을 전제로 하고 있는 시공자 지위도 효력을 상실한다(서울중앙지방법원 2024. 7. 18. 선고 2022가합556619 판결 [시공자 지위 확인 등 청구의 소])

5. 계약금액에 부가가치세 포함 여부 및 기존 용역회사와 추가계약 문제

○ 입찰방법을 결정할 때 기준이 되는 계약금액에는 부가가치세를 제외함

○ 기존 용역회사와 추가계약을 하는 경우, ① 기존계약서의 용역범의에 포함되어 있지 않은 업무를 추가할 경우, 기존 업체와 추가계약은 안되고 일반경쟁입찰 필요(부산지법), ② 다만, 기존계약에 구체적인 변경약정 조항(설계변경등)에 따라 용역비가 증가할 경우에는 별도로 일반경쟁입찰을 하지 않아도 무방(서울북부지법, 대법원 확정)

6. 금융회사등과 대출계약시 일반경쟁입찰 여부

민원인 - 「도시 및 주거환경정비법」 제29조제1항의 적용을 받는 계약의 범위(「도시 및 주거환경정비법」 제29조제1항 등 관련)

[법제처 19-0426, 2019. 12. 27., 민원인]

【질의요지】

조합설립추진위원회 위원장(이하 "추진위원장"이라 함) 또는 사업시행자가 「도시 및 주거환경정비법」(이하 "도시정비법"이라 함) 제27조제4항제2호에 따른 정비사업비(각주: 건축물의 철거 및 새 건축물의 건설에 드는 공사비 등 정비사업에 드는 비용을 말함.)로 사용할 자금을 마련하기 위해 금융회사 등과 대출계약을 체결하는 경우, 해당 대출계약은 같은 법 제29조제1항에 따라 원칙적으로 일반경쟁에 부쳐야 하는 계약에 포함되는지?

【회답】

이 사안의 경우 추진위원장 또는 사업시행자가 금융회사 등과 체결하는 대출계약은 도시정비법 제29조제1항에 따라 원칙적으로 일반경쟁에 부쳐야 하는 계약에 포함되지 않습니다.

[이유]

그런데 정비사업비 조달을 위한 대출의 경우 위에서 살펴본 바와 같이 차입 방법이나 이자율 등에 대해 총회의 의결을 거치도록 하여 조합원의 의사로 결정할 수 있는 절차를 마련하고 있어 도시정비법 제29조제1항에 따라 원칙적으로 일반경쟁에 부치지 않는다고 하더라도 정비사업의 투명성을 개선하려는 같은 규정의 입법취지에 반한다고 보기 어렵습니다.

아울러 도시정비법에서는 위에서 살펴본 바와 같이 국가나 지방자치단체로부터의 융자나 대여의 방법도 가능하도록 규정하고 있고, 실무상 정비사업의 추진 과정에서 정비기금 또는 금융회사로부터 자금을 차입하는 것이 어려워 정비사업전문관리업자(각주: 도시정비법 제102조에 따라 정비사업전문관리업 등록을 한 자를 말함.) 및 해당 정비사업의 시공자 또는 설계자 등을 통해 자금을 차입하는 경우가 있음을 고려할 때, 정비사업비로 사용할 자금을 빌리는 대출계약을 도시정비법 제29조제1항에 따라 원칙적으로 일반경쟁에 부쳐야 하는 계약으로 본다면 정비사업비로 사용할 자금을 빌리는 것이 현실적으로 불가능하게 된다는 점도 이 사안을 해석할 때 고려해야 합니다.

7. 수의계약에 의한 시공자선정 후 취소시 다시 수의계약 가능

서울고등법원 2018. 12. 14. 선고 2018나2036937, 2018나2036944 판결
대법원 2019. 4. 24. 선고 2019다200706 판결 : 심리불속행기각

가. 원고들 주장의 요지

구 도시정비법 제11조 제1항, 구 시공자 선정기준 제5조 및 피고의 정관 제12조 제1항(이하 '이 사건 법령 및 정관'이라 한다)에 의하면, 기존 시공자 선정을 취소하고 새로 시공자를 선정하는 경우에도 3회 이상 유찰된 경우 외에는 반드시 경쟁입찰의 방법으로 하여야 한다. 그럼에도 I에 대한 시공자 선정을 취소한 후 경쟁입찰의 방법이 아닌 수의계약의 방법으로 참가인을 시공자로 선정한 이 사건 시공자 선정결의는 이 사건 법령 및 정관에 위배되는 것으로 무효이다.

나. 판단

이 사건 시공자 선정결의가 이 사건 법령 및 정관을 위반한 것으로 무효라고 인정하기에 부족하고 달리 이를 인정할 증거가 없다.

제 3 편
주요 쟁점

제3편 주요 쟁점

I 소유자미확인, 대표조합원 선정, 주택공급수

1. 소유자 확인이 곤란한 건축물 또는 토지

○ 지정개발자 지정고시일 현재 소재 미확인 → 일간신문 2회 공고 → 30일 경과 → 감정가액 공탁 → 시행

○ 그러나 결국은 매도청구로 취득하여야 함을 주의

> **도시정비법 제71조(소유자의 확인이 곤란한 건축물 등에 대한 처분)** ① 사업시행자는 다음 각 호에서 정하는 날 현재 건축물 또는 토지의 소유자의 <u>소재 확인이 현저히 곤란</u>한 때에는 전국적으로 배포되는 둘 이상의 <u>일간신문에 2회 이상 공고</u>하고, 공고한 날부터 <u>30일 이상이 지난 때</u>에는 그 소유자의 해당 건축물 또는 토지의 <u>감정평가액에 해당하는 금액을 법원에 공탁</u>하고 정비사업을 시행할 수 있다.
> 1. 제25조에 따라 조합이 사업시행자가 되는 경우에는 제35조에 따른 조합설립인가일
> 2. 제25조제1항제2호에 따라 토지등소유자가 시행하는 재개발사업의 경우에는 제50조에 따른 사업시행계획인가일
> 3. 제26조제1항에 따라 시장·군수등 토지주택공사등이 정비사업을 시행하는 경우에는 같은 조 제2항에 따른 고시일
> 4. 제27조제1항에 따라 <u>지정개발자를 사업시행자로 지정하는 경우에는 같은 조 제2항에 따른 고시일</u>
>
> **빈집법 제38조의2(소유자의 확인이 곤란한 건축물 등에 대한 처분)** ① 사업시행자는 다음 각 호에서 정하는 날 현재 토지 또는 건축물의 소유자의 소재 확인이 현저히 곤란한 때에는 전국적으로 배포되는 둘 이상의 일간신문에 2회 이상 공고하고, 공고한 날부터 30일 이상이 지난 때에는 그 소유자의 해당 토지 또는 건축물의 감정평가액에 해당하는 금액을 법원에 공탁하고 사업을 시행할 수 있다.
> 1. 제18조제1항에 따라 시장·군수등 또는 토지주택공사등이 사업을 시행하는 경우에는 같은 조 제2항에 따른 고시일

2. 제19조제1항에 따라 지정개발자를 사업시행자로 지정하는 경우에는 같은 조 제2항에 따른 고시일

3. 제22조제2항 또는 제3항에 따라 시행하는 소규모재개발사업 또는 자율주택정비사업의 경우에는 같은 조 제5항에 따른 주민합의체 구성의 신고일

4. 제23조제1항·제2항 또는 제4항에 따라 조합이 사업시행자가 되는 경우에는 조합설립인가일

② 조합이 가로주택정비사업, 소규모재건축사업 또는 소규모재개발사업을 시행하는 경우 조합설립인가일 현재 조합원 전체의 공동소유인 토지 또는 건축물은 조합 소유의 토지 또는 건축물로 본다.

③ 제2항에 따라 조합 소유로 보는 토지 또는 건축물의 처분에 관한 사항은 제33조제1항에 따른 관리처분계획에 명시하여야 한다.

④ 제1항에 따른 토지 또는 건축물의 감정평가는 제56조제2항제1호를 준용한다.

[본조신설 2021. 7. 20.]

2. 4분의 3 이상의 동의로 대표자 1인을 선정하고 카운트 가능(재건축은 제외)

○ BUT, 동의 카운트만 그렇게 하는 것이지, 조합원은 공유의 경우 대표자 1명임 (법 제39조제1항제1호).

○ 빈집법도 도시정비법 준용

> **도시 및 주거환경정비법 시행령**
> **[시행 2024. 3. 19.] [대통령령 제34321호, 2024. 3. 19., 일부개정]**
>
> 　토지등소유자 수의 산정과 관련하여 주거환경개선사업 또는 재개발사업 대상인 토지 또는 건축물을 다수가 공유한 경우에는 재개발구역에 있는 전통시장 및 상점가의 토지 또는 건축물 외의 경우에도 해당 토지 또는 건축물의 토지등소유자 '전원'이 아닌 '4분의 3 이상'의 동의를 받은 대표자 1인을 토지등소유자로 산정할 수 있도록 규제를 완화하여 주택공급 활성화를 도모하는 한편,
>
> **령 제33조(토지등소유자의 동의자 수 산정 방법 등)** ① 법 제12조제2항(안전진단), 제28조제1항(사업대행자), **제36조제1항***, 이 영 제12조, 제14조제2항 및 제27조에 따른 토지등소유자(토지면적에 관한 동의자 수를 산정하는 경우에는 토지소유자를 말한다. 이하 이 조에서 같다)의 동의는 다음 각 호의 기준에 따라 산정한다. 〈개정 2023.12.5., 2024.3.19.〉 ***지정개발자 지정 등**
>
> 1. **주거환경개선사업, 재개발사업**의 경우에는 다음 각 목의 기준에 의할 것
> 　가. **1필지의 토지 또는 하나의 건축물을 여럿이서 공유**하는 경우에는 해당 토지 또는 건축물의 토지등소유자의 4분의 3 이상의 동의를 받아 이를 대표하는 1인을 토지등소유자로 산정할 것
>
> **빈집법 제23조(토지등소유자의 동의자 수 산정방법 등)** 법 제25조제1항에 따른 토지등소유자(토지면적에 관한 동의자의 수를 산정하는 경우에는 토지소유자를 말한다)의 동의자 수 산정방법에 관하여는 「도시 및 주거환경정비법 시행령」 제33조를 준용한다. 이 경우 "주거환경개선사업"은 "자율주택정비사업, 가로주택정비사업 또는 소규모재개발사업"으로, "재건축사업"은 "소규모재건축사업"으로 본다. 〈개정 2021. 9. 17.〉

3. 주택공급수

가. 도시정비법

○ **원칙 : 1주택 공급**(법 제76조제1항제6호)
 ① 1세대 또는 1명이 하나 이상의 주택 소유 → 1주택
 ② 같은 세대에 속하지 아니하는 2명 이상이 1주택 또는 1토지 공유 → 1주택

○ **예외**
 ① 2명 이상이 1토지 공유 : 시도조례에 따름(법 제76조제1항제7호가목)
   - 서울시는 1주택 또는 1필지의 토지를 여러 명이 소유하고 있는 경우 1주택. 다만, 권리산정기준일 이전부터 공유로 소유한 토지의 지분이 제1항제2호 또는 권리가액이 제1항제3호에 해당하는 경우는 각각 공급(조례 제36조제2항제3호 단서).
 ② 소유한 주택수만큼 = 재건축 & 과밀× & 투기× & 조정× (동호나목)
 ③ 3주택까지 = 재건축 & 과밀○ & 투기× & 조정× (동호마목)
 ④ 2주택 = 종전자산가격 또는 종전주거전용면적 내에서 60㎡ 이하 + 3년 전매금지 (동호라목)

○ **주의사항**
 - 분양신청한 조합원의 주민등본에 배우자가 확인되지 않음, <u>가족관계증명서를 확인</u>한 결과, 배우자가 주택 소유 확인
 - 자녀가 분가를 안한 경우, 늦게 한 경우

나. 빈집법 (제33조)

구분	분양기준
원칙	① 1세대 또는 1명이 하나 이상의 주택 소유 → 1주택 ② 같은 세대에 속하지 아니하는 2명 이상이 1주택 또는 1토지 공유 → 1주택
2주택	종전자산가격의 범위 또는 종전 주택의 주거전용면적의 범위 내에서 2주택 공급할 수 있고, 이 중 1주택은 주거전용면적을 60제곱미터 이하, 3년 전매금지
3주택	① **가로주택정비사업의 경우 3주택 이하**로 한정하되, 다만 **다가구주택**을 소유한 자에 대하여는 종전자산가격을 분양주택 중 최소분양단위 규모의 추산액으로 나눈 값(소수점 이하는 버린다)만큼 공급 ② **과밀억제권역에서 투기과열지구에 위치하지 아니한 소규모재건축사업**의 경우에는 토지등소유자가 소유한 주택수의 범위에서 **3주택 이하**로 한정하여 공급
주택수 만큼	① **과밀억제권역에 위치하지 아니한 소규모재건축사업**의 토지등소유자 ② 근로자(공무원인 근로자를 포함) 숙소, 기숙사 용도로 주택을 소유하고 있는 토지등소유자 ③ 국가, 지방자치단체 및 토지주택공사등 ④ 공공기관지방이전 및 혁신도시 활성화를 위한 시책 등에 따라 이전하는 공공기관이 소유한 주택을 양수한 자

II 재건축 매도청구

1. 개정 연혁

법 제64조(재건축사업에서의 매도청구) ① 재건축사업의 사업시행자는 <u>사업시행계획인가의 고시가 있는 날부터 30일 이내에</u> 다음 각 호의 자에게 조합설립 또는 사업시행자의 지정에 관한 동의 여부를 회답할 것을 서면으로 촉구하여야 한다.
  1. 제35조제3항부터 제5항까지에 따른 조합설립에 동의하지 아니한 자
  2. 제26조제1항 및 제27조제1항에 따라 시장·군수등, 토지주택공사등 또는 <u>신탁업자의 사업시행자 지정에 동의하지 아니한 자</u>

규정 제25조(매도청구) 사업시행자는 도시정비법 제64조에 따라 다음 각 호의 어느 하나에 해당하는 자에게 건축물 또는 토지의 소유권과 그 밖의 권리를 매도할 것을 청구할 수 있다(재건축사업인 경우로 한정한다).
  1. 사업시행자 지정에 동의하지 아니한 자
  2. <u>건축물 또는 토지만 소유한 자</u>

○ 재건축사업에서 매도청구는 2018. 2. 9.부터 전부개정법이 시행됨에 따라 많은 변화를 가져왔다.

  ○ **재건축사업**은 공공성을 가진 **공법적 성격의 사업**이나, 매도청구는 **사법인 집합건물법**을 **준용**하고 있어, 매도청구대상 등 **일부 규정***은 준용하기에 적합하지 않음
    * (도시정비법) 매도청구 대상은 토지 또는 건축물의 소유권과 그 밖의 권리
      (집합건물법) 구분소유권과 대지사용권
  ○ 도시정비법상 **정비사업의 특성에 맞게** 매도청구 관련 절차 등 규정을 **별도로 규정**

○ 가장 큰 변화는 <u>집합건물법을 준용하지 않고 공법인 도시정비법에 매도청구권을 직접 규정</u>하고, 조합설립 후 지체 없이 촉구를 하던 것을 <u>사업시행인가 후 30일 이내로 변경</u>한 것이다. 법 제64조의 개정규정은 <u>이 법 시행 후 최초로 조합설립인가를 신청하거나 사업시행자를 지정하는 경우부터 적용</u>한다(부칙 제16조).

개정 전	개정 후(2018. 2. 9.부터)
○ 재건축사업의 시행자는 조합설립 미동의자 등에 대하여 **집합건물법을 준용**하여 **매도청구**할 수 있음 - 조합설립 후 지체 없이 촉구	○ 매도청구는 **집합건물법을 준용하지 않고** 필요한 절차는 도시정비법에서 **직접 규정** - (제1항) <u>사업시행인가고시후 30일 이내</u> 조합설립 동의 여부(신탁업자의 사업시행자 지정에 동의) 촉구 - (제2항) 2개월 내 회답하여야 함 - (제3항) 회답이 없으면 동의하지 않은 것으로 봄 - (제4항) <u>제2항 기간 만료 후 2개월 이내 매도청구 가능</u>

2. 주의사항

○ 반드시 전문변호사 선임

○ 처분금지가처분 반드시 실시

○ ★★★제소기간 반드시 준수, 다만 분양신청을 하지 아니한 자에 대한 매도청구소송의 제소기간은 불변기간이 아니고, 지연이자를 지급할 뿐이다.
〈사업시행계획인가·고시 날부터 30일 이내 촉구 + 2개월 회답기간 + 2개월 이내 소송제기〉
★ 기간 어기면, 매도청구 불가하거나, 최소한 다시 동의 받고 사업시행자 지정 받아야 가능

○ 매도청구로 가등기 말소 불가

○ 매도청구는 민사소송에 의한다는 대법원 판결(대법원 2010. 4. 8. 선고 2009다93923 판결)이 법 개정으로 폐기되어야 하고, 행정소송법상 당사자소송으로 제기돼야 한다는 일부 견해도 있음

○ 구역 내와 구역 밖에 토지가 걸쳐서 있는 경우도 매도청구가 불가

○ 선 매매계약 후에 매도청구 불가

> 실무상 추진위원회 단계에서 추진위원회와 소유자가 매매계약을 체결하였는데, 추진위원회를 승계한 조합이 매매계약을 무시하고 매도청구를 하여 올 경우가 있다. 이에 대해서 하급심은 매도청구는 이미 매매계약이 체결되어 있으므로, 매도청구는 불가하고, 기 체결된 매매계약에 의해 소유권이전등기를 명한 사례가 있다(수원지방법원 안양지원 2018. 2. 8. 선고 2017가합100272 판결).

○ 신탁업자 시행 재건축사업은 수용권이 없음

서울행정법원 2024. 7. 12. 선고 2023구합64362 판결

도시정비법 제27조 제1항 제1호에 해당하는 재건축사업의 사업시행자(**지정개발자인 신탁업자 시행**)는 매도청구권을 행사하여 토지등소유자의 재산을 취득할 수 있고, 사업구역 내 건물의 임차권자들에게 세입자보상을 할 의무가 존재하지 않는다고 판단되므로, 세입자별 손실보상을 위한 권리명세 및 평가액이 기재되지 아니한 이 사건 관리처분계획이 위법하다거나 그 하자가 중대·명백하다는 원고들의 주장은 받아들이기 어렵다.

3. 매도청구 가격

가. 시가 보상

> **대법원 2014. 7. 24. 선고 2012다62561, 2012다62578(병합)**
>
> 주택재건축사업의 매도청구권 행사의 기준인 '시가'는 재건축으로 인하여 발생할 것으로 예상되는 <u>개발이익이 포함된 가격</u>을 말한다(대법원 2009. 3. 26. 선고 2008다21549, 21556, 21563 판결 참조).

○ 개발이익은 현재 시점에서 재건축사업이 완료되는 시점의 미실현 이익까지 모두 반영하라는 의미는 아니고, <u>일반적으로 부동산중개업소를 통하여 형성된 재건축아파트의 실거래가격은 개발이익이 반영되어 형성된 것으로 보아야 한다</u>(대법원 2010. 4. 8. 선고 2009다10881 판결 참조).

나. 매매계약성립기준일

(1) 도시정비법 전부 개정 전

○ 분양신청기간의 종료일 다음날

> **대법원 2010. 12. 23. 선고 2010다73215 판결**
>
> 현금청산 대상자에 대한 청산금 지급의무가 발생하는 시기는 같은 법 제46조의 규정에 따라 사업시행자가 정한 '분양신청기간의 종료일 다음날'이라고 하여야 하고, 현금청산의 목적물인 토지·건축물 또는 그 밖의 권리의 가액을 평가하는 기준시점도 같은 날이므로, 현금청산 대상자에 대한 매도청구권의 행사로 매매계약의 성립이 의제되는 날도 같은 날로 보아야 하며, 그와 같이 보는 이상 위 매도청구권의 행사에 관하여는 그 최고절차 및 행사기간에 대하여 같은 법 제39조에서 준용하는 집합건물의 소유 및 관리에 관한 법률 제48조의 규율이 없다고 보아야 한다.

(2) 2018. 2. 9. 도시정비법 전부개정 시행 후 (하급심 판결)

○ 매도청구의 의사표시가 상대방에게 도달한 때

○ 빈집법도 도시정비법과 같은 취지로 개정됨

> **부산고등법원 2023. 9. 14. 선고 2023나50649 판결 [소유권이전등기] 확정**
> **가. 매매계약이 성립되는 시기(부동산가액 평가 기준시점)**
> 1) 구 도시정비법 제47조의 해석·적용에 관한 대법원 2010다73215 판결이 현행 도시정비법 제73조의 해석에 원용될 수 없음은 앞서 본 바와 같다. 현행 도시정비법 제73조의 해석상 매도청구권 행사에 따른 매매계약이 성립되는 시기는 매도청구의 의사표시가 상대방에게 도달한 때로 보아야 한다. 그 근거는 아래와 같다.
>
> 가) 현행 도시정비법 제73조 소정의 매도청구권은 형성권에 해당한다. 형성권은 그 행사가 있을 때 그 법률효과가 생기는 것이 원칙인바, 매도청구권 역시 그 행사가 있을 때인 매도청구의 의사표시가 상대방에게 도달하였을 때 그 법률효과(매매계약 성립)가 생긴다고 보아야 한다.
>
> 나) 분양신청기간 종료 후의 협의절차 및 그 불성립 과정을 거쳐 이루어진 매도청구권행사의 법률효과가 '분양신청기간 종료일 다음날'로 소급하여 생긴다고 보아야 할 근거가 없을 뿐 아니라, 그렇게 보게 되면 구 도시정비법과 달리 토지 등 소유자와의 협의를 거친 후 매도청구소송을 통해 최종적으로 매매가액을 결정하도록 한 취지가 몰각된다.
>
> 다) 현행 도시정비법 제73조는 수용재결과 매도청구소송을 병렬적으로 규정하고 있다. 수용재결에서 보상액의 산정은 '수용재결 당시'의 가격을 기준으로 하고 있는바, 매도청구권행사에 따른 매매가액 역시 '매도청구 당시'로 보는 것이 자연스럽다.
>
> 라) 현행 도시정비법 제64조는 사업시행자는 조합설립에 동의하지 아니한 자 등에 대하여 사업시행계획인가의 고시가 있는 날부터 30일 이내에 조합설립 또는 사업시행자의 지정에 관한 동의 여부에 대한 최고 등을 거쳐 동의하지 않는 토지 등 소유자에 대하여 매도청구를 할 수 있다고 규정하고 있다. 이 경우 매도청구권 행사에 따른 법률효과, 즉 매매계약성립은 매도청구의 의사표시가 토지 등 소유자에게 도달한 때 생긴다. 현행 도시정비법 제73조 소정의 매도청구권 행사에 따른 법률효과가 생기는 시기를 달리 보아야 할 특별한 사정이 없다.
>
> 2) 따라서 원고와 피고 사이의 이 사건 각 부동산에 관한 매매계약은 매도청구의 의사표

시가 담긴 **이 사건 소장 부본이 피고에게 송달된 날**임이 기록상 분명한 2022. 5. 26. 성립되었다.

서울남부지방법원 2024. 12. 5. 선고 2023가합108013(본소), 2024가합106175(반소), 2024가합107499(반소) 판결

적어도 사업시행자가 도시정비법 제73조가 정한 매도청구소송 제기기간을 준수하여 매도청구소송을 제기한 경우에는 현행 도시정비법 제73조의 해석상 매도청구권 행사에 따른 매매계약이 성립되는 시기는 <u>매도청구의 의사표시가 상대방에게 도달한 때로 보아야 하고</u>(다만, 아래 4)에서 보는 바와 같이 사업시행자가 도시정비법 제73조가 정한 매도청구소송 제기기간을 준수하지 못하는 경우에는 위 기간 경과일 기준으로 매매대금을 산정하여야 할지, 아니면 매도청구소송의 소장 부본 송달일 기준으로 매매대금을 산정하여야 할지에 관하여 이견의 여지가 있을 수는 있는데, 이 사건 원고는 위 기간을 준수하여 이 사건 매도청구소송을 제기하였으므로, 위와 같은 문제가 발생하지 않는다.), 구 도시정비법 제47조의 해석에 관한 관련 대법원 판결이 현행 도시정비법 제73조의 해석에 그대로 원용될 수는 없다고 봄이 타당하다. 그 근거는 아래와 같다.

그러나 현행 도시정비법 제73조는 종전과는 달리 토지등소유자가 분양신청을 하지 아니하거나 관리처분계획에 따라 분양대상에서 제외된다고 하여 바로 사업시행자가 토지등소유자에 대하여 청산금 지급의무를 부담한다고 규정하지는 않고 있다. 따라서 <u>개정 도시정비법이 적용되는 사안의 경우에는 사업시행자가 관리처분계획이 인가·고시된 다음날부터 90일 간의 손실보상에 관한 협의를 거친 후 그 협의 기간 만료일 다음 날부터 60일 이내에 매도청구소송을 제기하여 매매계약 체결이 의제된 시점에 비로소 토지등소유자에 대하여 부동산 매매대금 지급의무를 부담할 여지가 발생할 뿐이다.</u>

▶**반소 판단**

1) 쌍무계약에 있어서 당사자의 채무에 관하여 이행의 제공을 엄격하게 요구하면 불성실한 상대 당사자에게 구실을 주게 될 수도 있으므로 당사자가 하여야 할 제공의 정도는 그 시기와 구체적인 상황에 따라 신의성실의 원칙에 어긋나지 않게 합리적으로 정하여야 하는 것이며(대법원 1995. 12. 22. 선고 95다40397 판결, 대법원 2013. 7. 11. 선고 2012다83827 판결 등 참조), 부동산매매계약에서 매도인의 소유권이전등기절차이행의무와 매수인의 매매잔대금 지급의무가 동시이행관계에 있는 한 쌍방이 이행을 제공하지 않는 상태에서는 이행지체로 되는 일이 없을 것인바, 매도인이 매수인을 이행지체로 되게

하기 위하여는 소유권이전등기에 필요한 서류 등을 현실적으로 제공하거나 그렇지 않더라도 그 서류 등을 준비하여 두고 매수인에게 그 뜻을 통지하고 수령하여 갈 것을 최고하면 된다(대법원 1996. 7. 30. 선고 96다17738 판결 등 참조).

2) 매도청구소송의 원고가 일반적으로 매도청구권을 행사함에 따라 부동산에 관한 매매계약 성립이 의제되는 상황에서, 매도청구소송의 피고가 소유권이전등기 및 인도의무 이행과 관련하여 자신이 단독으로 제공할 수 있는 일체의 서류를 변호사에게 보관시키면서 원고의 반대급부 제공과 무관하게 언제든지 그 서류 등을 수령할 수 있음을 통지하는 경우에는 매도청구소송의 피고가 이 사건 부동산에 관한 자신의 소유권이전등기의무 및 인도의무와 관련하여 합리적인 범위 내에서 신의칙에 따라 요구되는 이행제공을 마쳤다고 볼 여지가 많다.

나아가 매도청구소송의 피고가 소유권이전등기절차 이행의사를 분명하게 밝히면서 자신이 단독으로 제공할 수 있는 서류 등에 대하여는 모두 이행제공을 한 이상, 매도청구권을 행사하면서 피고에 대하여 소유권이전등기절차의 이행을 구하는 원고로서는 피고와 사이에 청산금에 관한 합의를 진행한 다음, 원만한 합의가 이루어지는 경우 그에 따른 매매계약서를 작성하고, 그와 같은 합의에 이르지 못하는 경우에는 일응 합리적이라고 평가될 만한 금액을 청산금으로 제시하면서 우선 그에 따라 매매계약서를 작성하여 소유권이전등기절차를 마치되 최종적인 청산금은 재판이나 별도의 감정 등을 통하여 확정하자고 요청하는 등 소송에 의하지 아니하고 소유권이전등기를 마치기 위하여 필요한 노력을 하는 것이 마땅하다.

그러나 만약 원고가 위와 같이 청산금에 관한 합의나 잠정적인 매매계약 체결 요청을 하였는데도 불구하고 피고가 이를 거부하거나 협조하지 아니하는 경우에는, 피고가 이전에 단독으로 제공할 수 있는 서류를 이행제공하였다고 하더라도 그 점만으로 바로 피고가 계속하여 소유권이전등기절차에 필요한 이행을 제공한 것이라고 평가하기는 어려울 것이다(대법원 2021. 10. 28. 선고 2020다278354, 278361 판결 참조).

5) 위와 같은 사정들을 종합하여 보면, 원고는 피고 C에 대하여는 피고 C 발송의 내용증명우편이 원고에게 도달한 다음날인 2024. 6. 13.부터 위와 같이 나머지 피고들의 이행제공 상태가 소멸하기 전날인 2024. 10. 8.까지 118일 간, 피고 D에 대하여는 피고 D 발송의 내용증명우편이 원고에게 도달한 다음날인 2024. 7. 9.부터 위 2024. 10. 8.까지 92일 간 각 발생한 지연손해금으로서 민법이 정한 연 5%의 비율로 계산한 돈을 지급할 의무가 있다.

> 결국, 원고는 피고 C에게 11,017,643원[= 위 1)에서 본 매매대금 681,600,000원 × 118일/365일 × 연 5%, 원 미만 단위 버림하여 계산, 이하 같다], 피고 D에게 15,953,808원[= 위 1)에서 본 매매대금 1,265,900,000원 × 92일/365일 × 연 5%]을 각각 지급할 의무가 있고, 나머지 피고들의 반소청구 중 위 인정범위를 넘는 부분은 이유 없다.

다. 도로

○ 대지 VS 3분의 1 견해의 대립
 - 사견은 시가산정시 개발이익이 포함되는 한, 대지로 보는 판결이 타당하다고 생각함

> **대법원 2014. 12. 11. 선고 2014다41698 판결 〈대지 판결〉**
> 토지의 현황이 도로일지라도 주택재건축사업이 추진되면 공동주택의 일부가 되는 이상 시가는 재건축사업이 시행될 것을 전제로 할 경우의 인근 대지 시가와 동일하게 평가하되, 각 토지의 형태, 주요 간선도로와의 접근성, 획지조건 등 개별요인을 고려하여 감액 평가하는 방법으로 산정하는 것이 타당한데도, 현황이 도로라는 사정만으로 인근 대지 가액의 1/3로 감액한 평가액을 기준으로 시가를 산정한 원심판결에 법리오해의 잘못이 있다고 한 사례.

> **대법원 2022. 7. 14. 선고 2020다2383** 〈3분의 1 판결〉
> 원심판결 이유와 기록에 의하면, 이 사건 토지는 1970년대 아파트지구기본개발계획 당시부터 도로로 사용되어 왔고 2004. 12. 27. 도시계획시설(도로)로 결정·고시되었으며 2017. 4. 27. 이 사건 재건축사업구역 정비계획 고시에서도 도로로 결정·고시되었고 현재 지목도 도로인 사실, 원고가 이 사건 토지를 취득하여 정비기반시설로 새로 설치한 다음 지방자치단체에 무상 귀속시킴으로써 **재건축사업 후에도 공동주택 부지가 아닌 도로로 사용될 예정**임이 명백한 사실을 알 수 있다. 이러한 사정을 앞서 본 법리에 비추어 보면, 이 사건 토지의 거래가격은 도로인 현황대로 감정평가하여야 한다. 그런데도 원심은 이 사건 토지에 관하여 공동주택 부지의 일부가 된다고 보아 재건축사업이 시행될 것을 전제로 할 경우 인근 대지 시가와 동일하게 평가하여야 한다고 판단하였다. 원심판단에는 재건축사업 정비구역 내 편입되는 토지의 시가 평가 방법에 관한 법리를 오해하여 판결에 영향을 미친 잘못이 있다.

4. 매도청구 확정 후 분양신청기간 내에 동의하면 조합원임

> **대법원 2023. 6. 1. 선고 2022다232369 판결 〔재건축조합원지위확인〕**
> 甲 조합이 조합설립에 동의하지 않은 토지 등 소유자를 상대로 매도청구권을 행사하여 토지 등 소유자에 대해 매매대금을 지급받음과 동시에 소유권이전등기절차를 이행하라는 판결이 선고되어 확정되었더라도, <u>매매대금의 지급과 소유권이전등기절차의 이행이 되지 않아 토지 등 소유자가 소유권을 보유하고 있는 동안에는 토지 등 소유자가 분양신청기간까지 조합설립에 동의함으로써 조합원이 될 수 있다.</u>

5. 재건축 매도청구 후 경매·공매에 붙여진 경우 입찰 참여 여부

○ 이미 매도청구 소송의 <u>1심 판결이 나온 이후에 매도청구권자로 소유권이 이전되기 전에 해당 부동산이 경매와 공매에 나오는 경우</u>가 있다.

○ 이에 대해 대법원은 주택재건축사업 시행자가 조합 설립에 동의하지 않은 토지 또는 건축물 소유자를 상대로 매도청구의 소를 제기하여 매도청구권을 행사한 이후 제3자가 매도청구 대상인 토지 또는 건축물을 특정승계한 경우, ① 이미 성립한 매매계약상의 의무가 그대로 승계인에게 승계된다고 볼 수 없고, ② 구 도시 및 주거환경정비법(2017. 2. 8. 법률 제14567호로 개정되기 전의 것) 제10조는 "사업시행자와 정비사업과 관련하여 권리를 갖는 자의 변동이 있은 때에는 종전의 사업시행자와 권리자의 권리·의무는 새로이 사업시행자와 권리자로 된 자가 이를 승계한다."라고 정하고 있다. 여기에서 '정비사업과 관련하여 권리를 갖는 자'는 조합원 등을 가리키는 것이고, 사업시행자로부터 매도청구를 받은 토지 또는 건축물 소유자는 이에 포함되지 않는다. 따라서 <u>매도청구권이 행사된 다음에 토지 또는 건물의 특정승계인이 이 조항에 따라 매매계약상의 권리·의무를 승계한다고 볼 수도 없고</u>, ③ 사업시행자가 민사소송법 제82조 제1항에 따라 제3자로 하여금 매도청구소송을 인수하도록 신청할 수 없다고 한다(대법원 2019. 2. 28. 선고 2016다255613 판결).

6. 매도청구 확정 전 철거 및 공사 착공 가능 여부

구 주택법 제16조 ⑪ 사업주체가 제10항에 따라 신고한 후 공사를 시작하려는 경우 사업계획승인을 받은 해당 주택건설대지에 제18조의2 및 제18조의3에 따른 매도청구 대상이 되는 대지가 포함되어 있으면 해당 매도청구 대상 대지에 대하여는 그 대지의 소유자가 매도에 대하여 합의를 하거나 <u>매도청구에 관한 법원의 승소판결(판결이 확정될 것을 요하지 아니한다)</u>을 받은 경우에만 공사를 시작할 수 있다. 〈신설 2013.6.4.〉

현 주택법 제21조(대지의 소유권 확보 등)
② 사업주체가 제16조제2항에 따라 신고한 후 공사를 시작하려는 경우 사업계획승인을 받은 해당 주택건설대지에 제22조 및 제23조에 따른 매도청구 대상이 되는 대지가 포함되어 있으면 해당 매도청구 대상 대지에 대하여는 그 대지의 소유자가 매도에 대하여 합의를 하거나 매도청구에 관한 **법원의 승소판결(확정되지 아니한 판결을 포함한다)을 받은 경우에만 공사를 시작**할 수 있다. 〈개정 2020. 6. 9.〉

○ 대법원 2009도8473 판결 이후에, <u>하급심은 비조합원에 대해서도 1심 판결 후에 대금을 공탁하고 인도집행을 받아 집행 후에 철거하면 정당행위로 판시하고 있는 경향이다</u>(부산지방법원 2014. 6. 27. 선고 2014고정159 재물손괴, 대구지방법원 2014. 11. 13. 선고 2014고단3549 재물손괴).

○ <u>일부 철거가 가능한지가 문제되나, 가능하다고 본다.</u>

청주지방법원 2007. 8. 23. 선고 2007고정272 판결[업무방해]
재건축조합이 아파트의 재건축결의에 반대한 <u>일부 세대를 상대로 매도청구권을 행사하여 이전등기 및 명도소송을 계속하는 한편 입주자 전부가 퇴거한 동부터 철거를 완료한 후,</u> 일부 재건축결의 반대 세대가 아직 퇴거하지 않고 있는 동에 대하여 해당 세대가 속한 수직라인을 제외한 나머지 수직라인을 뜯어내는 방식으로 철거작업을 시행하자, 위 반대 세대 구성원들이 철거용역업체가 위와 같은 방식의 추가철거작업을 하기 위해 아파트공사 현장에 진입하려는 것을 막은 사안에서, 위와 같은 방식의 철거용역업무는 위법의 정도가 중하여 사회생활상 용인될 수 없는 것이어서 업무방해죄의 보호대상이 되는 '업무'에 해당한다고 볼 수 없다고 한 사례.

7. 매도청구 확정 전 일반분양 가능 여부

○ 승소+공탁+분양보증 = 일반분양 가능

> **도시정비법 제79조** ⑦ 사업시행자는 제2항부터 제6항까지의 규정에 따른 공급대상자에게 주택을 공급하고 남은 주택을 제2항부터 제6항까지의 규정에 따른 공급대상자 외의 자에게 공급할 수 있다.
> ⑧ 제7항에 따른 주택의 공급 방법·절차 등은 「주택법」 제54조를 준용한다. 다만, 사업시행자가 제64조에 따른 매도청구소송을 통하여 법원의 승소판결을 받은 후 입주예정자에게 피해가 없도록 손실보상금을 공탁하고 분양예정인 건축물을 담보한 경우에는 법원의 승소판결이 확정되기 전이라도 「주택법」 제54조에도 불구하고 입주자를 모집할 수 있으나, 제83조에 따른 준공인가 신청 전까지 해당 주택건설 대지의 소유권을 확보하여야 한다.

○ ★★가등기, 저당권 등이 설정된 경우
　- 반드시 사전에 전문변호사와 협의

> **주택공급에 관한 규칙 제16조(입주자모집 조건)** ① 사업주체는 주택이 건설되는 대지의 **소유권을 확보하고 있으나** 그 대지에 저당권·**가등기담보권**·가압류·가처분·전세권·지상권 및 등기되는 부동산임차권 등(이하 "저당권등"이라 한다)이 설정되어 있는 경우에는 그 저당권등을 **말소해야 입주자를 모집할 수 있다.** 다만, 다음 각 호의 어느 하나에 해당하는 경우는 그렇지 않다. 〈개정 2016. 8. 12., 2019. 11. 1.〉
> 　1. 사업주체가 영 제71조제1호 또는 제2호에 따른 융자를 받기 위하여 해당 금융기관에 대하여 저당권등을 설정한 경우
> 　2. 저당권등의 말소소송을 제기하여 법원의 승소 판결(판결이 확정될 것을 요구하지 아니한다)을 받은 경우. 이 경우 사업시행자는 법 제49조에 따른 사용검사 전까지 해당 주택건설 대지의 저당권등을 말소하여야 한다.
> 　★가등기는 승소 판결 자체가 불가한 경우가 많음

Ⅲ 토지수용

○ 도시정비법은 재개발사업의 경우 수용권 행사
○ 빈집법 2021. 7. 20. 개정내용 요약
 1. 시장·군수등 또는 제18조제1항에 따라 공공시행자로 지정된 토지주택공사등이 관리지역에서 시행하는 가로주택정비사업인 경우에는 토지수용
 2. 소규모재개발사업은 토지수용
 3. 법 제22조제3항에 따라 관리지역에서 시행하는 자율주택정비사업은 매도청구
 4. 가로주택정비사업(수용의 경우 제외), 소규모재건축사업(토지등소유자 시행 제외)은 매도청구

○ 사업시행인가 신청 시 인가권자는 중앙토지수용위원회와 협의하여야 함
 - 인가권자의 실수 방지를 위해 사업시행자가 협의하여야 한다는 사실을 고지

○ 토지조서 및 물건조서 누락 주의

○ 영업보상이 제일 어려움

○ 주민 추천 감정평가사 선정 기회를 부여하여야 함
 - ★★감정평가법인등과 약정 시 반드시 제출기간 명시하고 이를 어길 경우 위약금 약정

> **영업보상대상자가 별도로 주민추천감정평가사를 추천할 수 있는지 (소극)**
>
> 최근 하급심 판결은 "토지보상법 제68조 및 같은 법 시행령 제28조가 도시정비법 제65조 제1항에 의하여 이 사건과 같은 주택재개발정비사업의 영업권 수용 및 보상액 산정절차에 준용되는 경우 사업시행자는 위 각 조항에 따라 '토지소유자'의 추천을 받은 1인을 포함한 3인의 감정평가법인등에게 영업권의 평가를 의뢰하여야 하는 것으로 해석되고, 그 경우 토지소유자가 아닌 영업보상대상자가 사업시행자에 대하여 감정평가법인등 추천 권한을 가진다고 보기 어렵다."고 판시한바 있다(수원지방법원 성남지원 2022. 4. 19. 선고 2021가합408134 판결).

○ 수용대행업체는 변호사 및 법술 보상대행기관만 가능
 - 행정사, 정비회사, 컨설팅 회사 등 불가(변호사법 위반)

○ 수용재결 후에 공탁을 하여야 하므로, 자금 흐름 주의

○ 수용재결은 매도청구와 달리 모든 권리 다 소멸시킴

○ 신발생무허가건물은 조합원이 아니므로 무조건 현금청산(협의, 수용재결)

○ 재개발 국공유지 수용재결 가능 여부

> **도시정비법 제98조(국유·공유재산의 처분 등)**
> ⑤ 제4항에 따라 다른 사람에 우선하여 매각 또는 임대될 수 있는 국유·공유재산은 「국유재산법」, 「공유재산 및 물품 관리법」 및 그 밖에 국·공유지의 관리와 처분에 관한 관계 법령에도 불구하고 사업시행계획인가의 고시가 있은 날부터 종전의 용도가 폐지된 것으로 본다.

 - 용도폐지는 행정재산과 일반재산 모두 가능하고, 행정재산이 용도폐지되면 일반재산이 되어 수용재결 가능, 단 최대한 유·무상 양수도 노력
  - 서울고등법원 2023. 3. 22. 선고 2022나2008830 판결
  - 서울고등법원 2022. 8. 17. 선고 2020나2004490 판결

> **대법원 1981. 6. 9. 선고 80다316 판결**
> 토지수용법에 의하여 수용의 대상이 되는 토지에 대하여는 토지를 수용 또는 사용할 수 있는 사업에 이용되고 있는 토지에 관한 토지수용법 제5조의 규정에 의한 제한 외에는 아무런 제한이 없으므로, 국가소유의 토지도 기업자인 공공단체가 공익사업을 위하여 필요한 경우에는 이를 수용할 수 있다고 봄이 상당하다. 토지수용법 제1조의 규정이 국유의 토지를 수용의 대상에서 제외하는 취지의 규정이라고는 보기 어렵다.
>
> **대법원 1996. 4. 26. 선고 95누13241 판결**
> 토지수용법은 제5조의 규정에 의한 제한 이외에는 수용의 대상이 되는 토지에 관하여 아무런 제한을 하지 아니하고 있을 뿐만 아니라, 토지수용법 제5조, 문화재보호법 제20조 제4호, 제58조제1항, 부칙 제3조제2항 등의 규정을 종합하면 구 문화재보호법(1982. 12. 31. 법률 제3644호로 전문 개정되기 전의 것) 제54조의2제1항에 의하여 지방문화재로 지정된 토지가 수용의 대상이 될 수 없다고 볼 수는 없다.

Ⅳ 신탁회사와 형사처벌

형법상 범죄는 언제나 처벌됨, 예비신탁사 관련 사기죄 조심
- 조합임원과 달리 공무원으로 의제는 되지 않음(제도개선을 한다고 발표한 상태)
- 특정경제범죄 가중처벌 등에 관한 법률 제3조(특정재산범죄의 가중처벌) ①「형법」제347조(사기), 제347조의2(컴퓨터등 사용사기), 제350조(공갈), 제350조의2(특수공갈), 제351조(제347조, 제347조의2, 제350조 및 제350조의2의 상습범만 해당한다), <u>제355조(횡령·배임)</u> 또는 제356조(업무상의 횡령과 배임)의 죄를 범한 사람은 그 범죄행위로 인하여 취득하거나 제3자로 하여금 취득하게 한 재물 또는 재산상 이익의 가액(이하 이 조에서 "이득액"이라 한다)이 5억원 이상일 때에는 다음 각 호의 구분에 따라 가중처벌한다. 〈개정 2016. 1. 6., 2017. 12. 19.〉

　1. 이득액이 50억원 이상일 때 : 무기 또는 5년 이상의 징역
　<u>2. 이득액이 5억원 이상 50억원 미만일 때 : 3년 이상의 유기징역</u>
② 제1항의 경우 이득액 이하에 상당하는 벌금을 병과(倂科)할 수 있다. [전문개정 2012. 2. 10.]

1. 계약체결과 관련한 금품 수수 등

○ 서면동의서 또는 전자서명동의서를 위조하거나 법 제29조가 정하는 계약체결 관련하여 금품등을 수수하면 5년, 5천만원
　- 자수자는 감경 또는 면제
　- 신고자 포상금
　- **소규모주택정비사업도 동일**, <u>단 소규모는 자수자감경, 신고자포상금 없음(제59조)</u>

도시정비법 제135조(벌칙) 다음 각 호의 어느 하나에 해당하는 자는 5년 이하의 징역 또는 5천만원 이하의 벌금에 처한다. 〈개정 2022.6.10, <u>2024.12.3</u>〉
　1. 제36조에 따른 토지등소유자의 서면동의서 <u>또는 전자서명동의서를 위조한 자</u>
　2. 제132조제1항 각 호의 어느 하나를 위반하여 금품, 향응 또는 그 밖의 재산상 이익을

제공하거나 제공의사를 표시하거나 제공을 약속하는 행위를 하거나 제공을 받거나 제공의사 표시를 승낙한 자

법 제132조(조합임원 등의 선임·선정 및 계약 체결 시 행위제한 등) ① 누구든지 추진위원, 조합임원의 선임 또는 제29조에 따른 계약 체결과 관련하여 다음 각 호의 행위를 하여서는 아니 된다. 〈개정 2017. 8. 9., 2022. 6. 10.〉
 1. 금품, 향응 또는 그 밖의 재산상 이익을 제공하거나 제공의사를 표시하거나 제공을 약속하는 행위
 2. 금품, 향응 또는 그 밖의 재산상 이익을 제공받거나 제공의사 표시를 승낙하는 행위
 3. 제3자를 통하여 제1호 또는 제2호에 해당하는 행위를 하는 행위

법 제141조(자수자에 대한 특례) 제132조제1항 각 호의 어느 하나를 위반하여 금품, 향응 또는 그 밖의 재산상 이익을 제공하거나 제공의사를 표시하거나 제공을 약속하는 행위를 하거나 제공을 받거나 제공의사 표시를 승낙한 자가 자수하였을 때에는 그 형벌을 감경 또는 면제한다. 〈개정 2022. 6. 10.〉[본조신설 2017. 8. 9.]

법 제142조(금품·향응 수수행위 등에 대한 신고포상금) 시·도지사 또는 대도시의 시장은 제132조제1항 각 호의 행위사실을 신고한 자에게 시·도조례로 정하는 바에 따라 포상금을 지급할 수 있다. 〈개정 2022. 6. 10.〉

빈집법 제59조(벌칙) 다음 각 호의 어느 하나에 해당하는 자는 5년 이하의 징역 또는 5천만원 이하의 벌금에 처한다. 〈개정 2022. 2. 3.〉
 1. 제25조제1항에 따른 토지등소유자의 서면동의서를 위조한 자
 2. 제54조제8항 각 호의 어느 하나를 위반하여 금품이나 그 밖의 재산상 이익을 제공하거나 제공의사를 표시하거나 제공을 약속하는 행위를 하거나, 제공받거나 제공의사 표시를 승낙한 자

2. 계약방법을 위반하여 계약을 체결한 경우 3년, 3천만원

○ 토지등소유자전체회의 의결을 받아야 할 사항을 받지 않고 계약을 체결하면 처벌
 - 도시정비법 제29조제4항부터 제7항 및 제10항을 위반하여 시공자를 선정한 자도 처벌되므로, **시공자 선정 절차 준수〈시행일 2024.6.27.〉**
 - 동법 제29조제11항(철거, 석면공사 포함)을 위반하여 시공자와 공사에 관한 계약을 체결한 자도 처벌
 - 토지등소유자의 서면 동의를 매수한 자도 처벌
 - **빈집법도 마찬가지임**

도시정비법 제136조(벌칙) 다음 각 호의 어느 하나에 해당하는 자는 <u>3년 이하의 징역 또는 3천만원 이하의 벌금에</u> 처한다. 〈개정 2017. 8. 9., 2019. 4. 23., 2022. 2. 3., 2023. 12. 26., 2024. 12. 3.〉

 1. <u>제29조제1항에 따른 계약의 방법을 위반</u>하여 계약을 체결한 추진위원장, 전문조합관리인 또는 조합임원(조합의 청산인 및 토지등소유자가 시행하는 재개발사업의 경우에는 그 대표자, <u>지정개발자가 사업시행자인 경우 그 대표자를 말한다)</u>

 2. 제29조제4항부터 제7항까지 및 제10항을 위반하여 **시공자를 선정한 자** 및 시공자로 선정된 자

 2의2. 제29조제11항을 위반하여 시공자와 공사에 관한 계약을 체결한 자

 5. 제36조에 따른 토지등소유자의 서면동의서 또는 전자서명동의서를 매도하거나 매수한 자

 8. 제76조제1항제7호라목 단서를 위반하여 주택을 전매하거나 전매를 알선한 자

빈집법 제60조(벌칙) 다음 각 호의 어느 하나에 해당하는 자는 3년 이하의 징역 또는 3천만원 이하의 벌금에 처한다. 〈개정 2019. 8. 20., 2023. 4. 18.〉

 2. 제20조를 위반하여 시공자를 선정한 자 및 시공자로 선정된 자

 5. 제25조제1항에 따른 토지등소유자의 서면동의서를 매도하거나 매수한 자

3. 2년 이하, 2천만원 이하

법 제137조 다음 각 호의 어느 하나에 해당하는 자는 2년 이하의 징역 또는 2천만원 이하의 벌금에 처한다. 〈개정 2020. 6. 9.〉

7. 제50조에 따른 사업시행계획인가를 받지 아니하고 정비사업을 시행한 자와 같은 사업시행계획서를 위반하여 건축물을 건축한 자

8. 제74조에 따른 관리처분계획인가를 받지 아니하고 제86조에 따른 이전을 한 자

11. 제113조제1항부터 제3항까지의 규정에 따른 처분의 취소·변경 또는 정지, 그 공사의 중지 및 변경에 관한 명령을 받고도 이를 따르지 아니한 추진위원회, 사업시행자, 주민대표회의 및 정비사업전문관리업자

빈집법 제61조(벌칙) 다음 각 호의 어느 하나에 해당하는 자는 2년 이하의 징역 또는 2천만원 이하의 벌금에 처한다. 〈개정 2021. 7. 20., 2022. 2. 3., 2023. 4. 18.〉

5. 제29조에 따른 사업시행계획인가를 받지 아니하고 사업을 시행한 자와 사업시행계획서를 위반하여 건축물을 건축한 자

6. 제29조에 따른 사업시행계획인가를 받지 아니하고 제40조에 따라 소유권을 이전한 자

7. 제54조제4항에 따른 처분의 취소·변경 또는 정지, 그 공사의 중지 및 변경에 관한 명령을 받고도 이에 따르지 아니한 사업시행자, 주민대표회의 및 정비사업전문관리업자

4. 회계감사를 요청하지 않은 경우 1년, 1천만원

도시정비법 제138조(벌칙) ① 다음 각 호의 어느 하나에 해당하는 자는 <u>1년 이하의 징역 또는 1천만원 이하의 벌금</u>에 처한다. 〈개정 2018. 6. 12., 2020. 6. 9., 2021. 1. 5.〉
 6. 제112조제1항에 따른 <u>회계감사를 요청하지 아니한</u> 추진위원장, 전문조합관리인 또는 조합임원(토지등소유자가 시행하는 재개발사업 또는 제27조에 따라 지정개발자가 시행하는 정비사업의 경우에는 그 대표자를 말한다)

빈집법 제62조(벌칙) 다음 각 호의 어느 하나에 해당하는 자는 1년 이하의 징역 또는 1천만원 이하의 벌금에 처한다. 〈개정 2023. 4. 18.〉
2. 제54조제3항에 따른 회계감사를 받지 아니한 자

5. 정보공개 위반, 1년, 1천만원

○ 실무상 가장 많은 처벌 사례가 있음
 - 단, 신탁업자는 법 제137조제12호,제13호의 **허위 자료** 공개 및 열람·복사는 **처벌대상 아님**

○ 준공인가를 받지 않고 사용하면 처벌

> **도시정비법 제138조(벌칙)** ① 다음 각 호의 어느 하나에 해당하는 자는 1년 이하의 징역 또는 1천만원 이하의 벌금에 처한다. 〈개정 2018. 6. 12., 2020. 6. 9., 2021. 1. 5.〉
> 3. 제83조제1항에 따른 준공인가를 받지 아니하고 건축물 등을 사용한 자와 같은 조 제5항 본문에 따라 시장·군수등의 사용허가를 받지 아니하고 건축물을 사용한 자
> 7. **제124조제1항을 위반**하여 정비사업시행과 관련한 서류 및 자료를 인터넷과 그 밖의 방법을 병행하여 공개하지 아니하거나 같은 조 **제4항을 위반**하여 조합원 또는 토지등소유자의 열람·복사 요청을 따르지 아니하는 추진위원장, 전문조합관리인 또는 조합임원(조합의 청산인 및 토지등소유자가 시행하는 재개발사업의 경우에는 그 대표자, 제27조에 따른 지정개발자가 사업시행자인 경우 그 대표자를 말한다)
> 8. **제125조제1항을 위반**하여 속기록 등을 만들지 아니하거나 관련 자료를 청산 시까지 보관하지 아니한 추진위원장, 전문조합관리인 또는 조합임원(조합의 청산인 및 토지등소유자가 시행하는 재개발사업의 경우에는 그 대표자, 제27조에 따른 지정개발자가 사업시행자인 경우 그 대표자를 말한다)
>
> **빈집법 제62조**
> 3. 제54조제5항을 위반하여 사업시행과 관련한 서류 및 자료를 인터넷과 그 밖의 방법을 병행하여 공개하지 아니하거나 조합원 또는 토지등소유자의 열람·복사 요청에 따르지 아니하는 조합임원(조합의 청산인 및 토지등소유자가 시행하는 사업의 경우에는 그 대표자, 제19조에 따른 지정개발자가 사업시행자인 경우 그 대표자를 말한다)
> 4. 제54조제6항을 위반하여 속기록 등을 만들지 아니하거나 관련 자료를 청산 시까지 보관하지 아니한 조합임원(조합의 청산인 및 토지등소유자가 시행하는 사업의 경우에는 그 대표자, 제19조에 따른 지정개발자가 사업시행자인 경우 그 대표자를 말한다)

6. 양벌규정

○ 자신의 잘못으로 법인까지 처벌된다는 점 명심

> **도시정비법 제139조(양벌규정)** 법인의 대표자나 법인 또는 개인의 대리인, 사용인, 그 밖의 종업원이 그 법인 또는 개인의 업무에 관하여 <u>제135조부터 제138조까지의 어느 하나에 해당</u>하는 위반행위를 하면 그 행위자를 벌하는 외에 그 법인 또는 개인에게도 해당 조문의 벌금에 처한다. 다만, 법인 또는 개인이 그 위반행위를 방지하기 위하여 해당 업무에 관하여 상당한 주의와 감독을 게을리하지 아니한 경우에는 그러하지 아니하다.
>
> **빈집법 제63조**

7. 과태료

도시정비법 제140조(과태료) ① 다음 각 호의 어느 하나에 해당하는 자에게는 1천만원 이하의 과태료를 부과한다. 〈개정 2022. 6. 10.〉

1. 제113조제2항에 따른 점검반의 현장조사를 거부·기피 또는 방해한 자
2. 제132조제2항을 위반하여 제29조에 따른 계약의 체결과 관련하여 시공과 관련 없는 사항을 제안한 자 ◆총회비용 대납 등
3. 제132조의3제1항을 위반*하여 사실과 다른 정보 또는 부풀려진 정보를 제공하거나, 사실을 숨기거나 축소하여 정보를 제공한 자

   *건설업자, 등록사업자 및 정비사업전문관리업자만 해당

② 다음 각 호의 어느 하나에 해당하는 자에게는 500만원 이하의 과태료를 부과한다. 〈개정 2017. 8. 9., 2020. 6. 9., 2022. 6. 10.〉

1. 제29조제2항을 위반하여 전자조달시스템을 이용하지 아니하고 계약을 체결한 자
2. 제78조제5항 또는 제86조제1항에 따른 통지를 게을리한 자
3. 제107조제1항 및 제111조제2항에 따른 보고 또는 자료의 제출을 게을리한 자

3의2. 제111조의2를 위반하여 자금차입에 관한 사항을 신고하지 아니하거나 거짓으로 신고한 자

4. 제125조제2항에 따른 관계 서류의 인계를 게을리한 자

③ 제1항 및 제2항에 따른 과태료는 대통령령으로 정하는 방법 및 절차에 따라 국토교통부장관, 시·도지사, 시장, 군수 또는 구청장이 부과·징수한다.

빈집법 제64조(과태료) ① 제54조제4항에 따라 점검반의 현장조사를 거부·기피 또는 방해한 자에게는 1천만원의 과태료를 부과한다.

② 다음 각 호의 어느 하나에 해당하는 자에게는 500만원 이하의 과태료를 부과한다. 〈개정 2020. 6. 9., 2022. 2. 3.〉

1. 제40조제1항에 따른 통지를 게을리한 자
2. 제54조제2항에 따른 보고 또는 자료의 제출을 게을리한 자
3. 제54조제7항에 따른 관계 서류의 인계를 게을리한 자

 **재개발 상가소유자 아파트 분양 가능 여부**

1. 도시정비법

가. 질문
○ 재개발사업구역내에서 권리가액이 매우 적은 구분상가를 소유한 자들에게 아파트를 분양할 수 있는지 여부가 궁금하다.

나. 각 시·도 조례에 답이 있다.
○ 법 시행령 제63조제1항제3호에 의하면, 원칙적으로 "정비구역의 토지등소유자"에게 분양하되, 다만, 시·도조례로 정하는 바에 따라 예외적으로 토지등소유자중에서 일정한 경우에 해당하는 자를 분양대상에서 제외할 수 있는 것이다.

○ 따라서 <u>일단 시·도조례가 제한하지 않는 한 시행령상은 상가소유자도 토지등소유자임은 분명하므로 재개발사업에서도 아파트 분양은 일단 가능하다</u>. 다만 조례가 어느 경우에 해당하면 분양대상을 제한하는지를 살펴봐야 하는 것이다.

> **도시정비법시행령 제63조(관리처분의 방법 등)** ① 법 제23조제1항제4호의 방법으로 시행하는 주거환경개선사업과 재개발사업의 경우 법 제74조에 따른 관리처분은 다음 각 호의 방법에 따른다. 〈개정 2022. 12. 9.〉
>
> 3. <u>정비구역의 토지등소유자(지상권자는 제외한다. 이하 이 항에서 같다)에게 분양할 것. 다만, 공동주택을 분양하는 경우 시·도조례로 정하는 금액·규모·취득 시기 또는 유형에 대한 기준에 부합하지 아니하는 토지등소유자는 시·도조례로 정하는 바에 따라 분양대상에서 제외할 수 있다.</u>
>
> 7. 주택 및 부대시설·복리시설의 공급순위는 기존의 토지 또는 건축물의 가격을 고려하여 정할 것. 이 경우 그 구체적인 기준은 시·도조례로 정할 수 있다.
>
> **령 제2조** ② 법 제2조제3호다목에 따라 특별시·광역시·특별자치시·도·특별자치도 또는 「지방자치법」 제198조제1항에 따른 서울특별시·광역시 및 특별자치시를 제외한 인구 50만 이상 대도시의 조례(**이하 "시·도조례"라 한다**)로 정할 수 있는 건축물은 다음 각 호의 어느 하나에 해당하는 건축물을 말한다. 〈개정 2021. 12. 16.〉

다. 서울시의 경우

○ 서울시는 조례 제정 시행 당시(2003.12.30.)부터 현재까지 상가소유자에 대해서는 ①토지면적이 일정규모 이하인 자나, ②분양신청자가 소유하고 있는 권리가액이 분양용 최소규모 공동주택 1가구의 추산액 이상인 자가 아닌 경우에는 아파트를 공급하지 못하도록 제한하고 있었다.

○ 따라서 현재는 ①토지면적이 90㎡ 이상이거나, ②분양신청자가 소유하고 있는 권리가액이 분양용 최소규모 공동주택 1가구의 추산액 이상인 자만 아파트 공급이 가능하다.

○ 결국 서울시의 경우에 상가소유자들은 위 조건에만 해당할 경우에 아파트를 공급받는다. 따라서 소규모구분상가소유자들은 위 조건을 충족하기가 어려워 사실상 아파트를 공급받지 못할 것이다.

> **서울특별시 도시 및 주거환경정비 조례**
> [시행 2024. 3. 15.] [서울특별시조례 제9145호, 2024. 3. 15., 일부개정]
> 제36조(재개발사업의 분양대상 등) ① 영 제63조제1항제3호에 따라 재개발사업으로 건립되는 공동주택의 분양대상자는 관리처분계획기준일 현재 다음 각 호의 어느 하나에 해당하는 토지등소유자로 한다.
> 1. 종전의 건축물 중 **주택**(주거용으로 사용하고 있는 특정무허가건축물 중 조합의 정관 등에서 정한 건축물을 포함한다)을 소유한 자
> 2. **분양신청자가 소유하고 있는 종전토지의 총면적이 90제곱미터 이상인 자**
> 3. **분양신청자가 소유하고 있는 권리가액이 분양용 최소규모 공동주택 1가구의 추산액 이상인 자.** 다만, 분양신청자가 동일한 세대인 경우의 권리가액은 세대원 전원의 가액을 합하여 산정할 수 있다.

라. 경기도의 경우

○ 경기도의 경우는 2023. 10. 11. 조례 제26조제1항이 신설되기 전에는 별도의 분양대상 제한이 없었다. 그리고 위 신설조례는 조례시행 후 최초로 정비구역을 지정한 구역부터 적용한다.

○ 따라서 경기도 중 인구 50만 이상의 대도시로서 별도의 조례가 있는 곳을 제외한 곳에서는 <u>2023. 10. 11. 전에 정비구역이 지정된 곳에서는 상가소유자들에게도 정관규정이나 총회 의결에 따라 조합이 아파트를 공급할 수가 있는 것이다.</u>
○ <u>기타 경기도 내 대도시의 경우에는 조례를 살펴야 한다.</u>

경기도 도시 및 주거환경정비 조례
[시행 2023. 10. 11.] [경기도조례 제7790호, 2023. 10. 11., 일부개정]

제26조(주택공급 기준 등) ① 영 제63조제1항제3호 단서에 따른 <u>공동주택의 분양대상자는 관리처분계획기준일 현재 다음 각 호의 어느 하나에 해당하는 토지등소유자</u>로 한다.
[신설 2023.10.11.]

1. 종전의 건축물 중 주택(주거용으로 사용하고 있는 기존무허가건축물 및 미사용승인 건축물 중 정관등에서 정한 건축물을 포함한다)을 소유한 자

2. 분양신청자가 소유하고 있는 종전토지의 총면적이 「건축법」 제57조제1항에 따라 주거지역에 대하여 해당 시·군 건축조례로 정하는 면적 이상인 자

3. 분양신청자가 소유하고 있는 관리처분계획 기준일 현재 산정된 종전 자산의 총 가액(이하 이 조 및 제29조에서 "권리가액"이라 한다)이 분양용 최소규모 공동주택 1가구의 추산액 이상인 자. 다만, 분양신청자가 동일한 세대인 경우의 권리가액은 세대원 전원의 가액을 합하여 산정할 수 있다.

부칙
제1조(시행일) 이 조례는 공포한 날부터 시행한다.
제2조(주택공급 기준 등에 관한 적용례) 제26조의 개정 규정은 조례 시행 후 최초로 정비구역을 지정·고시하는 경우부터 적용한다.

▶**사례** : 김포북변0구역은 경기도조례가 적용되는 곳인데, 2020년에 관리처분을 하였으므로, 구 경기도조례가 적용되어, 아래와 같은 정관과 총회 의결을 거쳐 **<u>소규모상가구분소유자들 또는 적은 지분 소유자들에게 원하는 경우 아파트를 공급하였고</u>**, 관리처분타당성 검증을 통과하여 인가되었다.

북변0구역(김포시 인구 24년 48만명)

○ 정관 제46조(조합원분양) ① 주택 및 부대복리시설의 분양대상자와 분양기준은 법 및 도조례가 정하는 기준에 적합한 범위에서 총회의 의결로 결정한다.

○ 관리처분계획총회상정안(2020. 9. 25. 관리처분인가)

제8조 분양대상 조합원

B. 분양대상 토지소유자

1. 주택재개발사업으로 건립되는 공동주택의 분양대상자는 관리처분계획기준일(분양신청종료일) 현재 다음 각 호의 1에 해당하는 토지등소유자로 한다.

  가. 사업시행구역 안의 토지 또는 건축물 소유자로서 분양신청한 자

  나. 종전 건축물 중 기존 무허가 건축물 소유자로서 분양신청한 자

2. 빈집법

○ 상가·오피스텔 소유자 아파트 분양 여부

> **빈집법시행령 제31조제1항 3.** 토지등소유자(지상권자를 제외한다. 이하 이 조에서 같다)에게 분양할 것. 다만, <u>공동주택을 분양하는 경우</u> 시·도조례로 정하는 금액·규모·취득시기 또는 유형에 관한 기준에 부합하지 아니하는 토지등소유자는 시·도조례로 정하는 바에 따라 <u>분양대상에서 제외</u>할 수 있다.

○ **토지등소유자**라고 하므로, 결국 토지 또는 건축물 소유자이므로, 주택, 상가, 오피스텔등 모두 <u>일단 분양자격이 된다</u>. 다만 주택은 시도조례에서 분양대상에서 제외할 수도 있으므로, 결국 시도조례에서 주택분양대상을 제한하는지를 살펴야 한다. 시·도조례에 주택분양대상 제한이 없으면 결국 시행령 제31조에 따라 토지등소유자에게 분양한다.

○ 서울시 빈집조례 제37조1항은 **가로주택**에 대해서는 상가소유자는 **①토지면적이 90㎡ 이상이거나, ②분양신청자가 소유하고 있는 권리가액이 분양용 최소 규모 공동주택 1가구의 추산액 이상인 자만 아파트 공급**(소규모재개발은 제한 없음. 따라서 사견은 정관에 따라 공급도 가능하다고 봄)

○ 가로주택 분양대상 (소규모재개발은 서울시 조례에 규정 없음)

> **서울시 빈집 조례 제37조(가로주택정비사업의 분양대상)** ① 영 제31조제1항제3호에 따라 가로주택정비사업으로 분양하는 공동주택의 분양대상자는 **관리처분계획기준일 현재** 다음 각호의 어느하나에 해당하는 토지등소유자로 한다.
>
> **1. 종전의 건축물 중 주택(<u>주거용으로 사용</u>하고 있는 특정무허가건축물 중 조합정관 등에서 정한 건축물을 포함한다)을 소유한 자**
>
> - 특정무허가는 1989. 1. 24. 당시 무허가건축물
>
> **2. 분양신청자가 소유하고 있는 종전토지의 총면적이 90제곱미터 이상인 자**
>
> - 지목, 주택 소유 여부, 필지 수, 모두 불문 : **합쳐서 90㎡이상**도 가능(단, 권리산정기준일 전에 이미 분할 또는 공유 토지만)

3. 분양신청자가 소유하고 있는 권리가액이 분양용 최소규모 공동주택 1가구의 추산액 이상인 자. 다만, 분양신청자가 동일한 세대인 경우의 권리가액은 세대원 전원의 가액을 합산하여 산정할 수 있다.

② 제1항에도 불구하고 다음 각 호의 어느 하나에 해당하는 경우에는 여러 명의 분양신청자를 1인의 분양대상자로 본다.

2. 법 제24조제1항제2호에 따라 여러명의 분양신청자가 1세대에 속하는경우
3. 1주택 또는 1필지의 토지를 여러 명이 소유하고 있는 경우. 다만, 권리산정기준일 이전부터 공유로 소유한 토지의 지분이 제1항제2호 또는 권리가액이 제1항제3호에 해당하는 경우에는 그러하지 아니하다.〈1호,4,5,6호 생략〉

② 제1항에도 불구하고 다음 각 호의 어느 하나에 해당하는 경우에는 **여러 명의 분양신청자를 1인의 분양대상자로 본다. ※현금청산이 아님**

1. 단독주택 또는 다가구주택을 권리산정기준일 후 다세대주택으로 전환한 경우
2. 법 제24조제1항제2호에 따라 여러 명의 분양신청자가 1세대에 속하는 경우
3. 1주택 또는 1필지의 토지를 여러 명이 소유하고 있는 경우. 다만, 권리산정기준일 이전부터 공유로 소유한 토지의 지분이 제1항제2호 또는 권리가액이 제1항제3호에 해당하는 경우에는 그러하지 아니하다.
4. 1필지의 토지를 권리산정기준일 후 여러 개의 필지로 분할한 경우
5. 하나의 대지범위 안에 속하는 동일인 소유의 토지와 주택을 건축물 준공 이후 토지와 건축물로 각각 분리하여 소유하는 경우. 다만, 권리산정기준일 이전부터 소유한 토지의 면적이 90제곱미터 이상인 자는 그러하지 아니한다.
6. 권리산정기준일 후 나대지에 건축물을 새로이 건축하거나 기존 건축물을 철거하고 다세대주택, 그 밖에 공동주택을 건축하여 토지등소유자가 증가되는 경우

③ 제1항제2호의 **종전 토지의 총면적 및 제1항제3호의 권리가액을 산정함**에 있어 다음 각 호의 어느 하나에 해당하는 토지는 포함하지 아니한다.

1. 「건축법」 제2조제1항제1호에 따른 하나의 대지범위 안에 속하는 토지가 여러 필지인 경우 권리산정기준일 후에 그 토지의 일부를 취득하였거나 공유지분으로 취득한 토지
2. 하나의 건축물이 하나의 대지범위 안에 속하는 토지를 점유하고 있는 경우로서 권리산정기준일 후 그 건축물과 분리하여 취득한 토지
3. 1필지의 토지를 권리산정기준일 후 분할하여 취득하거나 **공유로 취득한 토지**

Ⅵ. 재건축 상가소유자와 상생 문제

> **빈집법 표준시행규정 제34조(주택 등 공급기준 등)** ① 사업시행자는 정비사업의 시행으로 건설된 건축물을 도시정비법 제74조에 따라 인가받은 관리처분계획에 따라 토지등소유자에게 공급하여야 한다. 이 경우 관리처분의 방법은 도시정비법 시행령 제63조에 따른다.
>
> ② 도시정비법 시행령 제63조제2항제2호가목 및 같은 호 나목에서 "정관등으로 정하는 비율"이란 [   ]을 말한다(재건축사업인 경우에만 해당한다).

1. 현행 법규

> **도시정비법 시행령 제63조(관리처분의 방법 등)**
> ② **재건축사업의 경우** 법 제74조에 따른 관리처분은 다음 각 호의 방법에 따른다. 다만, 조합이 **조합원 전원의 동의**를 받아 그 기준을 따로 정하는 경우에는 그에 따른다. 〈개정 2022. 12. 9.〉
>
> 1. 제1항제5호 및 제6호를 적용할 것
>
> 2. 부대시설·복리시설(부속토지를 포함한다. 이하 이 호에서 같다)의 소유자에게는 부대시설·복리시설을 공급할 것. **다만, 다음 각 목의 어느 하나에 해당하는 경우에는 1주택을 공급할 수 있다.**
>
>   가. 새로운 부대시설·복리시설을 <u>건설하지</u> 아니하는 경우로서 기존 부대시설·복리시설의 가액이 <u>분양주택 중 최소분양단위규모의 추산액에</u> **정관등으로 정하는 비율**(정관등으로 정하지 아니하는 경우에는 1로 한다. **이하 나목에서 같다**)을 곱한 가액보다 클 것
>
>   나. 기존 부대시설·복리시설의 가액에서 새로 공급받는 부대시설·복리시설의 추산액을 뺀 금액이 분양주택 중 최소분양단위규모의 추산액에 **정관등으로 정하는 비율**을 곱한 가액보다 클 것
>
>   다. <u>새로 건설한 부대시설·복리시설 중 최소분양단위규모의 추산액이 분양주택 중 최소분양단위규모의 추산액보다 클 것</u>

빈집법시행령 제31조 ② 법 제33조에 따른 <u>소규모재건축사업 관리처분</u>의 방법은 다음 각 호와 같다. 다만, 조합이 조합원 전원의 동의를 받아 그 기준을 따로 정하는 경우에는 그에 따른다.

  1. 제1항제5호부터 제7호까지의 방법에 따를 것

  2. 기존 부대시설 또는 복리시설(부속토지를 포함한다. 이하 이 호에서 같다)의 소유자에게는 새로 건설되는 부대시설 또는 복리시설을 공급할 것. 다만, 다음 각 목의 어느 하나에 해당하는 경우에는 하나의 주택을 공급할 수 있다.

    가. 새로운 부대시설 또는 복리시설을 <u>건설하지 아니하는 경우로서</u> 기존 부대시설 또는 복리시설의 가액이 분양주택 중 최소분양단위 규모의 추산액에 <u>정관등으로 정하는 비율</u>(정관등으로 정하는 비율이 없는 경우에는 1을 말한다. 이하 이 조에서 같다)을 곱한 가액보다 큰 경우

    <u>나. 기존 부대시설 또는 복리시설의 가액에서 새로 공급받는 부대시설 또는 복리시설의 추산액을 뺀 금액</u>이 분양주택 중 최소분양단위 규모의 추산액에 정관등으로 정하는 비율을 곱한 가액보다 큰 경우

    다. 새로 건설한 부대시설 또는 복리시설 중 최소분양단위규모의 추산액이 분양주택 중 최소분양단위규모의 추산액보다 큰 경우

2. 도시정비법 표준정관 및 제정법시행령

○ 2003. 6. 30. 제정된 표준정관과 2006. 8. 25. 개정된 정관도 모두 "새로운 부대·복리시설을 **공급받지 아니하는** 경우"임

○ 그런데 2003. 6. 30. 제정되고, 그 다음날부터 시행된 도시정비법시행령은 "새로운 부대·복리시설을 **건설하지 아니하는** 경우"임

주택재건축정비사업조합 표준정관 2003. 6. 30. 제정

제44조(관리처분계획의 기준)

　가. **새로운 부대·복리시설을 공급받지 아니하는** 경우로서 종전의 부대·복리시설의 가액이 분양주택의 최소분양단위규모 추산액에 **총회에서 정하는 비율**(정하지 아니한 경우에는 1로 한다)을 곱한 가액 이상일 것

　나. 종전 부대·복리시설의 가액에서 새로이 공급받는 부대·복리시설의 추산액을 차감한 금액이 분양주택의 최소분양단위규모 추산액에 **총회에서 정하는 비율**을 곱한 가액 이상일 것

　다. 새로이 공급받는 부대·복리시설의 추산액이 분양주택의 최소분양단위규모 추산액 이상일 것

　라. 조합원 전원이 동의한 경우

정관 2006. 8. 25(개정)

제46조(관리처분계획의 기준)

　가. **새로운 부대·복리시설을 공급받지 아니하는 경우로서** 종전의 부대·복리시설의 가액이 분양주택의 최소분양단위규모 추산액에 총회에서 정하는 비율(정하지 아니한 경우에는 1로 한다)을 곱한 가액 이상일 것

　나. 종전 부대·복리시설의 가액에서 새로이 공급받는 부대·복리시설의 추산액을 차감한 금액이 분양주택의 최소분양단위규모 추산액에 총회에서 정하는 비율을 곱한 가액 이상일 것

　다. 새로이 공급받는 부대·복리시설의 추산액이 분양주택의 최소분양단위규모 추산액 이상일 것

　라. 조합원 전원이 동의한 경우

법 시행령 제52조 (관리처분의 기준 등)

▶[시행 2003. 7. 1.] [대통령령 제18044호, 2003. 6. 30., 제정]

2. 부대·복리시설(부속토지를 포함한다)의 소유자에게는 부대·복리시설을 공급할 것. 다만, 다음 각 목의 1에 해당하는 경우에는 1주택을 공급할 수 있다.

가. <u>새로운 부대·복리시설을 **건설하지 아니하는** 경우로서</u> 기존 부대·복리시설의 가액이 분양주택 중 최소분양단위규모의 추산액에 정관 등으로 정하는 비율{정관 등으로 정하지 아니하는 경우에는 1로 한다. 이하 (나)목에서 같다}을 곱한 가액보다 클 것

나. 기존 부대·복리시설의 가액에서 새로이 공급받는 부대·복리시설의 추산액을 뺀 금액이 분양주택 중 최소분양단위규모의 추산액에 정관 등으로 정하는 비율을 곱한 가액보다 클 것

다. 새로이 공급받는 부대·복리시설의 추산액이 분양주택 중 최소분양단위규모의 추산액보다 클 것

3. 위 시행령하에서 2022. 8. 12.이전 위 법규 운용

> ★★상가소유자가 새로운 부대시설 복리시설을 <u>공급받지 않으면</u>, 뺄 금액이 없어, 결국 기존 부대시설·복리시설의 가액이 분양주택 중 최소분양단위규모의 추산액에 <u>정관등으로 정하는 비율</u>을 곱한 가액보다 크면 결국 아파트 분양

○ 예를 들어) 상가종전가격 1억, 아파트최소분양가격 5억, 정관비율 0.1이라면
  - 이 경우는 상가 종전가격이 5천만원을 초과하면 아파트 공급 가능

○ 과거에 국토교통부는 "건설하지 아니하는 경우"에는 표준정관과 같이 "공급받지 아니하는 경우가 포함"된다고 유권해석

4. 국토교통부 유권해석 변천

가. 국토교통부 2017. 9. 20.자 국민신문고 질의회신

○ 법령 문언 그대로 조합이 '새로운 부대시설·복리시설을 건설하지 아니하는 경우'에 부대시설·복리시설 소유자가 주택을 분양받을 수 있다고 유권해석을 변경해 회신
  - 기존의 '상가소유자에 대한 아파트 분양조건'을 폭넓게 해석하던 것에서 '부대시설·복리시설을 건설하지 않는 경우'로 해석의 범위를 좁힌 것이다.

나. 국토교통부 2022. 8. 12. "재건축사업 부대·복리시설 소유자 주택공급 규정 운영방안" 수립

○ 법령에 따라 "새로운 부대·복리시설을 <u>건설하지 아니하는 경우</u>"에만 1주택 공급이 가능

○ 상가조합원이 상가를 포기하는 등 "새로운 부대·복리시설을 <u>공급하지 아니하는 경우</u>"에는 1주택 공급 불가

○ 2022. 8. 12. 이전 정관은 인정하고, 이후에는 불인정

재건축사업 부대·복리시설 소유자 주택공급 규정 운영방안

□ **재건축사업 부대·복리시설 소유자 주택공급 규정 및 표준정관 현황**

   ○ **(규정)** 부대·복리시설 소유자에게는 부대·복리시설을 공급하되, **"새로운 부대·복리시설을 건설하지 아니하는 경우"** 1주택 공급 가능(영 §63②2)

   ○ **(표준정관)** 舊 건설교통부에서 작성·보급한 표준정관*에서 **"새로운 부대·복리시설을 공급하지 아니하는 경우"** 로 기재

      *표준정관 작성·보급 주체는 국토교통부에서 시·도지사로 변경('19.4.23. 법 개정)

□ **운영방안**

   ① **(유권해석 명확화)** 법령이 따라 **"새로운 부대·복리시설을 건설하지 아니하는 경우"** 에만
     1주택 공급이 가능한 것으로 유권해석

     - 상가조합원이 상가를 포기하는 등 **"새로운 부대·복리시설을 건설하지 아니하는 경우"** 에는 1주택 공급 불가

   ② **(표준정관 반영)** 시·도에서 표준정관을 이미 작성·배포한 경우 **"새로운 부대·복리시설을 건설하지 아니하는 경우"** 에만 **1주택 공급이 가능**한 것으로 **즉시 변경**하고,

     - 향후, 시·도에서 **작성하는 표준정관을 해당 내용을 반영**하여 작성

   ③ **(조합정관 인가)** 공문 시행일('22.8.12.) 이후 조합설립인가가 **신청**된 조합 정관은 **"새로운 부대·복리시설을 건설하지 아니하는 경우"** 로 인가

     - 기존 표준정관 등을 신뢰하여 **"새로운 부대·복리시설을 공급하지 아니하는 경우"** 1**주택 공급**이 가능한 것으로 인가된 **조합정관**이나, **공문 시행일('22.8.12.) 이전 인가 신청된 조합정관은 인정**

다. 최근 2024. 1. 25. 국토교통부 유권해석

○ 기존 유권해석 유지

(2) 답변내용

   ○ 시행령 제63조제2항제2호가·목에 대하여 말씀드리겠습니다.

   - 질의하신 사항과 관련하여 우리부에서 "재건축사업 부대·복리시설 소유자 주택공급

규정 운영방안"을 수립(2022.08.12.)하여,

- 향후 시·도에서 작성하는 표준정관은 시행령 제63조제2항제2호가목과 관련하여 "건설하지 아니하는 경우"로 작성하며, 운영방안 시행일 이후 조합설립인가가 신청된 조합정관은 "건설하지 아니하는 경우"로 인가하도록 조치하였습니다.

- 다만, 운영방안 시행 이전에 "공급하지 아니하는 경우"로 인가된 조합정관 또는 인가 신청된 조합정관은 해당 내용을 인정하도록 하였음을 알려드립니다.

○ 시행령 제63조제2항제2호나목에 대하여 말씀드리겠습니다.

- 기존 부대시설·복리시설의 소유자에게는 부대시설·복리시설을 공급하도록 정하고 있으므로,

- 시행령 제63조제2항제2호나목 관련하여, 기존 부대시설·복리시설의 가액이 "새로 공급받는 부대시설·복리시설의 추산액과 분양주택 중 최소분양단위 규모의 추산액에 정관 등으로 정하는 비율을 곱한 가액의 합"보다 큰 경우에, 부대시설·복리시설과 1주택을 공급할 수 있을 것으로 사료됩니다.

라. 국토교통부 유권해석 변경에 따른 문제점

○ 상가소유자들이 재건축에 동의할 이유가 없어짐
 - 상가소유자들은 낮은 용적율에 재건축기간 동안 수입도 없어짐. 즉 생계유지가 걸린 상가소유자에 대한 배려가 없으면 재건축에 동의할 이유가 없음.
 - 재개발은 영업보상이 실시되나, 재건축은 영업보상도 없음
 - 특히 1기신도시 재건축은 광역계획이므로 상가 제척도 거의 불가능할 것으로 보임
 - 국토교통부 유권해석대로라면 앞으로 상가소유자들의 동의가 얻기 어려워져 재건축에 상당한 어려움이 있을 것으로 예상

○ 상가 건축면적이 줄어드는 경우 예를 들면 2,000평에서 1,000평으로 줄어드는 경우 대비책도 문제임
 - 사견은, 이 경우는 예외적으로 상가를 분양받지 못하는 상가소유자에게 아파트를 공급할 수 있다고 본다.

5. 해결책 (판례 동향)

○ 주류판례는 표준정관과 같은 내용으로 작성된 조합정관은 도시정비법에 위배되지 않고, 상가소유자가 주택을 공급받는 대신 부대·복리시설의 분양을 포기한 경우 <u>도시정비법 시행령 제63조제2항제2호 가목의 "새로운 부대·복리시설을 건설하지 아니하는 경우"를 유추적용하거나, 나목의 "새로이 공급받는 부대·복리시설의 추산액"이 0인 경우로 보아</u> "기존 부대·복리시설의 가액이 분양주택 중 최소 분양단위규모의 추산액에 정관 등으로 정하는 비율을 곱한 가액보다 큰 경우"에는 위 제2호 가목 및 나목에 기하여 1주택을 공급할 수 있다고 판시하고 있다.

○ **그러나 최근 하급심 판결은 토지등소유자 전원의 합의가 필요하다고 하여 부정설을 취하고 있다.**

> **서울고등법원 2024. 5. 23. 선고 2023나2027555 판결**
>
> 다. 그런데 이 사건 개정안은 관리처분계획의 기준을 '새로운 상가를 공급받지 아니한 경우로서 종전의 상가 가액이 분양주택의 최소분양단위규모 추산액에 20%를 곱한 금액보다 큰 경우'에도 상가 조합원에게 1주택을 공급할 수 있다는 내용으로 변경하는 것을 골자로 한다. 위 개정안에 따르면 조합이 상가를 충분히 건설하여 상가 조합원에게는 상가를 공급한다는 원칙을 지켜 대지 및 건축물을 균형 있게 배분할 수 있는 경우에도 상가 조합원이 상가 분양을 포기하는 방법으로 상가를 공급받지 않으면 상가 대신 주택을 공급받는 등 상가 조합원의 임의적 선택에 따라 상가 또는 주택을 분양받을 수 있게 된다. <u>이는 조합이 상가를 건설하지 않아 상가조합원에게는 상가를 공급한다는 원칙을 지키는 것이 불가능하거나(가목), 조합이 상가를 건설하여 공급하지만 건설되는 상가의 규모와 수 및 추정자산가액 등에 비추어 상가 조합원에게 부당한 결과가 발생하는 경우(나목, 다목)를 전제로 하여 상가 조합원에 대한 주택공급의 예외사유를 규정한 도시정비법 시행령 제63조 제2항 제2호 각 목의 기준을 완화하여 규정한 것이다.</u> 그렇다면 **이 사건 안건의 가결에는 도시정비법 시행령 제63조 제2항 단서에 따라 조합원 전원의 동의가 필요하다고 봄이 타당하다**(이 사건 안건으로 개정하려는 피고 조합의 정관 제46조에서도 '관리처분계획의 기준'을 정하면서 그 제9호 가목 내지 다목에서 도시정비법 시행령 제63조 제2항 제2호 각 목의 규정을 그대로 규정하고 있고, 그 라목에서는 도시정비법 시행령 제63조 제2항 단서가 규정한 대로 '조합원 전원이 동의하여 그 기준을 따로 정하는 경우에는 그에 따른다'고 규정하고 있는바, 위 라목에 의한다고 하더라도 위 가목 내지 다목과 다른 기준을 정하기 위해서는 조합원 전원의 동의가 필요하다).

> **서울중앙지방법원 2024. 12. 19. 선고 2023가합60641 판결 신반포2차재건축조합**
> 정관의 비율을 0.1로 하려면 전원의 동의를 받아야 한다.

○ 하지만 대법원은 위 판결 이후에 다시 반대되는 고등법원 판결에 대해 심리불속행 기각을 하여, 갈팡질팡 중임

○ 물론 이러한 혼란을 방지하기 위해서는 시행령을 "건설하지 아니하는 경우"에서 표준정관처럼 "공급받지 아니하는 경우"로 개정하기를 기대해 본다.

○ 처음부터 "정관등으로 정하는 비율"을 결정하는 것이 좋다. 나중에 이를 변경하려면, 아래와 같은 문제가 발생한다.

> - 정관 변경 안건은 당초 재건축결의 당시와 비교할 때 '조합원의 자격에 관한 사항'이나 '조합의 비용부담'이 조합원의 이해관계에 중대한 영향을 미칠 정도로 실질적으로 변경되는 경우에 해당하여 **조합원 3분의 2 이상의 찬성이** 필요하다고 보았다(서울고등법원 2019누32285 판결).
>
> - 과반수라는 판례 (서울고등법원 2024. 4. 24. 선고 2023나2043212 판결)

Ⅶ. 관리처분 타당성 검증

1. 법규정

법 제78조(관리처분계획의 공람 및 인가절차 등) ① 사업시행자는 제74조에 따른 관리처분계획인가를 신청하기 전에 관계 서류의 사본을 30일 이상 **토지등소유자에게 공람**하게 하고 의견을 들어야 한다. 다만, 제74조제1항 각 호 외의 부분 단서에 따라 대통령령으로 정하는 경미한 사항을 변경하려는 경우에는 토지등소유자의 공람 및 의견청취 절차를 거치지 아니할 수 있다.

② 시장·군수등은 사업시행자의 관리처분계획인가의 신청이 있는 날부터 30일 이내에 인가 여부를 결정하여 사업시행자에게 통보하여야 한다. 다만, 시장·군수등은 제3항에 따라 관리처분계획의 타당성 검증을 요청하는 경우에는 관리처분계획인가의 신청을 받은 날부터 60일 이내에 인가 여부를 결정하여 사업시행자에게 통지하여야 한다. 〈개정 2017. 8. 9.〉

③ 시장·군수등은 다음 각 호의 어느 하나에 해당하는 경우에는 대통령령으로 정하는 공공기관에 **관리처분계획의 타당성 검증을 요청하여야 한다.** 이 경우 시장·군수등은 타당성 검증 비용을 사업시행자에게 부담하게 할 수 있다. 〈신설 2017. 8. 9.〉

 1. 제74조제1항제6호에 따른 정비사업비가 제52조제1항제12호에 따른 정비사업비 기준으로 100분의 10 이상으로서 대통령령으로 정하는 비율 이상 늘어나는 경우
  ▶사업시행계획비교
 2. 제74조제1항제6호에 따른 조합원 분담규모가 제72조제1항제2호에 따른 분양대상자별 분담금의 추산액 총액 기준으로 100분의 20 이상으로서 대통령령으로 정하는 비율 이상 늘어나는 경우
  ▶분양신청기준
 3. 조합원 5분의 1 이상이 관리처분계획인가 신청이 있는 날부터 15일 이내에 시장·군수등에게 타당성 검증을 요청한 경우
 4. 그 밖에 시장·군수등이 필요하다고 인정하는 경우

> **령 제64조(관리처분계획의 타당성 검증)** ① 법 제78조제3항 각 호 외의 부분 전단에서 "대통령령으로 정하는 공공기관"이란 다음 각 호의 기관을 말한다. 〈개정 2020. 12. 8.〉
>   1. 토지주택공사등
>   2. 한국부동산원
> ② 법 제78조제3항제1호에서 "대통령령으로 정하는 비율"이란 100분의 10을 말한다.
> ③ 법 제78조제3항제2호에서 "대통령령으로 정하는 비율"이란 100분의 20을 말한다.
>
> ④ 시장·군수등이 제2항에 따라 관리처분계획을 인가하는 때에는 그 내용을 해당 지방자치단체의 공보에 고시하여야 한다. 〈개정 2017. 8. 9.〉
>
> ⑤ 사업시행자는 제1항에 따라 공람을 실시하려거나 제4항에 따른 시장·군수등의 고시가 있은 때에는 대통령령으로 정하는 방법과 절차에 따라 **토지등소유자에게는 공람계획을 통지하고,** 분양신청을 한 자에게는 관리처분계획인가의 내용 등을 통지하여야 한다. 〈개정 2017. 8. 9.〉
>
> ⑥ 제1항, 제4항 및 제5항은 시장·군수등이 직접 관리처분계획을 수립하는 경우에 준용한다. 〈개정 2017. 8. 9.〉

2. 주요 쟁점

○ 검증의무 대상이 아니어도 인가청이 필요하다고 인정하는 경우 검증신청 가능. 다만, 사업시행자는 검증신청인이 아니므로 검증을 원하는 경우 인가청에 문의

○ 조합원 수가 많거나 구역이 큰 경우, 인가 신청 전에 인가청과 협의하여 조합원 분양설계 적정성등을 사전에 검증받을 수 있는 사전검증제도를 운영하고 있음. 다만 사전에 검증을 받지 않은 항목이나 변경된 내용에 대해서는 인가 신청 후 추가 검증 대상임

○ 시장정비사업도 검증 대상임

3. 주요 조치 사례

가. 1세대 1주택 공급 위반
○ 분양신청한 조합원의 주민등본에 배우자가 확인되지 않음. <u>가족관계증명서를 확인</u>한 결과, 배우자가 주택 소유 확인

○ 자녀가 분가를 안하거나 늦게 한 경우

나. 조례와 상이한 보류지 기준
○ 토지등소유자에게 분양하는 공동주택 총 건립세대수의 1퍼센트 범위의 공동주택과 상가 등 부대·복리시설의 일부를 보류지로 정할 수 있다(서울시 조례 제44조). 1160세대의 1%는 11.6세대인데, 12세대를 선정

다. 관리처분계획 자금 운영계획에 조합장 등 임원에 대한 과도한 성과급 반영
○ 실제 성과내용이 구체적이지 않음. 사회통념상 상여금 수준을 크게 초과한 점 등을 고려하여 부적정 조치

라. 관리처분공람대상자 통지 누락
○ 현금청산자에게도 공람통지해야 함(법 제78조제5항)

마. 정비기반시설 명세가 사업시행인가내용과 상이
○ 세부 내용이 사업시행인가 내용과 같이 할 것을 요구

바. 주거전용면적 범위 내 2주택 공급 위반
○ 창고, 변소, 대피소 등 공용면적 포함 사례

○ 상가 또는 교육시설을 주거용으로 포함 사례

사. 정비사업비 관련
○ 계약서에 금액이 없는 경우, 계약서 누락 사례

○ 물가상승분 미반영

○ 재건축부담금 누락

아. 무허가건축물 증빙자료 누락
○ 기존 무허가 건축물에 항공사진등 증빙서류 누락

자. 세입자 보상대책 누락
○ 도시정비법 제74조에 세입자에 대한 영업보상 등에 대한 내용을 포함하여야 하는데 이를 누락함

제4편
주요 분쟁사례

제4편 주요 분쟁사례

1. 정비계획 입안시 주민설명회 통보 여부 및 기본계획 미수립 50만 미만시는 그 상태로 정비구역 지정

대법원 2025. 1. 23. 선고 2024두55006 지구지정처분 취소소송

◇1. 구「도시 및 주거환경정비법」(2020. 12. 31. 법률 제17814호로 개정되기 전의 것, 이하 '구 도시정비법') 제15조의 해석상 정비계획의 입안권자가 정비계획을 입안하기 위해서는 주민들에게 서면으로 주민설명회에 관한 통보를 하여야 하는지 여부(소극) 2. 구 도시정비법 제4조 제1항 단서에 따라 기본계획을 수립하지 않아도 되는 대도시가 아닌 시(인구 50만 미만의 시)가 정비구역을 지정하기 위해서는 기본계획을 수립해야 하는지 여부(소극)◇

1. 구 도시정비법 제15조 제1항은 "정비계획의 입안권자는 정비계획을 입안하거나 변경하려면 주민에게 서면으로 통보한 후 주민설명회 및 30일 이상 주민에게 공람하여 의견을 들어야 하며, 제시된 의견이 타당하다고 인정되면 이를 정비계획에 반영하여야 한다."라고 규정하고 있다. 한편 주민설명회는 도시정비사업 등 공공사업에서 주민에게 관련 정보를 제공하고 주민의 의견을 수렴하기 위해 진행되는 것으로, 그 개최 통지 등에 관한 절차가 관련 법령에 마련되어 있다면 그에 의하되, 그렇지 않다면 주민설명회가 실질적으로 운영될 수 있을 정도로 사회통념상 상당한 방법으로 고지되면 족하다.

도시정비법령상 주민설명회 개최에 관한 규정의 형식과 내용, 주민설명회 개최의 의의 등에 비추어 볼 때, <u>정비계획의 입안권자로 하여금 주민에게 서면으로 통보하도록 규율하고 있는 대상은 입안하거나 변경하려는 정비계획으로 보일 뿐, 주민설명회 개최에 관한 사항까지 정비계획에 관한 사항과 마찬가지로 서면으로 통보하도록 강제하고 있다고 보기는 어렵다.</u>

2. 구 도시정비법 제4조 제1항은 '시장 등은 관할 구역에 대하여 도시·주거환경정비기본계획(이하 '기본계획'이라 한다)을 10년 단위로 수립하여야 한다. 다만, 도지사가 대도시(인구 50만 명 이상인 시)가 아닌 시로서 기본계획을 수립할 필요가 없다고 인정하는 시에 대하여는 기본계획을 수립하지 아니할 수 있다'고 규정하고 있고, 같은 법 제7조 제2항은 '대도시의 시장이 아닌 시장은 기본계획을 수립하거나 변경하려면 도지사의 승인을 받아야 한다. 다만 제1항 단서에 해당하는 변경의 경우(대통령령으로 정하는 경미한 사항을 변경하는 경우)에는 도지사의 승인을 받지 아니할 수 있다'고 규정하고 있다.

위와 같이 기본계획의 수립권자인 특별시장·광역시장·특별자치시장·특별자치도지사 또는 시장은 원칙적으로 기본계획을 수립하여야 하나, 예외적으로 대도시가 아닌 시, 즉 인구 50만 명 미만의 시로서 도지사가 기본계획을 수립할 필요가 없다고 인정하는 시에 대하여는 기본계획을 수립하지 않을 수 있다. 이는 인구 50만 명 미만의 시는 주택재개발사업 또는 주택재건축사업의 수요가 많지 아니한 점을 고려하여 기본계획을 수립하지 않고도 정비구역을 지정할 수 있도록 함으로써 계획수립의 부담을 덜 수 있도록 하는 데에 그 입법취지가 있다.

한편 구 도시정비법 제8조 제2항은 천재지변 등 불가피한 사유로 긴급하게 정비사업을 진행할 필요가 있다고 인정하는 때 기본계획을 수립하거나 변경하지 않고 정비구역을 지정할 수 있도록 규정하고 있는데, 이는 기본계획의 수립을 전제로 정비구역이 지정되는 관할 구역에서의 기본계획 수립·변경에 관한 예외를 규정한 것이다. 이를 두고 구 도시정비법 제4조 제1항 단서에 따라 기본계획의 수립의무가 배제되는 시에서의 정비구역 지정이 구 도시정비법 제8조 제2항에서 정한 예외적인 사유가 인정되는 때에만 기본계획의 수립 없이 가능하다고 해석할 수는 없다.

따라서 <u>기본계획의 수립의무가 없는 대도시가 아닌 시의 시장은 도지사의 승인을 받아 기본계획을 수립한 경우가 아니라면 기본계획 수립 없이 곧바로 정비계획을 입안하고 결정하여 정비구역을 지정할 수 있다.</u>

* 군포시장인 피고는 금정역세권 재개발사업 준비위원회의 입안 제안에 따라 위 입안 제안의 대상 토지에 관하여 구 도시정비법 등에 따라 정비계획 결정 및 정비구역 지정과 지형도면 고시를 하였는데, 정비구역에 포함된 이 사건 준주거지역의 토지 등 소유자인 원고들 등은 피고를 상대로 지구지정처분 등의 취소를 청구함

* 원심은 ① 도시정비법 제15조 제1항은 주민설명회의 일시 등을 서면으로 통보하여야 한다고 규정하고 있지 않고 군포시청 홈페이지 등을 통하여 주민설명회의 일시, 장소 및 접속방법 등을 자세히 안내하였다고 보아 구 도시정비법 제15조 제1항을 위반하지 않았고, ② 경기도는 '도지사가 기본계획을 수립할 필요가 없다고 인정하는 시'를 '인구 50만 명 미만의 시'로 정하고 있고, 군포시는 인구 50만 명 미만으로 군포시장인 피고는 기본계획을 수립하지 않고 정비구역을 지정할 수 있다고 판단하였음

* 대법원은 위와 같은 법리를 설시하면서, 원고들의 청구를 기각한 원심을 수긍하여 상고를 기각함

2. 지분쪼개기 동의자 수 배제

○ 지분쪼개기로 늘어난 토지등소유자들은 동의정족수를 산정함에 있어서 전체 토지등소유자 및 동의자 수에서 제외

> **대법원 2023. 8. 18. 선고 2022두51901 판결**
> 오로지 <u>재개발조합설립</u>을 위한 동의정족수를 충족하게 하거나 재개발사업 진행 과정에서 주도적 지위를 차지하기 위한 목적으로 형식적인 증여, 매매 등을 원인으로 하여 밀접한 관계에 있는 사람 등의 명의로 과소지분에 관한 소유권이전등기를 마치는 방식을 통하여 인위적으로 토지등소유자 수를 늘리고 그들로 하여금 조합설립에 동의하는 의사표시를 하도록 하는 것은 조합설립을 위한 동의정족수 및 동의자 수 산정 방법을 엄격히 규정하고 있는 도시정비법령의 적용을 배제하거나 잠탈하기 위한 탈법행위에 해당한다고 볼 수 있다. 따라서 <u>위와 같이 늘어난 토지등소유자들은 동의정족수를 산정함에 있어서 전체 토지등소유자 및 동의자 수에서 제외</u>되어야 할 것인데,

3. 예산은 1 회계연도 수입과 지출만 의미

○ 총회 의결 없이 돈을 쓰려면 비록 예전에 예산총회를 하였다고 하더라도 그 해에 지출하지 못한 이상 다시 예산총회를 해야 한다.

> **대법원 2015. 5. 14. 선고 2014도8096 판결**
> <u>'예산'</u>이란 <u>'조합의 정관에서 정한 1회계연도의 수입·지출 계획'을 의미하고,</u> 따라서 이러한 예산의 요건을 충족하지 아니하는 이상, 조합이 정비사업을 추진하는 과정에서 <u>공사비 등 정비사업에 드는 비용인 정비사업비의 지출예정액에 관하여 사업비 예산이라는 명목으로 총회의 의결을 거친 적이 있다고 하더라도, 이를 두고 '예산'이라고 볼 수는 없다.</u>

4. 토지만 또는 건물만 소유한 자 동의 여부

○ 동의를 얻어야 할 자에는 포함되나, 조합원이 될 수 없고, 이들에 대한 동의서는 법정사항이 적용되지 않는다.

> **대법원 2013. 11. 14. 선고 2011두5759 판결**
>
> 토지나 건축물만을 소유한 자는 비록 구 도시정비법 제16조 제3항에 의하여 주택재건축사업의 조합설립에서 동의를 얻어야 할 자에 포함되더라도 구 도시정비법에 의한 조합원이 될 수는 없다고 보는 것이 타당하다. 그리고 구 도시정비법 시행령 제26조 제1항은 조합원이 되는 '토지등소유자'에 대하여 동의서에 의한 동의 방법을 규정하고 있으며, 위 규정에서 정하고 있는 동의서의 법정사항은 대체로 정비사업에 참여하여 그 비용을 분담하고 그 사업의 성과를 분배받는 조합원이 될 자격이 있는 '토지등소유자'의 이해관계에 관한 것들이다. 따라서 이러한 사정들에 비추어 보면, 구 도시정비법 시행령 제26조 제1항에서 정한 '토지등소유자'로부터 받아야 하는 동의서에 관한 법정사항은 주택재건축사업에서 토지나 건축물만을 소유하여 조합원이 될 수 없는 자로부터 받는 동의서에 적용될 것이 아니다.

5. 존치지역도 동의서를 받아야 하는지 여부 (적극)

> **대법원 2014. 5. 16. 선고 2011두27094 판결 면목0주택재건축조합**
>
> 이 사건 정비구역 내에 위치한 존치지역이 동의 대상 면적에서 제외되는지에 관하여 원심은, 구 도시정비법 제16조 제3항의 동의요건을 판단함에 있어 존치지역의 면적을 제외하여야 할 만한 아무런 근거가 없고, 이 사건 정비구역 내에서 여객자동차 정류장으로 사용 중인 경성여객자동차 주식회사 소유의 토지가 이 사건 사업에서 자동차정류장으로 계획되어 있더라도 이 사건 사업으로 위 토지의 모양이 일부 변경되도록 계획되어 있어 경성여객자동차 주식회사로서도 이 사건 조합설립에 관하여 이해관계가 있다 할 것이므로 경성여객자동차 주식회사 소유의 토지가 이 사건 정비구역에 포함되어 있는 이상 동의요건을 판단함에 있어 그 면적을 제외할 수 없다고 판단하였다.

6. 정비회사가 서면결의서 징구 홍보회사에 위탁은 불가

○ 도시 및 주거환경정비법 제102조 제1항 제1호에서 정한 '정비사업의 동의에 관한 업무'의 의미

○ 정비회사와 계약 시 반드시 "정비회사가 아닌 자에게 업무 위탁 금지" 규정하고, 위반시 해제 사유 및 위약금 규정

> **대법원 2022. 12. 29. 선고 2022도1486 판결 [도시및주거환경정비법위반]**
>
> 도시정비법 제102조 제1항 제1호에서 정한 '정비사업의 동의에 관한 업무'는 조합설립 또는 정비사업의 시행 여부에 한정되는 것이 아니라 이를 포함하여 정비사업의 시행 과정에서 조합원 등의 권리·의무·법적 지위에 영향을 미치는 사항에 관한 동의 또는 총회 의결과 관련된 전반적인 업무를 의미한다고 봄이 타당하다.
>
> (중략)서면결의서 징구 등 업무를 대행하게 한 이 사건 공소사실 기재 행위가 '정비사업의 동의에 관한 업무'에 포함된다고 보아 유죄로 인정
>
> **대법원 "재건축 서면징구 위탁은 도정법 위반"...정비업체 줄도산 위기**
>
> 업계 "죄형법정주의 넘어선 고도한 법률 판단"
>
> 문상연 기자 승인 2023.07.26
>
> 대법원 총회안건과 관계없이 서면징구 업무 자체 홍보업체 위탁은 불가
>
> ◆나아가 최근 법원은 총회의 홍보업무 및 투·개표 관련 안내 및 관리까지 정비업체가 아닌 다른 업체에 위탁하는 것이 위법하다고 판단했다.

7. 직접 출석

○ 대법원은 '직접 출석'에는 대리인이 출석하여 의결권을 행사하는 경우도 포함된다(대법원 2022. 5. 12. 선고 2021두56350 판결).

8. 의결정족수를 정하는 출석조합원

○ 결의 당시 회의장에 남아 있던 조합원만을 의미

> **대법원 2010. 4. 29. 선고 2008두5568 판결**
>
> 총회의사록의 기재에 의하면 위 결의의 의결정족수를 정하는 출석조합원은 <u>2차 성원보고시 출석조합원이 아니라 결의 당시 회의장에 남아 있던 조합원만을 의미</u>하고, 투표에 불참한 조합원 <u>19명</u>은 총회에 참석하였다가 결의 당시 회의장을 퇴장한 것으로 보이는 점 등에 비추어, 이들을 출석조합원에서 제외하면 의결정족수를 충족하는 이상 위 반려처분은 위법

○ 성원보고 여부 신중 결정

9. 경비인력 20명 이상 배치

○ 도급계약을 체결해야 함, 미이행시는 3년 이하 징역 또는 3천만원 이하 벌금 (경비업법 제7조의2, 제28조제2항제5호)

○ 다만, 소규모 정비사업 : 도급계약 ×

10. 정관의 경미한 변경과 중대한 변경을 하는 방법

○ 각 조항별로 나누어서 도결하여야 함

○ 의결정족수가 다른 여러 조항을 구분하지 않고 일괄하여 표결하도록 한 경우, 만약 그 표결 결과 일부 조항에 대해서는 변경에 필요한 의결정족수를 채우지 못하였다면, 특별한 사정이 없는 한 정관 개정안 전체가 부결

> **대법원 2019. 1. 31. 선고 2018다227520 판결**
>
> 구 도시 및 주거환경정비법(2017. 2. 8. 법률 제14567호로 전부 개정되기 전의 것) 제20조는 조합 정관의 변경 관련하여 정관 조항의 구체적 내용에 따라 총회에서의 의결 방법을 달리 정하고 있다. 구체적으로 조합원 3분의 2 이상의 동의를 필요로 하는 사항, 조합원 과반수의 동의를 필요로 하는 사항, 통상적인 총회 의결 방법에 따라 변경할 수 있는 사항으로 나누어진다.
>
> 조합이 총회에서 위와 같이 가결 요건이 다른 여러 정관 조항을 변경하려 할 때에는 사전에 조합원들에게 각 조항별로 변경에 필요한 의결정족수에 관하여 설명하여야 하고, 의결정족수가 동일한 조항별로 나누어서 표결이 이루어지도록 하는 등의 방법으로 각 조항별 가결 여부를 명확히 알 수 있도록 하여야 한다. 이와 다르게 조항별 가결 요건에 대한 사전설명도 없이 의결정족수가 다른 여러 조항을 구분하지 않고 일괄하여 표결하도록 한 경우, 만약 그 표결 결과 일부 조항에 대해서는 변경에 필요한 의결정족수를 채우지 못하였다면, 특별한 사정이 없는 한 정관 개정안 전체가 부결되었다고 보아야 하고 의결정족수가 충족된 조항만 따로 분리하여 그 부분만 가결되었다고 볼 수는 없다. 단체법적 법률관계를 규율하는 정관의 변경은 객관적이고 명확하게 결정되어야 하기 때문이다.

11. 사업시행인가 및 관리처분인가의 법적성질 및 소송형태

○ 사업시행계획(관리처분계획)의 성질에 대해, 대법원은 <u>사업시행계획(관리처분계획)은 인가처분으로부터 독립된 행정처분</u>이므로, 사업시행계획(관리처분계획)에 대해서 하자가 있을 때에는 <u>사업시행계획</u>(관리처분계획) <u>취소소송</u>을 제기하고, 사업시행계획(관리처분계획)을 위한 총회결의 무효확인소송은 원칙적으로 불허하고, 다만 관할청의 인가·고시가 있기 전에만 예외적으로 허용되고, <u>이때 소송형태는 공법상 당사자 소송이며(2009. 9. 17. 선고 2007다2428 전합),</u> 관할청의 인가·고시 후에는 소 변경이 필요하다고 한다(노경필, 전게서 97).

○ 즉, <u>대법원은 사업시행계획인가, 관리처분계획인가의 법적성질을 "강학상 인가"로 보고 있다는 것이다.</u>

○ 대법원의 입장을 다시 정리하면, 사업시행계획은 관리처분계획과 마찬가지로 인가처분으로부터 독립된 행정처분이고, 사업시행계획에 하자가 있을 때에는 사업시행계획 취소소송으로 다투며, 사업시행계획을 위한 총회결의 무효 확인 소송은 원칙적으로 불가하나 관할청의 인가·고시가 있기 전에만 <u>예외적으로 공법상 당사자소송으로 허용</u>되고(대법원 2009. 9. 17. 선고 2007다2428 전원합의체판결, 인가·고시 후에는 소변경을 하여야 한다), 계획이 확정된 후에는 항고소송의 방법으로 계획의 취소 또는 무효확인을 구할 수 있을 뿐 절차적 요건에 불과한 총회결의 부분만을 대상으로 그 효력 유무를 다투는 확인의 소를 제기하는 것은 허용되지 아니한다는 것이다.

○ 다시말하면, 관리처분계획 총회 결의(행정처분의 요건), 관리처분계획(기본행위로서의 처분), 관리처분계획인가(보충행위로서의 처분)로 구성하여, 기본행위인 '관리처분계획'의 효력을 다툴 수 있게 하였지만, 그러나, 조합설립인가는 총회결의와 조합설립인가로 구성되지만 기본행위와 보충행위로 나누어지는 것이 아니라 하나의 설권적 행위로 완성된다는 의미이다. 그래서 하나의 중간과정에 불과한 부분에 대해서 따로 다툴 확인의 이익이 없다는 의미로 파악된다.[25]

---

[25] 대한변호사협회, 제404기 행정심판행정소송(수용 및 보상) 특별연수, 118. 성중탁 교수

12. 재개발·재건축 소송 형태 종합정리

	조합설립 인가		사업시행계획·관리처분계획 인가		
	총회결의	인가	총회결의	인가	처분
법적성질		설권적 처분		보충행위 (강학상인가)	처분
소송형태	민사소송 (인가·고시전만 가능)	항고소송	공법상당사자소송(인가·고시전만 가능 2007다2428)	항고소송 (인가 자체 고유한 하자만 가능)	항고소송
피고	추진위원회	처분청	권리주체(조합)	처분청	조합
가구제	효력정지가처분 (본안불필요)	집행정지 (본안필요)	효력정지가처분 (본안불필요)	집행정지 (본안필요)	집행정지 (본안필요)
법원	민사	행정	행정	행정	행정
제소기간	×	○	×	○	○
행정기본원리	×	○	○	○	○
행정절차법	×	○	×	○	○

13. 사업시행계획변경인가 시 쟁송방법

○ 주요 내용 변경의 경우 새로운 사업시행변경인가를 다투어야 함, 단 예외 있음

○ 사업시행변경인가가 새로운 인가로서의 요건을 갖춘 경우 새로운 인가로서의 효력이 있고(대법원 1991. 11. 26. 선고 90누9971), 이 경우 단순히 종전의 사업시행인가중 특정·분리가능한 일부 경미한 사항을 변경한 경우는 종전 사업시행인가를 대상으로 소를 제기하여야 하고, 종전사업시행인가의 주요내용을 변경한 경우는 변경된 사업시행인가를 다투어야 함(부산지방법원 간, 188정).

> **대법원 2012. 3. 22. 선고 2011두6400 전원합의체 판결 【관리처분계획무효확인】**
> [2] 도시 및 주거환경정비법 관련 규정의 내용, 형식 및 취지 등에 비추어 보면, 당초 관리처분계획의 경미한 사항을 변경하는 경우와 달리 관리처분계획의 주요 부분을 실질적으로 변경하는 내용으로 새로운 관리처분계획을 수립하여 시장·군수의 인가를 받은 경우에는, 당초 관리처분계획은 달리 특별한 사정이 없는 한 효력을 상실한다.

14. 중앙토지수용위원회와 협의 및 의견청취

○ 사업시행인가를 받으면 재개발사업은 토지수용권이 부여되는바, 이때 중앙토지수용위원회와 협의 및 의견청취를 거쳐야 함
○ 협의 및 의견청취 절차를 거치지 않는 경우가 있으니, 주의 요망

> **토지보상법 제21조(협의 및 의견청취 등)** ② 별표에 규정된 법률에 따라 사업인정이 있는 것으로 의제되는 공익사업의 허가·인가·승인권자 등은 사업인정이 의제되는 지구지정·사업계획승인 등을 하려는 경우 제1항에 따라 제49조에 따른 **중앙토지수용위원회와 협의**하여야 하며, 대통령령으로 정하는 바에 따라 사업인정에 **이해관계가 있는 자의 의견**을 들어야 한다. 〈신설 2015. 12. 29., 2018. 12. 31.〉
> **토지보상법 시행령 제11조

15. 조합설립인가후 "1인" 또는 "1세대"로부터 양수, 그 전원이 1인의 조합원

대법원 2023. 2. 23. 선고 2020두36724 판결   아파트수분양권확인등

주택재개발사업 조합설립인가 후 1인의 토지등소유자로부터 정비구역 안에 소재한 토지 또는 건축물의 소유권을 양수하여 수인이 소유하게 된 경우 원칙적으로 그 전원이 1인의 조합원으로서 1인의 분양대상자 지위를 가지는지 여부(적극)

대법원 2023. 6. 29. 선고 2022두56536 관리처분계획일부무효확인 등

주택재건축사업 조합설립인가 후 1세대에 속하는 수인의 토지등소유자로부터 각각 정비구역 안에 소재한 토지 또는 건축물 중 일부를 양수한 수인의 토지등소유자와 양도인들 사이에서 구 도시정비법 제19조 제1항 제2호, 제3호가 중첩 적용되는지 여부(적극)

16. 대표조합원을 선정하지 않은 경우

규정 제9조 ② 토지등소유자가 도시정비 겁 제39조제1항 각 호의 어느 하나에 해당하는 때에는 그 여러 명을 대표하는 1인만을 토지등소유자 전체회의의 구성원으로 보고, 그 대표자선임동의서를 사업시행자에게 제출하여야 한다.

○ 정관이나 관리처분계획에 <u>대표조합원이 선정되지 않은 경우의 공유자 권리행사 방식에 대한 근거조항을 마련하지 않은 주택재개발정비사업조합으로서는</u> 먼저 <u>대표조합원을 선임하지 않고 각자 분양신청을 한 공유자들에게</u> ① 구 도시정비법 제39조 제1항에 따라 대표조합원을 선정하고 그를 통하여서만 조합원으로서의 권리(분양신청권 등)를 행사할 것을 요구하거나, ② 공유자들 전원에게 분양희망 부동산 등 분양신청서에 기재된 의사표시를 합치시킬 것을 요구하여 사실상 대표조합원을 선임한 것과 마찬가지로 공유자들이 통일된 의사표시를 할 수 있도록 하는 조치를 취하여야 한다. 그런데도 공유자들이 위와 같은 요구를 거부함으로써 공유자들 전원을 1인의 조합원으로 취급하여 권리를 분배하는 것이 불가능하게 된다면, <u>이러한 경우 비로소 주택재개발정비사업조합은 불가피하게 공유자들을 현금청산대상자로 삼는 것을 검토할 수 있다.</u>

서울행정법원 2023. 10. 26. 선고 2022구합82639 판결 [관리처분계획취소]

1. 피고가 2023. 6. 23. 서울특별시 용산구청장으로부터 인가받은 관리처분계획 중 원고들을 현금청산대상자로 정한 부분을 취소한다.

대법원 2023. 2. 23. 선고 2020두36724 판결 [아파트수분양권확인등]

원심은 판시와 같은 이유로, 이 사건 주택의 구분소유자들이 분양신청기간이 만료될 때까지 대표조합원을 선임하지 아니한 채 각자 단독 명의로 분양신청을 하고, 그 신청서에 본인을 제외한 나머지 구분소유자들의 성명을 기재하거나 그들의 신청서를 첨부하지도 아니한 것은 구 도시정비법 규정 및 피고의 정관 규정에 어긋나 적법한 분양신청으로 볼 수 없고, 분양신청기간이 만료된 후 이 사건 관리처분계획의 효력을 다투는 이 사건 소송계속 중 원심 선정자 △△△을 대표조합원으로 선임하였다고 하여 이와 달리 볼 수는 없으므로, 이 사건 주택의 구분소유자들은 모두 현금청산대상자가 된다고 판단하였다. 관련 법리와 기록에 비추어 살펴보면, 이러한 원심의 판단에 상고이유 주장과 같이 법리를 오해하여 판결에 영향을 미친 잘못이 없다.

대법원 2009. 2. 12. 선고 2006다53245 판결 [소유권이전등기등]

1주택을 2인 이상이 공유지분으로 소유하여 공유자 전원이 1인의 조합원으로 취급되는 경우, 대표조합원 1인에게 그 공유지분에 관한 개발이익을 초과하여 분배하기로 하는 재건축조합 결의의 효력(무효)

17. 사업시행자 지정에 부동의한 자도 분양신청기간내에 동의하면 분양가능

규정 제9조(토지등소유자 전체회의의 구성원) ① 토지등소유자 전체회의는 사업의 토지등소유자[재건축사업의 경우에는 신탁업자를 사업시행자로 지정하는 것에 동의한 토지등소유자(사업시행자 지정까지 동의하지 아니한 경우 도시정비법 제72조에 따른 분양신청기한까지 사업시행자에게 동의서를 제출한 토지등소유자를 포함한다. 이하 이 조, 제10조, 제11조, 제12조, 제15조, 제16조, 제17조, 제22조, 제23조 및 제57조에서 같다)를 말한다] 전원으로 구성된다.

대법원 2023. 6. 1. 선고 2022다232369 판결 [재건축조합원지위확인]

주택재건축사업을 시행하는 甲 조합이 사업 구역 안에 있는 아파트의 소유자로서 조합설립에 동의하였다가 철회한 乙을 상대로 아파트에 관한 매도청구권을 행사하는 소를 제기하여, 乙은 매매대금을 지급받음과 동시에 甲 조합에 소유권이전등기절차를 이행하라는 취지의 판결이 선고되어 확정되었는데, 乙이 분양신청기간이 지나기 전 甲 조합에 조합설립동의서를 제출한 사안에서, 甲 조합의 정관에서 사업 구역 안에 토지 또는 건축물을 소유하는 사람이 조합설립에 관한 동의를 하지 않고 있었더라도 분양신청기간까지 조합설립에 동의하면 조합원이 될 수 있도록 허용하고 있으므로, 甲 조합이 조합설립에 동의하지 않은 토지 등 소유자를 상대로 매도청구권을 행사하여 토지 등 소유자에 대해 매매대금을 지급받음과 동시에 **소유권이전등기절차를 이행하라는 판결이 선고되어 확정되었더라도,** 매매대금의 지급과 소유권이전등기절차의 이행이 되지 않아 토지 등 소유자가 **소유권을 보유하고 있는 동안에는** 토지 등 소유자가 분양신청기간까지 조합설립에 동의함으로써 조합원이 될 수 있는데도, 甲 조합이 매도청구권을 재판상 행사한 판결이 확정되어 乙이 소유권이전등기절차를 이행할 의무를 부담한다거나 乙이 甲 조합에 매매대금을 지급해 달라는 통지를 하였다는 사정 등을 이유로 乙이 조합설립에 동의할 수 있는 사람이 아니라고 본 원심판단에 법리오해의 잘못이 있다고 한 사례.

18. 분양신청과 현금청산을 동시에 받을 수 있는지 여부 (소극)

○ 원고 주장 요지 : 집합건물 외에 나대지 토지 소유, 분양신청, 집합건물로 아파트 받고, 나대지 토지만 소유한 것은 현금청산이 타당하다고 주장

서울행정법원 2023. 3. 24. 선고 2022구합74850 판결 [관리처분계획취소] 확정

원고가 이 사건 각 토지에 대하여 별도로 현금청산을 거치는 방법으로 조합원의 지위와 현금청산대상자의 지위를 겸유할 수는 없다고 봄이 타당하다. 따라서 원고의 이 부분 주장은 이유 없다.

서울행정법원 2022. 11. 11. 선고 2021구합85907 판결 [확정]

가. 원고의 주장

원고는 이 사건 건물 및 그 부속토지와 별개로 이 사건 도로를 소유하고 있으므로 이 사건 건물과 그 부속토지만 조합원의 지분으로 평가되어야 하는 것이고, 이 사건 도로는 도시정비법상 매도청구권의 행사대상인 '토지만 소유한 자'에 해당하는 것이어서 피고가 매도청구권을 행사하여 취득해야 하는 것일 뿐 원고의 종전 자산으로 평가될 수 없는 것이다.

나. 주위적 청구에 관한 판단

조합원이 특정 재산은 종전자산으로 출자하지 않고 매도청구권 행사를 통한 매매계약 체결방식으로 소유권을 이전하는 등의 방식은 허용될 수 없는 점

19. 분양신청기간 통지 및 기간이 강행규정인지 여부

가. 사업시행인가고시일로부터 90일 내에 분양신청 통지 규정 (훈시규정)

광주고등법원 2020. 4. 24. 선고 2019누12530 판결 [관리처분계획무효확인 등]
도시정비법 제46조 제1항 및 피고 정관에서 정한 분양신청의 통지기간은 훈시규정으로 봄이 타당하다.

수원지방법원 2023. 1. 18. 선고 2021구합75895 판결
도시정비법 제72조 제1항에서 규정하는 기한 120일까지 강행규정이라 보기는 어렵다.

나. 분양신청기간 (훈시규정)

수원지방법원 안산지원 2020. 8. 20. 선고 2018가합8252 판결
구 도시정비법 제46조 제1항 및 원고조합 정관에서 정한 분양신청의 통지기간 등은 훈시규정(訓示規定)으로 봄이 타당하다.

다. 토지등소유자들에게 종전자산, 분담금의 추산액 등을 개별 통지하도록 한 규정 (=강행규정)

○ 토지등소유자들에 대한 분양신청의 '개별 통지의무'는 토지등소유자들의 지위를 정하는 중요한 절차이기 때문에 강행규정이다(대법원 2011. 1. 27. 선고 2008두14340 판결 등). 설사 조합원이 신고한 주소지로 등기우편이 도달하지 않더라도 조합 정관에 따라 추가 발송하는 등 조합으로서 통지의무에 최선을 다해야 비로소 관리처분계획이 적법하다고 판시하고 있다(서울고등법원 2013. 6. 20. 선고 2012누30259 판결 등).

20. 재개발 수용재결 후 점유자에 대한 부당이득금 반환청구 가능 여부

가. 토지 임료상당 부당이득 인정

○ 토지는 수용재결, 건물은 이전재결후 공탁
 - 건물은 피수용자 소유이므로 임료 미발생(이전재결이 아닌 취득재결 필요?)

○ 영업보상 시까지 토지건물 사용수익 권한 있음 : 토지는 영업보상 완료시부터 피고들의 점유가 종료된 날까지 부당이득 청구 가능

> **대법원 2023. 8. 18. 선고 2021다249810 판결 [부당이득금]**
>
> 甲 주택재개발정비사업조합이 시행하는 정비사업을 위하여 지방토지수용위원회가 乙 등이 소유하는 토지를 수용하고 지장물로 분류된 그 지상 건물을 이전하는 내용의 수용재결을 함에 따라, 甲 조합이 乙 등을 피공탁자로 하여 수용재결에 따른 손실보상금을 공탁한 다음, 위 토지 및 건물에 관하여 수용을 원인으로 하는 소유권이전등기를 마쳤는데, 수용재결 전 乙 등으로부터 위 건물의 각 층을 임차한 丙 등 임차인들이 수용개시일 이후에도 임차부분을 더 점유·사용하다가 퇴거하자, 甲 조합이 수용을 통해 소유권을 취득한 후에도 乙 등이 위 토지와 건물을 불법점유하였다며 乙 등을 상대로 차임 상당의 손해배상을 구한 사안에서, 위 건물은 지장물 보상대상으로 분류되어 이전할 대상이 되었을 뿐 사업시행자가 해당 물건을 취득하는 수용재결이 내려지지 않았으므로 위 건물의 소유권은 여전히 乙 등에게 있고, 설령 甲 조합이 위 건물을 수용으로 원시취득하였다고 보더라도 '도시 및 주거환경정비법' 제70조 제1항 및 제81조 제1항에 따르면 종전 토지 또는 건축물의 소유자·임차권자 등 권리자는 손실보상이 완료되기 전까지 계속 그 토지나 건축물을 사용·수익할 수 있고 임차권자는 그의 선택에 따라 임대차계약을 해지할 수 있을 뿐이며, 점유매개관계를 이루는 임대차계약 등이 종료된 이후에도 직접점유자가 목적물을 점유한 채 이를 반환하지 않고 있는 경우에는 간접점유의 점유매개관계가 단절된다고 할 수 없으므로, 甲 조합의 건물 소유권 취득만으로 乙 등과 임차인들 사이의 임대차계약이 공익사업을 위한 토지 등의 취득 및 보상에 관한 법률 제45조 제1항에 따라 곧바로 소멸된다고 볼 수는 없고, 乙 등은 수용개시일 이후에도 임차인들을 통해 위 건물을 간접점유하고 있었다고 볼 수 있으므로, 결국 乙 등은 甲 조합이 토지를 수용한 이후에도 건물의 소유를 위하여 대지인 토지를 권원 없이 점유하고 있었고, 손실보상 이후 위 토지 외에 지장물인 건물을 甲 조합에 인도할 의무도 있었으므로, **임차인들에게 임대보증금을 반환하면서 적시 인도를 위해 노력했다는 등의 특별한 사정이 없는 한**, 乙 등은 甲 조합에

> **인도하지 않은 토지의 차임 상당액 등의 손해를 배상할 의무가 있다고 볼 수 있는데도,** 이와 달리 보아 甲 조합의 청구를 배척한 원심판단에 법리오해 등의 잘못이 있다고 한 사례.
>
> 다만 피고들과 임차인들은 도시정비법 제81조 제1항에 따라 **영업손실보상금 등 손실보상이 완료되기 전까지는 종전의 건물 및 토지를 사용·수익할 적법한 권원이 있었다고 할 수 있으므로, 피고들의 손해배상책임은 위와 같은 손실보상이 완료된 다음날부터 피고들의 점유가 종료된 것으로 볼 수 있는 날까지의 토지 임료에 한하여 인정된다고 할 것이다**(한편 이 사건 건물은 여전히 피고들 소유이므로 그 임료는 배상할 손해에 해당하지 아니한다)

나. 금융비용 손해 발생

> 서울고등법원 2023. 10. 20. 선고 2022나2045303 판결(확정) [민사 제13부]
>
> □ 사안 개요
> - 원고(도시환경정비사업조합)는 정비구역 내 토지를 소유한 피고에 대해 수용재결(수용개시일 2019. 6. 6.)을 받아 보상금을 공탁함. 피고가 토지를 인도하지 않자 원고는 가처분결정에 따른 집행을 실시하여 2020. 7. 1. 토지를 인도받음
> - 원고는 피고에 대하여 불법점유로 인한 손해배상·부당이득으로 토지 차임 상당액 2억여 원과 아울러, 보상금 공탁에도 불구하고 토지를 인도하지 않고 정비사업 진행을 의도적으로 방해하여 정비사업이 지연되었다고 주장하면서 불법행위에 의한 손해배상으로 사업자금 대출 관련 금융비용 상당인 8억여 원 지급을 함께 청구함
>
> □ 쟁점
> - 토지 인도의무 불이행과 정비사업 시행자의 금융비용 상당의 손해 사이에 인과관계가 있는지(적극) 및 특별손해의 예견가능성이 있는지(적극)
> - 재산적 손해의 발생사실이 인정되나 구체적인 손해의 액수를 증명하는 것이 사안의 성질상 곤란한 경우 손해액 판단 방법
>
> □ 판단
> - 사회통념상 토지 인도의무 불이행 시 정비사업의 전체적 지연이 초래되고, 정비구역 내 다른 건물이 존재하더라도 그 건물 소유자의 인도 거부가 사업 지연의 공동 원인이라고 볼 수 있을지언정, 피고의 인도의무 불이행과의 인과관계를 부정할 것은 아니므로, 피고의 인도의무 불이행과 원고의 사업지연으로 인한 손해 발생 사이에 상당인과관계를 인정함

- 금융비용 상당의 손해는 토지 불법점유에 따른 통상손해(차임상당액)를 넘어서는 특별손해임. 불법행위자는 특별한 사정의 존재를 알았거나 알 수 있었으면 그로 인한 손해를 배상하여야 하고 손해의 액수까지 알아야 하는 것은 아님(대법원 94다22446 판결, 대법원 2002다23598 판결 등). 원고의 토지인도 소송에서 '원고가 130억 원을 대출받아 손실보상금 공탁하여 매달 6,000만 원의 금융비용을 부담하고 있고 사업 지연으로 막대한 손해를 입고 있다'는 준비서면이 피고에게 송달된 점을 고려하면, 피고는 금융비용 상당의 손해에 대해 알았거나 알 수 있었음
- 피고 외에도 정비구역 내 토지를 점유하던 다른 주체가 있었던 점, 원고가 피고에게 적극적으로 금융비용의 구체적 현황과 액수에 대하여 알려주고 즉시 토지를 인도하지 않을 경우 그 상당의 손해배상을 청구하겠다는 명시적인 통지를 하지 않은 점을 종합하여, 손해배상액을 금융비용 전액으로 보기는 어렵고 민사소송법 제202조의2에 따라 제반사정을 고려하여 정함(원고일부승)

21. 재당첨제한 합리적 해석

○ 재당첨제한 규정은 부칙 규정에 따라 기득권을 보호받는 물건을 종전 보유자와 같은 세대를 구성하는 가족이 양수한 경우에는 적용되지 않는다.

> **서울행정법원 2023. 5. 12. 선고 2022구합84116 판결**
>
> 개정법에 따라 도입된 투기과열지구 재당첨제한 개정규정의 적용범위를 종전 기득권 보호 규정인 부칙조항을 고려하여 체계적, 합헌적으로 해석함으로써, 개정 규정은 부칙 규정에 따라 기득권을 보호받는 물건을 종전 보유자와 같은 세대를 구성하는 가족이 양수한 경우에는 적용되지 않는다고 판단한 판결
>
> 가령 어떤 부부가 위 규정이 도입되기 한참 전부터(예컨대 1980년대부터) 각자 아파트 1채씩을 보유하다가 그 두 아파트 모두 재건축이 되는 경우에, 예컨대 남편이 소유자로 되어 있는 아파트에 대한 먼저 재건축사업이 먼저 진행되어 남편이 그 아파트의 조합원분양분에 당첨이 되면, 부인이 보유한 아파트(즉 재건축 사업이 상대적으로 더 늦게 진행된)에 대해서는 그 부인은 조합원분양분을 당첨 받을 수 없게 되는(즉 분양신청이 제한되는) 문제가 발생한다. 이는 사실상 재산권의 소급적 박탈에 해당하는 것으로서 위헌 소지가 매우 클 수밖에 없다. 따라서 이러한 재산권 침해 문제가 발생할 수 있다는 점을 고려하여 도입된 것이 바로 아래와 같은 도시정비법 부칙 규정들이다.
>
> 부칙 제4조는 개정 규정 시행 전 투기과열지구 내 토지등소유자는 개정 규정에도 불구하

고 분양신청이 가능하도록 경과규정을 두었다. 이에 따라 앞서 본 부부의 예에서 두 부부는 각자 조합원 분양분에 대한 분양신청을 하고 그에 대한 당첨을 받는 데에 어떠한 제약도 발생하지 않게 된다.

그런데 부칙 규정 각호는 위 경과규정에 대한 예외로 다시 ① 토지등소유자와 그 세대에 속하는 자가 이 법 시행 후 투기과열지구의 정비사업구역에 소재한 토지 또는 건축물을 취득하여 해당 정비사업의 관리처분계획에 따라 조합원분양분 분양대상자로 선정된 경우 및 ② 토지등소유자와 그 세대게 속하는 자가 이 법 시행 후 투기과열지구의 정비사업의 관리처분계획에 따라 일반분양분 분양대상자로 선정된 경우에는, 개정 규정 시행 전 투기과열지구 내 토지등소유자라도 개정 규정에 따라 투기과열지구 내 정비사업에서 분양신청을 제한하도록 정하였다. 이에 따라 앞서 본 예에서 부부 어느 한쪽 내지 그 세대원 누구라도 부부가 보유하던 두 아파트 외에 또 다른 아파트의 조합원 분양분 내지 일반분양분 분양대상자로 선정이 되면, 위 부칙 규정 본문에 따라 보호되던 종래의 기득권(즉 종래부터 보유하던 물건에 대한 제한 없는 분양신청권)은 더 이상 유지될 수 없게 된다. 이 경우 역시 기득권 보호 대상이던 물건 이외의 **"다른 물건"을 "추가로" 취득하는 경우에 대한 것**임을 알 수 있다.

따라서 위와 같이 부칙 규정을 기계적·형식적으로 해석하는 경우 기득권에 따라 아파트 1채를 각각 보유하고 있던 부부는 재산권 처분 및 행사의 방법 중 ① 세대 구성이 다른 자녀에게 아파트를 양도하는 방법, ② 제3자에게 아파트를 양도, 처분하여 투자금을 회수하는 방법, ③ 아파트를 부부가 모두 보유하는 방법에 대해서는 별다른 제약을 받지 않는 반면, 같은 세대를 구성하는 자녀에게 아파트를 양도하는 방법에 대해서만 재당첨 제한 내지 분양신청 제한이라는 재산권 행사의 제약을 받게 된다. 결국 위와 같은 해석론은 유독 부부가 같은 세대를 구성하는 자녀에게 아파트를 양도하는 경우에만 재산권을 소급적으로 박탈하는 결과에 이르는데 이는 세대 내 자녀와 세대외 자녀를 달리 취급할 합리적 근거 없이 부부의 재산권 행사 및 처분 상대방을 선택할 자유를 과도하게 제한하게 된다는 점에서 타당하지 않다.

부칙 규정 본문의 예외를 규정한 개정 부칙 제1호의 '토지 또는 건축물을 취득한 경우'는 개정 규정이 도입될 당시 토지등소유자와 그 세대에 속하는 자가 보유하지 아니하던 새로운 물건을 취득하는 경우를 의미하는 것으로 새김이 옳고, 세대 내에서 소유권이 이전되는 경우까지 포함한다고 해석하기 어렵다. 결국, 이에 따라 개정 규정은 부칙 규정에 따라 기득권을 보호받는 물건을 종전 소유자와 같은 세대를 구성하는 가족이 양수한 경우에는 적용되지 않는다고 새김이 타당하다.

22. 1+1 분양시 +1주택의 분양가

○ 1설 : 조합원 분양가라는 주장
- 서울시 서대문구청(주거정비과-573)의 2024. 2. 22.자 공문 내용

> **다. 추가 주택은 조합원 분양가로 하여야 합니다.**
>
> 2주택 공급 규정은 종전의 부동산의 가치가 큰 조합원의 정비사업에 적극 참여하도록 유도하여, 정비사업 추진을 활성화하고, 공정하고 형평에 맞는 개발 이익 분배라는 법적 취지 하에 도입된 제도입니다.
>
> 귀 조합은 2023. 4. 1. 2023년 정기총회 제8호의 안[조합원 분양기준 승인의 건]을 의결하여 조합원 분양 기준(안)을 가결하였습니다. 이에 따르면 추가 1주택 신청 철회 가능, 추가 1주택 배정 방법 등을 정하고 2주택 공급 중 1주택은 일반분양가격의 90%로 조합원에게 공급한다고 정하고 있습니다.
>
> 우리 구는 추가주택의 분양가와 관련하여 국토교통부와 한국부동산원에 질의 하였습니다. 국토교통부는 2023. 7. 3. 시행 「주택정비과-4232」에서 '추가 주택의 가격은 도시정비법 제74조 제4항에 따라 감정평가법인 등이 평가한 금액을 산술평균하여 산정하여야 할 것'이라고 회신하였고, 이는 조합원 분양가를 의미합니다. 그리고 한국부동산원 역시 이와 같은 의견입니다(한국 부동산원 2023. 3. 20. 시행 도시정비처-5731).

○ 2설 : 일반분양가라는 판례

> **1+1 분양시 +1은 일반분양가로 해도 된다.**
>
> 서울행정법원 2018. 5. 25. 선고 2017구합81496 판결 [관리처분계획일부취소 청구] 확정
> 정비사업에서 조합원에게 2주택을 분양받을 당연한 법적 권리가 있지 아니할 뿐 아니라, <u>조합이 조합원에게 2주택을 분양한다고 하여 2주택 모두를 조합원분양가로 분양하여야 할 근거가 없고, 추가로 분양하는 2주택을 일정 층수 내에서 배정하는 것이 당연히 금지되는 것도 아니다.</u> 이에 더하여 관리처분계획이 이해관계가 상충되는 다수의 토지등 소유자들의 개별적이고 구체적인 이익을 적절히 형량하여 한정된 대지 및 건축물의 분배를 결정하는 계획재량행위라는 점(대법원 2014. 3. 27. 선고 2011두24057 판결 참조)을 종합적으로 고려하여 보면, 조합이 2주택을 분양하는 경우 추가로 분양할 2주택의 분양가격, 층수 등 그 구체적 분양조건을 결정함에 있어서는 상당한 재량이 인정된다 할 것이고, 그 내용이 특정 토지등소유자의 재산권을 본질적으로 침해한다는 등의 특별한 사정이 없는 한 토지등소유자들 사이에 다소 불균형이 초래된다고 하더라도 그러한 사정만으로는 관리처분계획이 위법하다고 볼 수 없다.

23. 분양미신청으로 현금청산자로 된 자가 재분양시 무조건 조합원으로 복귀하는지 여부 (소극)

조합이 새로운 사업시행계획을 수립하면서 현금청산대상자들에게 새로운 분양신청 및 조합 재가입의 기회를 부여하는 것은 단체 자치적 결정으로서 허용되지만, 그 기회를 활용하여 분양신청을 함으로써 조합에 재가입할지 여부는 현금청산대상자들이 개별적으로 결정할 몫이지, 현금청산대상자들의 의사와 무관하게 조합이 일방적으로 현금청산대상자들이 조합원의 지위를 회복하는 것으로 결정하는 것은 현금청산사유가 발생하면 150일 이내에 현금청산을 하도록 규정한 도시정비법 제47조 제1항의 입법취지에도 반하고, 현금청산대상자들의 의사와 이익에도 배치되므로 허용되지 않는다고 보아야 한다.

24. 평형변경, 재분양 절차와 재당첨제한

재분양신청절차의 경우 개정 도시 및 주거환경정비법(이하 도시정비법) 제72조에 근거가 있으나, 평형변경절차는 개정법에서도 명시적인 근거는 없고 재분양신청절차에 준하거나 혹은 총회 의결에 근거해 진행하는 것이 일반적이다.

평형변경절차는 법령상의 용어는 아니지만 사업시행자가 도시정비법령이 정하는 엄격한 분양신청절차에 구애받지 않고 조합원에게 보다 넓은 선택권을 부여하고자 할 때 실무상의 절차로 택하는 경우가 대부분이다.

◇ 재분양신청과 재당첨제한

국토교통부는 위와 같은 사안에 대해 <u>관리처분인가 후 재분양신청을 할 경우 재당첨제한 규정이 적용된다는 입장</u>

◇ 평형변경과 재당첨제한

<u>국토교통부는 평형변경의 경우에는 아직 명시적인 입장을 내놓지 않고 있다.</u> 이는 앞서 설명한 것과 같이 평형변경 자체가 법령이 예정하는 절차가 아니고 실무상의 절차이기 때문인 것으로 보인다.

25. 상속등기 되지 않은 경우에는 대표조합원 선정해서 분양신청

서울행정법원 2024. 4. 26. 선고 2023구합863 판결

재개발조합 분양신청 당시 상속인들간에 상속재산분할협의 등기가 완료되지 않은 경우, 조합 정관에서 정한 바에 따라 상속인들 사이에서 대표조합원을 선정하는 방식으로 한 분양신청만이 적법한 분양신청이고, 단독으로 분양신청한 원고가 분양신청기간 이후 상속재산분할등기를 마쳐 단독상속권자가 되었다고 하더라도 상속재산분할의 소급효가 단독 분양신청에는 미친다고 보기 어렵다고 본 판결

26. 관리처분인가에 부담을 붙일 수 있는지 (소극)

서울고등법원 2023. 12. 8. 선고 2022누63470 판결(확정)
**피고가 "00시장"임을 주의

☐ **사안 개요**

- 원고(주택재건축정비사업조합)의 정비사업 구역 내에 있는 A시 소유의 노외 공영주차장(이 사건 토지)은 '정비사업의 시행으로 용도폐지되는 정비기반시설'(도시정비법 제97조 제2항)에 해당하지 않음에도, 피고(A시장)는 이를 간과하고 원고의 신청에 따라 '무상양도 정비기반시설'로 정하여 사업시행계획을 인가함. 원고가 관리처분계획인가를 신청하자, 피고는 이 사건 토지는 유상매각 대상이므로 재협의가 필요하다면서 원고의 의견회신을 요청함

- 원고는 2차례 의견 제출을 통해, 위 토지가 무상양도 대상이라고 주장하면서, 만일 유상매각 대상이라면 사업시행계획인가 변경이 선행되어야 하는데 많은 시간이 소요되어 지연 손해 및 혼란이 발생하므로 이를 선행하지 않고 우선 관리처분계획 조건부 인가를 해주면 추후 사업시행계획인가 및 관리처분계획인가 변경절차를 진행하겠다는 의견을 밝힘. 피고는 '이 사건 토지를 무상양도 정비기반시설에서 제외하고 유상매각 대상으로 정하는 내용'을 조건으로 정하여(이 사건 부담) 관리처분계획인가처분을 함

☐ **쟁점**

- 이 사건 관리처분계획인가처분 중 이 사건 부담이 위법한지(적극)

- 원고가 이 사건 소로써 관리처분계획인가 중 이 사건 부담이 위법하다고 주장하는 것이 신의성실의 원칙에 반하는지(적극)

□ 판단

- 관리처분계획 및 인가처분의 의의와 성질, 관련 법령 규정에 비추어 행정청이 관리처분계획 인가 여부를 결정할 때 관리처분계획에 도시정비법 제74조 및 그 시행령 제62조에 규정된 사항이 포함되어 있는지, 구 도시정비법 제76조의 기준에 부합하는지 여부 등을 심사·확인하여 인가 여부를 결정할 수 있을 뿐 **다른 조건을 붙일 수 없음**(대법원 2010두24951 판결 취지 참조). 따라서 피고가 원고의 관리처분계획인가 신청과 달리 원고에게 이 사건 토지를 유상매수할 의무를 조건으로 부가하여 관리처분계획인가처분을 한 것은 위법함

그리고 도시관리계획에 의한 것이 아닌 주차장법에 의한 노외주차장은 정비기반시설이 아니므로, 유상양도 대상임

- 그러나 피고가 원칙대로 사업시행계획인가 변경절차를 선행할 수 있었음에도 원고의 요청에 따라 이 사건 부담부로 관리처분계획인가처분을 한 점 등에 비추어, 원고가 이 사건 소를 통하여 이러한 위법사유를 다투는 것은 피고의 정당한 신의에 반하는 것으로서 권리의 행사가 정의 관념에 비추어 용인될 수 없는 정도의 상태에 이르렀다고 봄이 상당하여 허용될 수 없음(원고패)

27. 재건축 상가 기여 개발이익은 종전 대지지분 비율로 배분이 타당

서울행정법원 2024. 8. 23. 선고 2023구합69701 판결

정비사업으로 신축될 상가건물의 대지면적이 줄어들 것으로 예상됨에 따라 상가조합원들에게 지급하기로 한 상가기여 개발이익의 배분 방법에 관한 관리처분계획이 균형과 형평에 반하여 위법하다고 판단한 사례

상가기여 개발이익은 상가조합원들 소유의 대지지분 비율로 배분하는 것이 조합원들 사이의 형평에 부합한다. 그럼에도 불구하고 이 사건 조항은 상가기여 개발이익을 상가조합원들의 권리가액 비율로 배분한다고 정하고 있고, 이는 조합원들 사이의 균형과 형평에 어긋나므로 이 사건 관리처분계획 중 이 사건 조항 부분은 위법하다.

28. 조합사무실로 찾아온 경우만이 열람·복사 대상인지 (소극)

대법원 2018. 4. 26. 선고 2016도13811 판결

[1] 구 도시 및 주거환경정비법상 개별 조합에서 열람·복사의 방법을 특정하지 않은 경우, 조합임원이 현장교부 외에도 통상의 방법인 우편, 팩스 또는 정보통신망 중 어느 하나의 방법을 이용하여 조합원의 열람·복사 요청에 응하여야 하는지 여부(적극) 및 열람·복사를 요청한 조합원이 복사에 필요한 비용을 부담한다는 규정만으로 현장에서만 열람 및 복사할 것이 요구되는지 여부(소극)

[2] 주택재개발정비조합의 임원인 피고인들이 조합원으로부터 정비사업 시행에 관한 서류들에 대한 열람·복사 요청을 받고도 15일 이내에 이에 응하지 아니하였다고 하여 구 도시 및 주거환경정비법 위반으로 기소된 사안에서, <u>열람·복사를 신청한 조합원이 15일 이내에 조합을 방문하였음을 인정할 증거가 없다는 이유로 피고인들에게 무죄를 선고한 원심판단에</u> 같은 법상의 열람·복사 요청에 응할 의무에 관한 법리오해 등의 위법이 있다고 한 사례

29. 정보공개서류 중 관련자료 의미 (열람·복사는 거의 전부 대상)

대법원 2024. 9. 12. 선고 2021도14485 도시및주거환경정비법위반

[재건축조합 추진위원회 위원장이 토지등소유자의 열람·복사 요청에 불응한 사건]

1) 구 도시정비법 제124조 제1항은 "추진위원장 또는 사업시행자(조합의 경우 청산인을 포함한 조합임원, 토지등소유자가 단독으로 시행하는 재개발사업의 경우에는 그 대표자를 말한다, 이하 통틀어 '추진위원장 등'이라 한다)는 정비사업의 시행에 관한 다음 각 호의 서류 및 관련 자료가 작성되거나 변경된 후 15일 이내에 이를 조합원, 토지등소유자 또는 세입자가 알 수 있도록 인터넷과 그 밖의 방법을 병행하여 공개하여야 한다"고 규정하면서 각호로 '설계자·시공자·철거업자 및 정비사업전문관리업자 등 용역업체의 선정계약서'(제2호) 등을 열거하고 있으며, 제124조 제4항은 "조합원, 토지등소유자(이하 통틀어 '토지등소유자 등'이라 한다)가 제1항에 따른 서류 및 다음 각호를 포함하여 정비사업 시행에 관한 서류와 관련 자료에 대하여 열람·복사 요청을 한 경우 추진위원장 등은 15일 이내에 그 요청에 따라야 한다"고 규정하면서 열람·복사 대상 서류를 예시적으로 열거하고 있다. 또한 제138조 제1항 제7호는 '제124조 제1항을 위반하여 정비사업 시행과 관련한 서류 및 자료를 공개하지 아니하거나 같은 조 제4항을 위반하여 토지등소

유자 등의 열람·복사 요청에 따르지 아니하는 추진위원장 등'을 1년 이하의 징역 또는 1,000만 원 이하의 벌금에 처하도록 규정하고 있다.

2) 이러한 규정들의 입법 취지는, 조합이 정비사업을 시행하는 경우 조합임원은 조합을 대표하면서 막대한 사업자금을 운영하는 등 각종 권한을 가지고 있기 때문에 조합임원과 건설사 간 유착으로 인한 비리가 발생할 소지가 크고, 정비사업과 관련된 비리는 그 조합과 조합원의 피해로 직결되어 지역사회와 국가 전체에 미치는 병폐도 크므로, 이를 개선하기 위한 방안으로서 정비사업의 시행과 관련된 서류와 자료를 공개하도록 하여 정비사업의 투명성·공공성을 확보하고 조합원의 알권리를 충족시키기 위한 것이다(대법원 2021. 2. 10. 선고 2019도18700 판결, 헌법재판소 2011. 4. 28. 선고 2009헌바90 결정 등 참조).

3) 구 도시정비법 제124조 제1항은 공개 대상 서류를 각호에서 구체적으로 열거하면서도 '관련 자료'의 판단 기준에 관하여는 정하고 있지 않을 뿐만 아니라, 그 밖에 공개가 필요한 서류 및 관련 자료를 대통령령으로 추가할 수 있는 위임 근거 규정을 두고 있으므로, 구 도시정비법 혹은 그 위임에 따른 시행령에 별도의 규정이 없음에도 정비사업의 투명성·공공성 확보 내지 조합원의 알권리 보장 등 규제의 목적만을 앞세워 각호에 명시된 서류의 '관련 자료'의 범위를 지나치게 확장하여 인정하는 것은 죄형법정주의가 요구하는 형벌법규 해석원칙에 어긋난다(대법원 2022. 1. 27. 선고 2021도15334 등 판결 참조). 따라서 위 조항에 열거된 서류의 진정성립 판단을 위해 확인할 필요가 있는 자료나 해당 서류가 그 내용을 인용하면서 별첨한 자료 등 해당 서류와 불가분적 또는 직접적으로 관련된 자료는 위 조항에서 말하는 '관련 자료'에 포함될 수 있으나, 공개 필요성이 있다는 이유만으로 그 '관련 자료'에 해당한다고 단정하여서는 아니 된다. 또한 위 조항 각호의 서류가 작성된 바 없어 공개 대상이 되지 않는다면, 해당 서류의 관련 자료에 해당한다는 이유로 공개 대상이 된다고 볼 수도 없다.

4) 한편 구 도시정비법은 제124조 제4항에서 같은 항 각호 및 같은 조 제1항 각호의 서류 및 관련 자료를 포함하여 '정비사업 시행에 관한 서류와 관련 자료'를 포괄적으로 열람·복사의 대상으로 규정하고 있으며, 제124조 제3항에서 주민등록번호를 열람·복사 대상에서 제외하고 국토교통부령으로 열람·복사의 방법과 절차를 정하도록 위임하여 그에 따라 「도시 및 주거환경정비법 시행규칙」 제22조가 '열람·복사 요청은 사용목적 등을 기재한 서면(전자문서를 포함한다)으로 하여야 한다'고 정한 것 외에는 열람·복사 대상에서 제외되는 서류 또는 자료를 명시하거나 추진위원장 등이 열람·복사 요청에 응하지 않을 수 있는 사유 등을 규정하고 있지 않다. 이와 같이 구 도시정비법은 토지등소

유자 등에게 열람·복사 요청권을 부여함으로써 <u>조합이나 추진위원회가 정비사업 시행에 관하여 작성하거나 취득하는 등으로 보관하고 있는 서류와 자료 모두를 잠정적 공개 대상으로 정하고 있으므로,</u> 추진위원장 등은 위 서류 및 관련 자료에 관하여 토지등소유자 등으로부터 열람·복사 요청이 있는 경우 그 요청 방법이나 절차가 법령에 위반되거나 그 요청에 응하는 것이 다른 법률에 위반되는 것이 아닌 이상 15일 이내에 그 요청에 따라야 한다. 토지등소유자 등의 열람·복사 요청에 대하여는 「공공기관의 정보공개에 관한 법률」이 적용되지 아니하므로, 열람·복사 대상인 서류나 관련 자료가 위 법률이 정한 비공개 대상에 해당하는 경우에도 마찬가지이다.

* 재건축정비사업 추진위원회 추진위원장인 피고인이 <u>법무사 입찰업체 정관제안서 비교자료(이하 '이 사건 자료')</u>에 대한 열람·복사 요청에 따르지 않아, 구 도시정비법 제124조 제4항, 제1항 제2호를 위반하였다고 기소된 사안임

* 원심은, 이 사건 자료가 구 도시정비법 제124조 제1항 제2호에서 정한 용역업체 선정계약서의 '관련 자료'에 해당한다고 보아 쟁점 공소사실을 유죄로 판단하였음

* 대법원은 위와 같은 법리를 설시하면서, ① 입찰에 따른 용역계약이 실제로 체결되지 아니하여 용역계약서가 작성되지 않았으므로 그 용역계약서는 공개 대상이 되지 아니하고, 이 사건 자료 역시 구 도시정비법 제124조 제1항 제2호가 정한 용역업체 선정계약서의 '관련 자료'로서 공개 대상이 된다고 보기 어려우나, ② 추진위원회의 업무인 조합 정관 작성 및 용역업체 선정에 필요한 이 사건 자료가 <u>'정비사업 시행에 관한 서류와 관련 자료'로서 구 도시정비법 제124조 제4항에 따른 열람·복사의 대상이 된다고 보아, 원</u>심을 수긍하여 상고를 기각함

30. 속기록과 자금수지보고서 (소극)

○ 속기록과 자금수지보고서는 정보공개의무 없음

> **대법원 2022. 1. 27. 선고 2021도15334 판결 도시및주거환경정비법위반**
>
> 속기록과 자금수지보고서가 각각 도시 및 주거환경정비법 제124조제1항제3호 의사록 및 제8호 결산보고서의 '관련 자료'에 해당하는지 문제된 사건〈소극〉
>
> 그런데 도시정비법은 공개대상이 되는 서류를 각 호에서 구체적으로 열거하면서도 '관련 자료'의 판단기준에 관하여는 별도로 규정하고 있지 않을 뿐만 아니라, 그 밖에 공개가 필요한 서류 및 관련 자료는 대통령령에 위임하여 이를 추가할 수 있는 근거 규정을 두고 있으므로, 도시정비법 혹은 그 위임에 따른 시행령에 명문의 근거 규정 없이 정비사업의 투명성·공공성 확보 내지 조합원의 알권리 보장 등 규제의 목적단을 앞세워 각 호에 명시된 서류의 <u>'관련 자료'의 범위를 지나치게 확장하여 인정하는 것은 죄형법정주의가 요구하는 형벌법규 해석원칙에 어긋난다.</u>

31. 전화번호 공개 의무 (적극)

> **대법원 2021. 2. 10. 선고 2019도18700 도시및주거환경정비법위반**
>
> ◇1. '조합원의 전화번호'와 '신축건물 동호수 배정 결과'가 「도시 및 주거환경정비법」 제124조 제4항에 따른 <u>열람·복사 대상인지 여부(적극)</u> 2. 재건축조합의 <u>감사</u>가 열람·복사를 요청한 경우에도 「도시 및 주거환경정비법」 제124조 제4항이 적용되는지 여부(적극) 3. 법률의 착오에 정당한 이유가 인정되는지 여부〈소극〉◇

32. 미리 이주시킨 경우 손해배상 책임 인정 사례

서울서부지방법원 2008. 9. 18. 선고 2007나7250 판결 [손해배상(기)]

일반적으로 이주개시일을 리모델링에 대한 행위허가의 요건 충족 후로 정하게 되면 조합원에게 불리하다고 할 수 없을 것이나, 이 사건에서처럼 행위허가의 요건이 충족될 것으로 예상되는 시점까지 이주를 완료하기 위하여 이주개시일을 그보다 이전으로 정한다면, 통상적인 리모델링 사업 추진절차에 비추어 대부분의 조합원들은 자신이 이주해야 할 의무의 이행시기를 행위허가의 요건이 충족된 때로부터라고 인식하고 있을 것이므로, 그러한 요건이 충족되지 않은 상태에서 이주를 하여야 한다면 대부분의 조합원들이 조합측이 공고한 이주기간 안에 이주를 마치지 못할 가능성이 크고, 조합원이 리모델링 사업의 행위허가 요건 충족 이전에 미리 이주하는 것은 적어도 조합원으로 하여금 대체주거의 거주기간을 길게 하여, 이주비에 대한 이자를 부담할 기간을 길게 하는 것임이 명백하다(대법원 2004. 6. 24. 선고 2002다26023 판결 참조).

그런데 위에서 살펴본 법리상 리모델링에 대한 행위허가 요건이 충족되지도 않은 상태에서 조합원들에게 2005. 4. 말까지 이주하라고 공고하는 것이 불필요하게 조합원들의 대체주거의 거주기간을 길게 하는 것임은 피고로서는 예견가능하다 할 것이고, 피고 조합의 이주 공고문상 이주지연에 따른 손해발생시 피고가 책임을 부담한다는 규정이 존재하는 이상, 피고로서는 원고의 위와 같은 손해 발생에 대해 귀책사유가 있다고 보는 것이 타당하므로 피고는 불법행위로 인한 손해배상책임을 부담한다고 보는 것이 타당하다.

나아가 손해배상의 범위에 관하여 보건대, 이주공고 당시의 착공 예정일로부터 실제 착공일까지의 지연된 기간인 7개월 전부에 대하여 손해의 배상을 명하는 것이 타당하다고 보이므로, 피고는 원고에게 원고가 구하는 바에 따라 일실 임대료 수입 105만 원(= 15만 원 × 7개월) 및 대출이자 상당의 손해 40만 원(≒ 3,500만 원 × 연 2% × 1/12 × 7개월)의 합계 145만 원 및 이에 대하여 이 사건 소장 부본 송달 다음 날임이 기록상 명백한 2007. 5. 31.부터 다 갚는 날까지 소송촉진 등에 관한 특례법이 정하는 연 20%의 비율에 의한 지연손해금을 지급할 의무가 있다.

33. 이주기간 개시일은 총회 의결 필요

> **대법원 2004. 6. 24. 선고 2002다26023 판결**
>
> 원심 서울고등법원 2002. 3. 29. 선고 2001나59851 판결
>
> 이 사건 본계약에서 이주기간 개시일을 변경한 것은 가계약상의 사업계획승인일 보다 앞당기기 위한 것이어서 앞서 본 대로 조합원들에게 불리한 사항이라 할 것인데 그 사항이 총회의 결의를 거치지 못하였던 나머지 무효라고 할 것이니 같은 취지를 전제로 한 원심의 인정·판단은 정당하고 거기에 판결에 영향을 끼친 잘못은 없다.

34. 이전고시 후 매수시 조합원 지위 자동승계 여부 (소극)

> **대법원 2024. 4. 25. 선고 2022두52874** 조합원지위확인 (라) 상고기각
>
> ◇「도시 및 주거환경정비법」상의 주택재건축정비사업에서 분양주택에 대한 이전고시가 이루어진 이후에 조합원이 분양받은 공동주택을 제3자에게 매도한 경우 조합원의 지위가 자동으로 매수인에게 승계되는지 여부(소극)◇

35. 입주자대표회의가 조합의 공의무를 승계하는지 여부(소극)

○ 조합에 대한 사업시행인가 조건으로 아파트입주자대표회의가 하는 단지 외곽에 펜스설치는 막을 수 없다.

> **서울행정법원 2024. 8. 22. 선고 2023구합1439 판결(행위허가반려처분취소)**
> 피고 종로구청장
>
> 아파트입주자대표회의가 아파트 단지 외곽에 펜스를 설치하겠다고 한 행위허가 신고에 대해 피고가 재개발사업(도시환경정비사업) 당시 부가된 사업시행계획인가 조건(담장 설치 지양)에 반한다는 이유로 그 신고를 반려한 사안에서,
>
> 공동주택관리법 제35조 제1항 제4호, 같은 법 시행령 제35조 제1항, 제2항 및 [별표 3]의 각 내용을 종합해 보면, <u>공동주택관리법상 행위허가는 성질상 일반적 금지의 해제로서 허가권자로서는 행위허가 신청이 공동주택관리법 등 관계 법령이나 공동주택관리법 시행령 [별표 3]에 따른 기준을 충족하는 경우에는 이를 허가하여야 하고, 관계 법령에서 정하는 제한사유 외의 사유를 들어 허가신청을 거부할 수는 없다고 봄이 타당하다.</u>
> <u>이 사건 사업시행계획인가에 따라 담장을 설치하지 않을 부작위 의무를 부담하는 자는 원칙적으로 그 인가 상대방인 사업시행자(B구역 도시환경정비사업조합) 뿐이다.</u> 사업시행계획인가 당시의 각종 조건과 협의 내용을 준수할 의무는 타인 또는 공공의 이익을 위하여 의무자에게 가해진 공법상의 구속으로서 공의무의 성격을 갖는데, 국민에 대한 의무 부과는 반드시 법률에 근거를 두어 적절하게 통제되어야 한다는 법치행정의 이념과 기본권 제한의 법률유보 원칙을 고려할 때, 공의무의 제3자 특정승계를 인정하기 위해서는 승계인에게 공의무의 효력이 미친다고 볼 수 있는 직접적인 명문의 근거규정이 필요하다. 이는 공의무가 대물적 성질이 있고 제3자가 대신하여 행할 수 있는 의무의 성격을 갖는다고 하더라도 마찬가지라고 볼 것이다.
>
> 공동주택의 입주자들은 사업시행자로부터 공동주택을 양도받아 소유하는 것이기는 하나, 입주자들 또는 입주자대표회의가 사업시행자에게 부과되었던 공의무를 특정승계한다고 볼 어떠한 법적 근거도 찾아볼 수 없다. <u>그 밖에 공동주택관리법 등 관계 법령에서 입주자대표회의에게 사업시행계획인가 당시의 각종 조건과 협의 내용을 준수할 의무를 부과하는 규정 역시 특별히 존재하지 않는다.</u>
>
> 피고가 들고 있는 담장 설치 지양이라는 사업시행계획인가 조건 등은 행위허가 신고를 거부할 정당한 사유가 되지 못한다는 이유로 그 처분이 위법하다.

〈법무법인 강산〉

- 국토교통부, 서울시 표창 수상(재개발·재건축 분야)
- 수원시, SH서울주택도시공사, GH경기도시공사, 강원개발공사, 수원도시공사, 하나은행「하나 WM 법률자문단」, 사단법인 한국리모델링협회 등 다수 고문변호사
- **토지보상** : 세종시, 탕정지방산업단지 주민대책위 등 다수 대책위 고문변호사
- **정비사업** : 개포2지구재건축조합, 한남4구역·성수3구역·신용산북측제2구역· 노량진6구역재개발조합 등 다수 고문변호사
- **도시개발사업** : 한들구역·대전대성지구도시개발사업조합 등 다수 고문변호사
- **아파트리모델링** : 서강GS아파트·숲록타워아파트리모델링조합 고문변호사· 토지보상, 재개발·재건축, 도시개발사업 특화취득 로펌

〈법무법인강산 저서〉

재개발·재건축·가로주택·노후계획도시 지정개발자 신탁방식 해설

저　　　자	: 법무법인 강산(김은유, 임승택, 김태원 변호사)
출　판　사	: 주식회사 파워에셋
전　　　화	: 02-592-6390
이　메　일	: 114gs@naver.com
기획 및 마케팅	: 박종우
홈 페 이 지	: www.114gs.kr
I S B N	: 979-11-89287-20-7
가　　　격	: 3만원
출　간　일	: 2025. 2. 10.

※ 파본은 구입처나 출판사에서 교환 가능합니다.